“十二五”国家重点图书出版规划项目
中国社会科学院创新工程学术出版资助项目

列国志

GUIDE TO THE WORLD NATIONS

新版

刘立群
编著

ICELAND

冰岛

社会科学文献出版社
SOCIAL SCIENCES ACADEMIC PRESS (CHINA)

冰岛国旗

冰岛国徽

几栋简朴小楼组成的总统府

议会大厦，对面是民族独立运动领袖约恩·西居尔兹松的塑像

世界上最古老议会的诞生地——古议会谷

雷克雅未克的著名建筑霍夫蒂楼

现代建筑艺术的代表作珍珠楼，是雷克雅未克的标志性建筑

雷克雅未克的标志太阳航海者（海盗船骨架雕塑）

位于雷克雅未克的冰岛最大的教堂——哈尔格里米尔大教堂

阿库雷里大教堂

黛蒂瀑布，被誉为欧洲最壮观的瀑布

黄金瀑布，是最受冰岛人喜爱的瀑布

海克拉火山，是冰岛最活跃的火山

拉基火山，紧靠冰岛最大的冰原瓦特纳冰原

盖锡尔间歇泉

米湖地热区的硫黄泉

「国宝」冰岛马

体现海盗文化的冰岛克朗硬币

以著名渔产鳕鱼为主题的邮票

出版说明

《列国志》编撰出版工作自1999年正式启动，截至目前，已出版144卷，涵盖世界五大洲163个国家和国际组织，成为中国出版史上第一套百科全书式的大型国际知识参考书。该套丛书自出版以来，受到社会各界的广泛好评，被誉为“21世纪的《海国图志》”，中国人了解外部世界的全景式“窗口”。

这项凝聚着近千学人、出版人心血与期盼的工程，前后历时十多年，作为此项工作的组织实施者，我们为这皇皇144卷《列国志》的出版深感欣慰。与此同时，我们也深刻认识到当今国际形势风云变幻，国家发展日新月异，人们了解世界各国最新动态的需要也更为迫切。鉴于此，为使《列国志》丛书能够不断补充最新资料，更好地服务于社会各界，我们决定启动新版《列国志》编撰出版工作。

与已出版的144卷《列国志》相比，新版《列国志》无论是形式还是内容都有新的调整。国际组织卷次将单独作为一个系列编撰出版，原来合并出版的国家将独立成书，而之前尚未出版的国家都将增补齐全。新版《列国志》的封面设计、版面设计更加新颖，力求带给读者更好的阅读享受。内容上的调整主要体现在数据的更新、最新情况的增补以及章节设置的变化等方面，目的在于进一步加强该套丛书将基础研究和应用对策研究相结合，将基础研究成果应用于实践的特色。例如，增加了各国有关资源开发、环境治理的内容；特设“社会”一章，介绍各国的国民生活情况、社会管理经验以及存在的社会问题，等等；增设“大事纪年”，方便读者在短时间内熟悉各国的发展线索；增设“索引”，便于读者根据人名、地名、关键词查找所需相关信息。

顺应时代发展的要求，新版《列国志》将以纸质书为基础，全面整合国别国际问题研究资源，构建列国志数据库。这是《列国志》在新时期发展的一个重大突破，由此形成的国别国际问题研究资讯平台，必将更好地服务于中央和地方政府部门应对日益繁杂的国际事务的决策需要，促进国别国际问题研究领域的学术交流，拓宽中国民众的国际视野。

新版《列国志》的编撰出版工作得到了各方的支持：国家主管部门高度重视，将其列入“‘十二五’国家重点图书出版规划项目”；中国社会科学院将其列为创新工程学术出版资助项目，王伟光院长亲自担任编辑委员会主任，指导相关工作的开展；国内各高校和研究机构鼎力相助，国别国际问题研究领域的知名学者相继加入编辑委员会，提供优质的学术咨询与指导。相信在各方的通力合作之下，新版《列国志》必将更上一层楼，以崭新的面貌呈现给读者，在中国改革开放的新征程中更好地发挥其作为“知识向导”、“资政参考”和“文化桥梁”的作用！

新版《列国志》编辑委员会

2013 年 9 月

前　言

自1840年前后中国被迫开关、步入世界以来，对外国舆地政情的了解即应时而起。还在第一次鸦片战争期间，受林则徐之托，1842年魏源编辑刊刻了近代中国首部介绍当时世界主要国家舆地政情的大型志书《海国图志》。林、魏之目的是为长期生活在闭关锁国之中、对外部世界知之甚少的国人“睁眼看世界”，提供一部基本的参考资料，尤其是让当时中国的各级统治者知道“天朝上国”之外的天地，学习西方的科学技术，“师夷长技以制夷”。这部著作，在当时乃至其后相当长一段时间内，产生过巨大影响，对国人了解外部世界起到了积极的作用。

自那时起中国认识世界、融入世界的步伐就再也没有停止过。中华人民共和国成立以后，尤其是1978年改革开放以来，中国更以主动的自信自强的积极姿态，加速融入世界的步伐。与之相适应，不同时期先后出版过相当数量的不同层次的有关国际问题、列国政情、异域风俗等方面的著作，数量之多，可谓汗牛充栋。它们对时人了解外部世界起到了积极的作用。

当今世界，资本与现代科技正以前所未有的速度与广度在国际间流动和传播，“全球化”浪潮席卷世界各地，极大地影响着世界历史进程，对中国的发展也产生极其深刻的影响。面临不同以往的“大变局”，中国已经并将继续以更开放的姿态、更快的步伐全面步入世界，迎接时代的挑战。不同的是，我们所面临的已不是林则徐、魏源时代要不要“睁眼看世界”、要不要“开放”的问题，而是在新的历史条件下，在新的世界发展大势下，如何更好地步入世界，如何在融入世界的进程中更好地维护民族国家的主权与独立，积极参与国际事务，为维护世界和平、促进世界与人类共同发展做出贡献。这就要求我们对外部世界有比以往更深切、全面的了解，我们只有更全面、更深入地了解世界，才能在更高的层次上融入世界，也才能在融入世界的进程中不迷失方向，保持自我。

与此时代要求相比，已有的种种有关介绍、论述各国史地政情的著述，无论就规模还是内容来看，已远远不能适应我们了解外部世界的要求。人们期盼有更新、更系统、更权威的著作问世。

中国社会科学院作为国家哲学社会科学的最高研究机构和国际问题综合研究中心，有 11 个专门研究国际问题和外国问题的研究所，学科门类齐全，研究力量雄厚，有能力也有责任担当这一重任。早在 20 世纪 90 年代初，中国社会科学院的领导和中国社会科学出版社就提出编撰“简明国际百科全书”的设想。1993 年 3 月 11 日，时任中国社会科学院院长胡绳先生在科研局的一份报告上批示：“我想，国际片各所可考虑出一套列国志，体例类似几年前出的《简明中国百科全书》，以一国（美、日、英、法等）或几个国家（北欧各国、印支各国）为一册，请考虑可行否。”

中国社会科学院科研局根据胡绳院长的批示，在调查研究的基础上，于 1994 年 2 月 28 日发出《关于编纂〈简明国际百科全书〉和〈列国志〉立项的通报》。《列国志》和《简明国际百科全书》一起被列为中国社会科学院重点项目。按照当时的计划，首先编写《简明国际百科全书》，待这一项目完成后，再着手编写《列国志》。

1998年，率先完成《简明国际百科全书》有关卷编写任务的研究所开始了《列国志》的编写工作。随后，其他研究所也陆续启动这一项目。为了保证《列国志》这套大型丛书的高质量，科研局和社会科学文献出版社于1999年1月27日召开国际学科片各研究所及世界历史研究所负责人会议，讨论了这套大型丛书的编写大纲及基本要求。根据会议精神，科研局随后印发了《关于〈列国志〉编写工作有关事项的通知》，陆续为启动项目拨付研究经费。

为了加强对《列国志》项目编撰出版工作的组织协调，根据时任中国社会科学院院长李铁映同志的提议，2002年8月，成立了由分管国际学科片的陈佳贵副院长为主任的《列国志》编辑委员会。编委会成员包括国际片各研究所、科研局、研究生院及社会科学文献出版社等部门的主要领导及有关同志。科研局和社会科学文献出版社组成《列国志》项目工作组，社会科学文献出版社成立了《列国志》工作室。同年，《列国志》项目被批准为中国社会科学院重大课题，新闻出版总署将《列国志》项目列入国家重点图书出版计划。

在《列国志》编辑委员会的领导下，《列国志》各承担单位尤其是各位学者加快了编撰进度。作为一项大型研究项目和大型丛书，编委会对《列国志》提出的基本要求是：资料翔实、准确、最新，文笔流畅，学术性和可读性兼备。《列国志》之所以强调学术性，是因为这套丛书不是一般的“手册”“概览”，而是在尽可能吸收前人成果的基础上，体现专家学者们的研究所得和个人见解。正因为如此，《列国志》在强调基本要求的同时，本着文责自负的原则，没有对各卷的具体内容及学术观点强行统一。应当指出，参加这一浩繁工程的，除了中国社会科学院的专业科研人员以外，还有院外的一些在该领域颇有研究的专家学者。

现在凝聚着数百位专家学者心血，共计141卷，涵盖了当今世界151个国家和地区以及数十个主要国际组织的《列国志》丛书，将陆续出版与广大读者见面。我们希望这样一套大型丛书，能为各级干部了解、认识当代世界各国及主要国际组织的情况，了解世界发展趋势，把握时代发展脉络，提供有益的帮助；希望它能成为我国外交外事工作者、国际经贸企业及日渐增多的广大出国公民和旅游者走向世界的忠实“向导”，引领其步入更广阔的世界；希望它在帮助中国人民认识世界的同时，也能够架起世界各国人民认识中国的一座“桥梁”，一座中国走向世界、世界走向中国的“桥梁”。

《列国志》编辑委员会

2003年6月

序　言

冰岛位于地球极北部大西洋的一隅，紧靠北极圈，地广人稀，平均每平方千米只有3人。境内除环岛沿海地区之外，主要是一个面积广阔、没有人烟、气候寒冷的高原。冰岛是仅次于大不列颠岛的欧洲第二大岛，同时是全世界第一大火山岛，地下充满炽热的岩浆和热水，地面上则拥有覆盖着厚厚冰层的辽阔冰原，冰岛因此被称为“冰与火的国度”。它因处于易被世界遗忘的角落，很少为世人所关注，也被戏称为“被上帝遗忘的地方”。

但是人们没有想到的是，这样一个人口稀少的偏远岛国却拥有多个世界第一：冰岛创立了欧洲乃至全世界历史最悠久、至今依然存在的民选议会，即“阿耳庭”议会（尽管该议会在成立之初有浓厚的原始民主制意味）；人均淡水资源拥有量排名世界第一；人均水产品消费量排名世界第一；总渔获量排名世界前列，人均渔获量为世界第一；人均寿命已经连续数年在世界上排名第二，其中男性平均寿命在世界上排名第一；使用可再生能源（水力发电和地热资源）的比例高达72%，为世界第一，并远远超过其他国家；冰岛是世界上最早完全消除文盲的国家，其人均著书、出版及购买书籍量也都是世界第一，冰岛民族被戏称为“书虫民族”。此外，冰岛居民的生活质量、人均国内生产总值、地热资源和水力资源的人均拥有量、经济竞争力、社会福利、政治清廉度等均名列世界前茅。所有这些，都足以让世人对它刮目相看，甚而肃然起敬。早在20世纪30年代，冰岛在各方面都还很不发达的时候，美国著名科普作家房龙就曾把冰岛称为“北冰洋上一个有趣的政治实验室”，是“世界上最令人感兴趣的一个地方”。

当然，冰岛人民所取得的这些成就，是在艰苦恶劣的自然条件下，经过不屈不挠的长期努力才逐步取得的。从地质角度讲，冰岛是地球上最年轻的岛屿之一，在2500万年前因熔岩从地下不断涌出才逐步形成。冰岛在公元874年才迎来第一批永久定居者，冰岛民族是世界上最年轻的民族之一。冰岛作为一个国家属于世界上最年轻的国家之列，在公元930年成立古代国家，从1262年起先后受到挪威以及丹麦的长期统治，直到1944年才取得完全独立，成立现代的冰岛共和国。在仅仅100多年前的19世纪末20世纪初，冰岛还是欧洲最贫穷的国家之一，政治、经济及社会生活等各个方面还相当落后，许多人被迫背井离乡，到国外谋生。

冰岛民族虽然在公元874年才诞生，但是在历史上却有两项举动对整个欧洲产生了深远影响：其一是在专制君主制国家林立的中古欧洲，建立起第一个早期议会民主制共和国；其二则是在其丰富的古代文献中，记载了北欧乃至西欧古代多神教的神话传说并保存至今。此外，地处偏远的冰岛还对欧洲近代历史的变迁做出了某种特殊“贡献”：1789年爆发的法国大革命源于当时法国社会的动荡，这种动荡与法国农业连年歉收直接有关，而法国农业严重歉收的重要原因之一是1783年6月至1784年2月冰岛拉基火山长达8个月的大喷发。火山喷出的大量尘雾抵达欧洲大陆并长期飘浮在空中，阻挡了阳光的照射，使气温连续数年下降，造成法国农作物严重歉收并使其经济状况恶化，对法国本已相当尖锐的社会矛盾起到了推波助澜和火上浇油的作用，最终引起法国大革命的爆发。

包括冰岛在内的北欧国家都经历过维京海盗时代的激烈冲突以及后来的多次争斗，因此冰岛人民自古以来十分爱好和平，把维护和平置于崇高的位置，冰岛也曾于1918年宣布自己是没有武装的和平中立国。冰岛的独立主要是经过长期的和平斗争以及充分利用历史所提供的机遇而取得的，没有动过一枪一炮——冰岛也几乎不拥有任何枪炮。当今，冰岛虽然是北约成员国，但却是北约成员国中唯一没有自己军队的国家。在联合国这个当今维护世界和平最重要的国际组织中，大会主持者所使用的木槌便是冰岛赠送的礼物，槌头上是一位北欧海盗祈祷和平的图案，其寓意不言自明。

作为北欧5国之一，冰岛受其他北欧国家的影响很大，并努力向它们学习和看齐，因此它和其他北欧诸国有许多相似乃至相同之处；但是由于它所独具的地理、气候以及历史文化等条件，它也有与其他北欧国家不大相同甚至很不相同的一面。

冰岛虽然是世界上人口最少的国家之一，现在却是世界级捕鱼大国，其近海渔业资源是冰岛最主要和最重要的自然资源之一，总渔获量名列世界前茅，渔产品是冰岛出口换汇的主要商品。可以说，没有丰富的近海渔业资源，就没有当代冰岛的丰裕和繁荣。由此我们可以理解，冰岛之所以至今没有加入欧盟是因为欧盟的共同渔业政策要求把各成员国的渔业资源当作欧盟共同的渔业资源，并由欧盟委员会统一安排渔业捕捞配额并进行分配。如果冰岛加入欧盟并实施欧盟共同渔业政策，则其赖以生存的主要自然资源便不能被其独享和自行支配，国家的生存便可能面临根本性的困境乃至危机。此外，冰岛已经和欧盟建立了密切的联系，采用了欧盟的许多规定和标准，还加入了欧洲经济区以及《申根协定》。因此，除非欧盟对冰岛做出特殊的安排，否则冰岛很难在欧盟现行的共同渔业政策条件下加入欧盟。

冰岛人均国内生产总值位居世界前列，冰岛在发达国家中也属于最富有者之列，但是这种富有是通过所有人都辛勤劳作并付出很大努力才实现的。冰岛人每周工作时间在欧洲乃至经济合作与发展组织成员国中都属于最长之列，不少冰岛人不得不兼做几份工作，以获取更多的报酬，去支付十分高昂的生活费用。冰岛的就业率在欧洲属于最高之列。冰岛的法定退休年龄无论是男性还是女性均为67岁，在全世界属于最高之列，这意味着他们的一生要比其他国家的人民付出更长时间的辛劳。

冰岛虽然是在历史上人口长期维持在五六万，目前人口也只有约33万的小国，却为人类的发展与进步做出了远超出其人口规模的独特贡献。

冰岛是欧洲在地理位置上距离中国最遥远的国家，但是两国人民已经有半个多世纪的交往历史。自1971年中冰建交以来，两国已有40多年的外交关系，彼此之间并不陌生并相互怀有友好的感情。我们希望读者能够通过本书比较全面、系统、准确地了解这个遥远而又有些神秘的国度，并且有更多的人能够亲自到冰岛去领略其独特的自然风光和人文风情。

中国著名诗人、外国文学研究家冯至先生（1905～1993）在1977年9月访问冰岛时曾写下两首诗，用中国古典诗歌优美的语言和韵律描绘了冰岛奇特的自然景观和风貌。现录出其中一首如下（附注为原有）：

小广寒

明月何年陨一角？
大洋拥向北极圈。
冰川流下清凉水，
地热喷出蒸汽泉。
雾港晴时招远客，
熔岩隙处建家园。
嫦娥回首应含笑，
喜见尘寰小广寒。

附　注：冰岛地面大部分被熔岩覆盖，据云与月球表面相似。冰岛首都雷克雅未克，有“雾港”意义，冰岛居民的祖先多系挪威、爱尔兰的移民。

CONTENTS

目 录

CONTENTS

目 录

CONTENTS

目录

CONTENTS

目 录

CONTENTS

目 录

第一章

概　　览

第一节　国土与国家象征

一　地理位置

冰岛共和国（The Republic of Iceland），简称冰岛（冰岛文为“Island”，英文为“Iceland”）。其原文意思为“冰的陆地”或“冰的国度”。由于它是岛国，汉语便将其创译为“冰岛”。这是欧洲国名中唯一完全没有采用音译，而是根据其实际情况采用意译的汉语名称。

冰岛是个岛国，其主要岛屿就是冰岛，为欧洲仅次于大不列颠岛的第二大岛，面积为10.2950万平方千米。该岛南北长346千米，东西宽514千米。大岛的周边有众多小岛，加在一起全国总面积为10.3万平方千米。由于周围海域在历史上不时有海底火山爆发，从而形成新的小火山岛，而有的在形成后不久面积变小，有的甚至完全消失，因此其全国总面积的统计数字因年代不同而有所变化。冰岛位于北大西洋中部，紧靠北极圈，是位于地球最北端的国家，其极点坐标是北纬63°23′31″～北纬66°32′29″、西经13°30′06″～西经24°32′12″。它有白夜和黑昼现象，即太阳在夏季落下的时间很短，夜晚好似白天，太阳在冬季则升的时间很短，白天好似夜晚。从地图上看，冰岛犹如镶嵌在北大西洋靠近北极圈的一颗明珠，十分耀眼。

冰岛位于欧洲最西边，虽然属于欧洲国家，但是离欧洲大陆很远，离北美洲反倒近一些。其东面隔挪威海距挪威970千米，东南距英国的苏格兰798千米，西北隔丹麦海峡距位于北美洲的格陵兰岛287千米，东南距法罗群岛420千米，东北距扬马延岛550千米。海岸线长约4970千米，领海宽度为12海里。其大陆架面积为11.1万平方千米。冰岛于1972年宣布其专属渔区宽度为50海里；1975年10月，冰岛开始推行200海里捕鱼限制区；1979年6月，冰岛正式宣布对200海里捕鱼区的专有权。其专属经济区总面积为75.8万平方千米，是国土面积的7倍多。

冰岛位于零时区（西欧时间，即格林尼治标准时间）。

二　地形与火山

冰岛的西北部、北部和东部的海岸线破碎，海岸陡峻，海湾众多，并且有不少深入内陆的峡湾。西部有巨大的法赫萨湾和布雷扎湾伸入陆地。岛的南部海岸较平直，主要是低缓的环礁海岸。

冰岛的地形为一个倒置碗状的高地，在岛的中央地带多为海拔500米以上的高地，不少地方高于800米。全境平均海拔约为500米。海拔低于200米的地方共有2.47万平方千米，均位于沿海地区；海拔为200~400米的地方有1.84万平方千米；海拔400~600米的地方有2.22万平方千米；海拔600米以上的面积达3.77万平方千米。高原的边缘是海岸山脉，峭壁直临海岸。沿海只有零星的平原，且这些平原面积狭小，仅西南部的雷克雅未克附近的平原范围稍大。最大的瓦特纳冰原位于冰岛东南部。该冰原中部最高点海拔1800米；南部最高点华纳达尔斯峰海拔2110米（2014年数字，以前为2119米），是冰岛最高峰。

冰岛是由大约2500万年前第三纪中新世以来亚欧大陆板块和美洲大陆板块分离所造成的海底地幔物质逐步喷涌而出形成的。其大部分地区是在最近100万年才形成的，因此冰岛是一座相当年轻的火山岛，目前仍然在继续生长变化。它同时是世界上最大的火山岛，岛上处处显露出典型的火山地貌。冰岛是大西洋中部海脊在大西洋北半部露出海面的部分。海脊在此处呈十字状，分别伸向西北方的格陵兰岛、东北方的扬马延岛、东南面的法罗群岛和南部的亚速尔群岛。全岛由近代玄武岩组成，累积的玄武岩厚达3000米，冰岛东部的玄武岩厚度甚至达到1万米。玄武岩共分上下两层，在两层之间夹有淡水沉积的砂土和黏土，同时还有薄层的褐煤。上层的玄武岩经过长期侵蚀，已进入准平原状态。在第三纪末期，由于火山作用强烈，这里的玄武岩曾经形成许多断层和裂谷。有的玄武岩层上升，有的下降，块块断裂，因此冰岛的地形起伏复杂。

由于冰岛地处亚欧板块与美洲板块的交界处，两大板块的交界线从西南向东北斜穿全岛，形成纵向断裂谷，构成冰岛中部南北走向的活火山地带，并且该断裂谷还以每年1~2厘米的速度向西移动。地下熔岩往往沿着这一断裂谷冲出地表，造成火山爆发。沿裂谷带的张裂缝分布着喷发玄武质熔岩的盾状火山。在一些深坳谷内可见到呈层状的熔岩，它们在地下深处转变成无数垂直的玄武质岩脉，这些岩脉被称为席状岩墙，这种席状岩墙是从地壳裂缝中挤出的熔岩根部。

地下岩浆的活动迄今仍很活跃，在冰岛的东北部和西南部有很多火山。在过去的1.2万年间，冰岛一共有近200座火山活动过，火山活动比世界上面积相同的其他地区都要频繁。自公元9世纪下半叶冰岛有人类定居以来，喷发过的活火山有36座，冰岛是世界上火山最多和最活跃的地区之一。火山活动现在虽然已经不及第三纪强烈，但有些火山还不时喷发，自9世纪以来冰岛一共发生过约200次较大规模的火山爆发。冰岛的火山活动主要是溢流喷发，所产生的熔岩要比火山碎屑物（火山灰及火山弹等）多，熔岩量特别大，平均每百年喷出熔岩约40亿立方米，约占整个地球熔岩总喷出量的1/3。全境有1.2万平方千米的土地被冰后期的熔岩所覆盖，约占国土面积的12%，如果加上此前喷出的熔岩，则冰岛全境有约30%的土地被熔岩所覆盖。由于冰岛的地下充满了热与火，有人把冰岛贴切地称为“热岛”或“火岛”。

冰岛的火山千奇百怪、类型各异：有熔岩含很少气态物质的盾状火山，有喷发物为熔岩与固态物质的混合物的成层火山，还有比较古老的间冰期火山。鉴于冰岛的许多地形、地貌与月球或火星相似，美国宇航局选择冰岛作为宇航员登月的训练基地。

1783年6月8日~1784年2月，位于瓦特纳冰原西南的拉基火山大爆发，喷出的火山灰高达1.5万米，形成长达27千米的裂谷，一共有

100 多个成排的火山口，形成位于一条线上的溢流性大喷发，在 8 个多月内一共喷出约 14.731 立方千米的熔岩。这是地球在冰后期熔岩喷发数量最大的一次，熔岩覆盖面积达 565 平方千米。火山还喷出大量火山灰和有毒的二氧化硫气体，并造成酸雨，破坏了大片牧场和耕地，一共造成大约 2.8 万匹马、1.14 万头牛和 20 万只绵羊死亡，占当时冰岛牲畜总数的约 75%。在火山爆发期间以及随后两年发生的严重饥荒中有近 1 万名居民相继丧生，约占当时冰岛人口的 1/5。火山喷出的尘雾在整个夏天都笼罩着冰岛的大部分地区，甚至到达欧洲大陆乃至西亚地区，造成法国农作物连年歉收及经济状况恶化，这成为加剧法国社会动荡并引发 1789 年大革命的重要因素之一。这场大灾难被冰岛人称为“斯卡夫陶（该地区一河名）大火灾”。

1875 年 1 月，冰岛北部的阿斯基亚火山开始爆发，喷出的熔岩总量约达 2 立方千米，并形成了火山口湖即厄斯克湖。火山喷出的大量火山灰覆盖了冰岛东部的广大地区，厚度达 10 ~ 20 厘米，给冰岛经济带来灾难性后果并引起严重饥荒。同时由于连续多年气候极为寒冷，先后约有 2 万冰岛人远走他乡，连续 10 多年时间向北美移民。

1963 年 11 月 14 日，当一艘渔船在冰岛南部韦斯特曼纳群岛（也意译为“西方人群岛”，其主要岛屿是赫马岛）附近海域捕鱼时，渔船上的渔民突然发现海底火山爆发。这次火山爆发在短短几天之内就形成一座新的火山岛。该火山以后又多次喷发，使该岛不断生长。这是世界上有历史记录以来最大的一次海底喷发。各国科学家纷纷赶往现场，观察并拍摄了火山喷发和岛屿形成的全过程。在 1967 年 6 月最后的熔岩流出之后，该岛已高出海平面 200 米，高出洋底 290 米，面积为 2.5 平方千米，成为一座永久性岛屿。冰岛人采用北欧传说中火神巨人的名字，称该岛为苏特塞岛（又译为瑟尔塞岛）。不过，将近 40 年之后，苏特赛岛的面积在 21 世纪初缩小为只有 1.6 平方千米。同样位于冰岛西南部，因海底火山喷发而形成的另外两座小岛，由于地质比较疏松，所以抵抗不住海浪的冲击，只存在了几个月就被海浪所吞噬。在历史上，冰岛周围海域曾多次发生海底火山爆发，并形成许多小岛或暗礁。仅在韦斯特曼纳群岛地区，就有海上火山口近20个、海底火山口50多个。

1973年1月23日晚，赫马岛上一位居民看到浓烟和火光，以为发生了火灾而马上报警。当消防队急速赶到时，才发现那是火山爆发，在离居民区仅200米的地方出现一条长达1.5千米的裂隙。5300多位居民不得不丢下全部家产，迅速而有组织地撤离该岛，所幸没有一人死亡。这次火山爆发持续了半年，熔岩和火山灰吞噬了半个镇子共计300多所房屋，但人们居然用海水降温的方式把港口给保住了，保证了海港通道的畅通。在火山爆发停息之后，大多数居民又返回到该岛居住，重建家园。这次爆发使赫马岛的面积扩大了2平方千米，达到18平方千米。

冰岛著名的火山还有盾状火山斯恰尔布雷泽火山，它在最近1000年中曾喷发20多次，火山口高550米，山坡陡峭，底部直径为8～10千米，山顶在夏天仍戴着美丽的雪帽。冰岛最高峰华纳达尔斯峰海拔2110米，是冰岛最高的火山。它是一座成层火山，有史以来只爆发过两次，分别在1362年和1727年。其中，1362年火山爆发引起的大洪水和大量火山灰摧毁了周围的居民区。

冰岛最有名、最活跃的火山是海克拉火山，其名称在冰岛语中是“风帽”的意思。它位于雷克雅未克以东113千米，南距海滨55千米，正好处在冰岛东部和南部两大断层的接合地带，已经有大约7000年的历史，目前正处于中年时期，十分活跃，被称为“北欧不断冒烟的烟囱”。中世纪的基督徒把其火山口称为“地狱之门”，将其比作有罪灵魂的涤罪所，更比作妖魔鬼怪聚集的地方。它海拔1491米，火山口周长400多米。有历史记载的1104年的第一次爆发破坏了大片地区，此后该火山一共喷发过近170次，其中有近20次是较大规模的喷发，这不断给其周围地区带来破坏。它在1947年、1970年、1991年、2000年和2005年相继剧烈喷发。1947年3月29日发生的猛烈爆炸在整个冰岛都能听到，喷出的火山灰高达3万米，并在两天后越过大西洋飘落到芬兰境内，整个喷发持续达13个月。1970年5月开始的爆发持续了2个月，火山灰中含有大量的氟，造成约7500只绵羊死亡。1991年1月17日开始的喷发持续了51天，火山灰飘落到欧洲大陆。2000年2月26日晚海克拉火山再次爆发，火山口处的裂缝长达6~7千米，有多个火山口同时喷发，房屋般大小的石块被抛上天空，然后像陨石一样洒向地面，喷出的火山灰高达1.5万米，在全国各地都能看见。2005年2月26日，海克拉火山又喷出了滚烫的熔岩，并伴有大量浓烟从火山口冒出，浓烟直上云霄，景象十分壮观。

1996年10月2日，位于瓦特纳冰原下的格里姆斯湖火山开始连续喷发，到10月13日平息。但在11月5日因冰雪融化，此地突然发生大洪水，巨大的水流、泥石和冰块冲向腹地，冲断了一些道路和桥梁，损失估计达3500万美元。之后，火山于11月6日再次爆发。整个过程引来许多冰岛人以及来自世界各地的游客和记者到附近观看。

2010年3月20日，艾雅法拉火山开始了190年来的首次喷发。这次喷发形成了一条长达500米的裂缝，并产生了壮观的熔岩喷涌。熔岩喷涌沿着火山口堆积起数座充满泡沫的火山岩小山，同时引发冰泥流，造成巨大洪水。艾雅法拉火山的这次喷发可能带来的全球性影响一度引起专家的担忧。

假火山口是冰岛所独有的自然景观。当火山熔岩流经水源、沼泽、苔原或其他多水地面时，由于下面的水分急速大量汽化，蒸汽以爆炸般的速度把熔岩冲向高空，犹如真正的火山爆发，并形成与真火山口几乎完全一样的顶部带有漏斗喷口的锥状熔岩。这类假火山口成群存在：最小的只有数米高、数米宽；最大的底部直径达300米，高30多米，远远望去，蔚为壮观。在雷克雅未克附近的勒伊兹丘陵、著名旅游胜地米湖边上的斯库图斯塔扎吉加尔等都有典型的假火山口。

冰岛的海边大多是黑色的沙滩，沙滩上细小、发亮的黑沙是炽热的熔岩和海水接触后因冷热温差太大碎裂而成的。由于熔岩沙粒富含深色的矿物，缺少浅色的石英类矿物，因此它们都是黑色的。位于冰岛最南端的旅游胜地维克小镇便以黑沙滩而著名。

冰岛海拔在1400米以上的山峰共有18座，除了冰岛的最高峰华纳达尔斯峰，其他山峰分别是（高度均为2005年的数字）：巴扎尔邦加峰（2000米）、克韦尔克火山（1920米）、斯奈山（1833米）、霍夫斯冰川山峰（1765 米）、海尔泽布雷兹山峰（1682 米）、埃里克斯冰川山峰（1675 米）、埃亚菲亚德拉冰盖火山（1666 米）、通纳河冰川山峰（1540 米）、凯尔灵山峰（1538 米）、索尔瓦尔斯山（1510 米）、海克拉火山（1491 米）、米达尔斯冰川山峰（1480 米）、凯德灵加山（1477 米）、丁德山冰川山峰（1462 米）、特勒德拉火山（1460 米）、斯奈山冰川山峰（1446 米）、盖特兰斯冰川山峰（1400 米）。

冰岛是欧洲第四纪冰川的一个冰盖中心，和整个北欧地区一样，冰川侵蚀和堆积地形是其典型特征。在第四纪冰期时，全境为冰川覆盖，冰厚 700～1000 米，至今冰蚀和冰碛地貌遍布各地。对于各种地貌变化的研究人员来说，冰岛堪称是一座巨大的天然实验室。

冰岛周围有不少小岛，其中相对较大的岛屿有（2005 年数字）：赫马岛（13.4 平方千米）、赫里塞岛（8.0 平方千米，在埃亚峡湾）、赫尔塞岛（5.5 平方千米，在法赫萨湾）、格里姆塞岛（5.3 平方千米）、弗拉泰岛（2.8 平方千米）、毛尔梅岛（2.4 平方千米）、帕佩岛（2.0 平方千米）、维泽岛（1.7 平方千米）、苏特塞岛（1.6 平方千米）。

冰岛地热资源十分丰富。按照地热资源的分布，冰岛全国共有 250 个低温地热区和 20 多个高温地热区。若一地区地下 1000 米左右的水的温度低于 150℃，该地区就属于低温地热区，全国多数地区属于这一类型。反之，如果这一深度的水的温度高于 150℃，该地区就属于高温地热区。高温地热区大多分布在贯穿全国的火山带上。雷克雅未克地区属于这一类型。

冰岛有大量温泉，其温泉之多居世界首位，被誉为“温泉岛国”。全国到处都有温泉分布，较大的温泉有 800 余处，较小的温泉数目更多。温泉的平均水温高达 75℃。许多地名都包含着诸如“赫韦尔”（hver，热泉）、“雷基尔”（reykur，蒸汽喷泉）、“勒依格”（laug，浴场）、“沃尔格拉”（volgra，微温泉）等字样，表明当地存在地热。温泉中含有大量矿物质，每升温泉水所含矿物质可以达到 1000 毫克，其中主要是硅酸、氯化钠、硫酸钠、碳酸钠、钙、镁、氟和硼等。

温泉的种类有很多：根据其活动形态可分为涌泉、喷泉、间歇泉等；

根据其成分则有硫黄泉和碳酸泉之分。高温硫黄泉区即高温地热区，最大的位于托尔法冰原地区和格里姆斯弗顿地区。硫黄泉中存在的多种矿物质造成这些温泉周围的色彩极为丰富。区分温泉和蒸汽喷泉有时并不容易，因为有些温泉也喷出大量蒸汽。蒸汽喷泉都位于活火山带，岩浆侵入接近地表处使地下水加热而变为呈酸性的蒸汽。蒸汽孔被称为硫气孔。如果地表水或地下水流入硫气孔，蒸汽喷泉四周的泥土就变成蓝黑色或灰色的泥浆不断沸腾翻滚，像一锅滚开的粥，被文人称为“魔鬼的厨房”。

冰岛最大的温泉是博尔卡菲厄泽的代尔达尔通加温泉，热水的流量达250升/秒。在博尔加峡湾地区，水温达到100℃的温泉至少有50处。冰岛南部赫伊卡谷地的盖锡尔间歇泉是世界著名的间歇喷泉，被称为“斯陶里－盖锡尔”，意为“大间歇泉”。它是一块长500米、宽100米的地热喷泉区，分布着许多喷泉。早在1647年，它的名称“Geyser”（盖锡尔）便闻名海外，成为西方各语言中间歇泉的通称。这里地下10米的水温便可达125℃。间歇泉在喷发前先是一阵隆隆巨响，接着平静的水面开始上下翻滚，突然有一股强大的水柱带着雾蒙蒙的蒸汽冲向高空，高度可达60米。一阵喷发之后，间歇泉出现平息，待地下压力再蓄积到一定程度之后，才开始下一次喷发。1772年，这里的喷泉每隔半个小时就喷发一次，以后间隔的时间越来越长：1805年为6小时左右，1840年为30小时，1860年为四五天，1883年时长达3周。1896年的大地震使它重新活跃，它一度每天喷发，以后又越来越少，到1915年完全停息。1935年，人们开了一条渠道通到泉眼，使它恢复喷发，后来它又停息了。1971年8月初，它突然苏醒，不过其喷发依然很不规律。冰岛另一处间歇喷泉名为斯托库喷泉，其冰岛文“Strokkur”的意思是“翻滚”，泉眼直径为1米，喷泉每隔六七分钟喷出20多米高的水柱，喷出的白色蒸汽在很远的地方都能被看到。

与火山活动并生的自然现象是地震，冰川的突然运动和冰盖的变化也能引起地震，冰岛因此是世界上地震最多的国家之一。雷克雅未克气象站每年记录的地震超过300次，其中90%的震源都在距记录点20～40千米的地区内。这里的地震次数约占冰岛地震总数的35%。1784年8月中旬发生的 8 级左右的大地震，造成约 500 户农舍完全毁坏或严重破坏，同时多处发生滑坡。1789 年夏天冰岛南部又发生强烈地震，造成公路出现裂缝，地面大面积下沉或隆起，致使湖泊干涸、河流改道。1896 年秋天西南地区的一次强烈地震摧毁了 160 户住房。1976 年 1 月 13 日的一次强烈地震使考帕礁镇的全部房屋都受到不同程度的损坏，所有自来水管线和电线也都遭到破坏，当地居民被迫迁走。冰岛多次强烈地震的震中主要集中在冰岛西南部一条长 25 千米的地带和北部长 100 千米的近海区。由于冰岛人口居住比较分散，房屋比较低矮并且有一定的抗震性，因此地震造成的人员伤亡不多。

在冰岛，植被总面积为 23805 平方千米，湖泊总面积为 2757 平方千米，冰川、冰原总面积为 11922 平方千米，荒原总面积为 64538 平方千米。在全国土地面积中，耕地占 0.1%，林地占 1.2%（以灌木为主），草地占 22.7%，其余均为荒原和冰原。

三 冰川与河流

冰岛之“冰”主要来自其巨大的冰原和冰川。冰岛的冰川面积广大，这是由于冰岛靠近北极圈的地理位置、湿润的气候以及有积雪的广阔山地。其现代冰川主要位于中部和南部，总面积为 11922 平方千米，占全岛面积的 11.6%。冰岛拥有各种类型的冰川，但主要是台状冰川和高原冰川。瓦特纳冰原面积现为 8300 平方千米（2014 年数字，下同，原为 8450 平方千米），它是北极区和格陵兰以外最大的冰原，其最大厚度达 1000 米，总面积和总体积都比欧洲大陆所有冰川加在一起还要大。其他的大冰盖有：朗格冰原，953 平方千米（原为 1020 平方千米）；霍夫斯冰原，925 平方千米（原为 995 平方千米）；米达尔斯冰原，596 平方千米（原为 700 平方千米）；德朗加冰川，160 平方千米；埃亚山冰川，78 平方千米；通纳山冰川，48 平方千米；斯奈山冰川，11 平方千米。

在冰岛南部的圆顶火山块上，多为“冰帽式”的冰川堆积。雪线高度在山地北侧是 1000 米左右，在比较湿润的南侧是 700 米左右。由于冰川和火山大范围并存，冰岛因此被称为“冰与火的国度”。不过，除了瓦特纳冰原最高部分之外，冰岛的所有冰川地区从气候角度来说都是比较温和的。冰岛的河流大多发源于瓦特纳冰原，其冰岛文的意思就是“多水的冰川”。

受全球气温升高和当地地质因素的影响，冰岛所有的冰川目前都在消退，消退的速度自20世纪90年代以来明显加快。瓦特纳冰原自1995年以来每年退缩37厘米，厚度也变得越来越薄，每年冰原的体积减小约1%。在1995~2004年的10年中，该冰原的厚度已经减少了2.7米。但有些科学家认为没有必要担心冰川会消失，因为冰川大小经常会有变化。在历史上，从1890年开始，冰岛的冰川就开始变薄和缩小，有的小型冰川甚至消失了。但是从1960年起，冰川又一度出现重新发育的趋势。

自1995年以来消退最明显的是冰岛最小也是最美丽的冰川——雪山冰川（又译为“斯奈山冰川”），它的周长每年都在缩短，厚度也在变薄。该冰川位于冰岛最西部的斯奈山半岛，离雷克雅未克直线距离只有115千米。由于近几年来降雪量很少而大气温度增高，雪山冰川和其他冰川一样都日益缩小。而雪山冰川实际上是一个冰帽，冰雪厚度不大。有的科学家认为，这种气候如果持续下去，要不了几年这座冰川就会消失。

此外，火山喷发和地热也是造成冰川消融的原因。每当有冰雪覆盖的活火山喷发时，冰雪迅速融化，发生大洪水，造成灾害。这种“火山洪水”5~10年出现一次。火山一般都是喷火山灰和火山砾，流出炽热的岩浆，然而格里姆斯湖火山的一次爆发喷出的却是大量冰块。喷射持续了两星期，喷出的冰块达1.3立方千米。这是因为在火山喷发前，火山顶上覆盖着非常厚的冰层，火山喷发时，巨大的力量掀开了火山口上覆盖着的冰层，于是大量的冰块受到顶击而冲出地表，这便造成了喷冰块的奇异现象。还有些火山喷水或喷泥浆，其原因也与此类似。

冰岛的河流和湖泊众多，水体面积占其陆地总面积的6%，淡水资源十分丰富，是全世界人均淡水拥有量最多的国家，比水源丰富的拉丁美洲和北美洲的人均淡水拥有量还多很多倍。比如，美国的年人均淡水拥有量为9900立方米，加拿大为12万立方米，而冰岛的年人均淡水拥有量高达68.5万立方米。

冰岛全境年平均降水量高达1900毫米，而年平均蒸发量只有150毫米，加上平均地势比较高，地形又十分复杂，瀑布和湍急的河流特别多，因此水力资源十分丰富，这点和挪威十分相似。较大的河流均发源于冰川，因此河水经常浑浊不清，呈乳白色。有一条河名为惠陶河（Hvítá，意为“白水”）就反映了河水的这种颜色。但更多的时候河水呈浑浊的黄色或褐色，这是强烈的冰川侵蚀和河水侵蚀的结果——河水夹带大量悬浮泥沙。

冰川河的流量随季节而变化，春季和夏季水量很大，冬天则很小。最大的河流为肖尔索河，发源于霍夫斯冰原，河长230千米，流经冰岛的南部，流域面积为7500平方千米，全年平均流量为400立方米/秒，其中冬季平均流量为80立方米/秒，春季冰融期为1000~1200立方米/秒，夏季为500~600立方米/秒。全年平均流量为400立方米/秒的另一条大河是厄沃索河，它是由惠陶河和从廷格瓦德拉冰川湖溢流的索格冰川融流汇合而成的，长度为185千米，流域面积为6100平方千米。库扎河-斯卡夫陶河的全年平均流量为240立方米/秒。菲厄德勒姆冰河长206千米，全年平均流量是230立方米/秒，其流域面积为7850平方千米，在冬天的最大流量为100立方米/秒，7~8月为500~700立方米/秒，泥沙含量为2公斤/立方米。依此计算，在水量大时，该河流每天把约12万吨泥沙带入大海。向东流入大海的达尔冰河全年平均流量为220立方米/秒，它在冬季的平均流量为40立方米/秒，在夏天则为600~700立方米/秒。惠陶河全年平均流量（在博尔加峡湾入海口）将近200立方米/秒。

其他流量较小的河流还有：拉阿尔河，全年平均流量为150立方米/秒；布雷扎梅尔克桑迪冰河，全年平均流量为140立方米/秒；侯尔索河，全年平均流量为130立方米/秒；赫拉斯维吞河（在斯卡加峡湾入海），全年平均流量为120立方米/秒；马尔卡河，全年平均流量为110立方米/秒；斯卡扎劳河，全年平均流量为105立方米/秒；斯考尔万达河，长度为178千米，流域面积为3950平方千米，全年平均流量近100立方米/秒。由于许多河流盛产斑鳟鱼，因此至少有15条河流的名称都叫拉赫索河（Laxá，意为“斑鳟河”）。

冰川河多发源于岩石峡谷之中，水流湍急，因而均不适合通航。近些年，冰岛开始流行乘筏漂流，以此作为一种体育和旅游项目。绝大多数河流都有瀑布，有的瀑布落差超过百米。博腾河上的格里穆尔瀑布（Glymurfoss）落差190米，是冰岛落差最大的瀑布；福索河上的豪伊瀑布（Háifoss）落差122米，为第二高瀑布；亨吉河上的亨吉瀑布（Hengifoss）落差为110米；塞利亚兰河上的塞利亚兰瀑布（Seljalandsfoss）为65米；斯考阿河上的斯考阿瀑布（Skógafoss）是62米；非厄德勒姆冰河上的黛蒂瀑布（Dettifoss）被誉为欧洲最壮观的瀑布，落差为44米，其轰鸣声在很远的地方就能被听到；通纳河上的赫伦内瀑布为29米；福索河上的夏尔帕瀑布和斯瓦陶河上的雷基亚瀑布均为13米。其他著名的瀑布还有森林瀑布、牧羊瀑布等。

惠陶河上最著名的瀑布是格德瀑布（Gullfoss，意为“黄金瀑布”），落差为32米，它位于盖锡尔大间歇泉北面10千米处，是冰岛人最喜爱的瀑布，河水经过落差为11米的上瀑布和落差为21米的下瀑布直泻狭窄的峡谷，景色十分壮丽。河水平均流量为109立方米/秒，在春夏时节为130立方米/秒，在历史上发大水时最高曾达到2000立方米/秒。瀑布下游的峡谷长3~4千米，最深处达70米。瀑布边上立有一块纪念碑，碑上刻有一个头像浮雕，纪念一位名叫西格里德·托马斯多蒂尔的妇女。她的农庄离这里不远。20世纪30年代一家英国公司想买下这个瀑布建造水电站，她和她的父亲坚决反对，便向法院起诉，其间得到后来成为冰岛共和国首任总统的斯文·比约恩松的帮助。他们最后胜诉，使这处壮丽的景观得以保留至今。1979年这里成为国家自然保护区。

冰岛湖泊众多，但是分布不均，大多数湖泊面积很小，在有些地方成群出现。有些湖是由于沉积而形成的，有些是冰川侵蚀加深了山谷而形成的，有些是因熔岩流堵塞而形成的，有些是由于冰川堵塞而形成的。主要湖泊有廷格瓦德拉湖（面积为83平方千米）、索里斯湖（原为70平方千米，现因人为原因扩大至88平方千米）、勒格林湖（52平方千米）、米湖（38平方千米）、惠陶尔湖（28平方千米）、朗吉湖（26平方千米）、格赖纳湖（18平方千米）、斯科拉达尔斯湖（14.7平方千米）、阿帕湖（14

平方千米)、斯维纳湖（12 平方千米)、厄斯克湖（11.7 平方千米）等。

冰岛最深的湖泊是阿斯基亚火山 1875 年爆发所形成的厄斯克湖，其最深处为 220 米。其他湖泊最深处依次为：华尔湖 160 米、耶克尔索湖 150 米、廷格瓦德拉湖 114 米、索里斯湖 113 米、勒格林湖 112 米、克莱法湖 97 米、惠陶尔湖 84 米、朗吉湖 75 米。其中，勒格林湖是最著名的冰川谷湖，长 45 千米，最宽处为 2 千米。斯科拉达尔斯湖和斯维纳湖也是冰川谷湖。此外还有冰川湖，比较著名的有惠陶尔湖、阿帕湖、雷扎尔湖等。米湖则是潟湖。

四 气候

冰岛之“冰”还来自于它的寒冷气候，特别是冬季经常出现的暴风雪天气，冰岛因此被称为“极地冰雪之国”。早在公元 864 年（一说 865 年），挪威海盗弗洛基·维尔杰尔扎尔松登上冰岛，看到一望无际的冰雪，就称之为“冰的陆地”。但实际上，冰岛并不像它的名称所显示的那么寒冷。冰岛属寒温带海洋性气候，虽然靠近北极圈，但是与地球上同纬度的其他地区相比，冰岛的气候相当温和，只是往往变化无常。夏季时间短，只有 2 个月左右，气候凉爽宜人；冬季持续的时间虽然长达近 7 个月，但气候并不特别严寒，有时甚至比较温暖、潮湿，时而还会解冻。“冰岛”这个名称因此并不完全符实，难怪冰岛人常说，冰岛本来应该叫作“绿岛”，而格陵兰岛（Greenland，即绿洲）反倒应该被叫作“冰岛”。

冰岛 1 月气温为 -3℃ ~3℃，7 月气温为 8℃ ~15℃，比同纬度其他地区要温和得多。全年的温差相当小，夏季和冬季平均温差仅为 10℃ ~12℃。有历史记载的冬季最低气温为 -36.2℃，夏季最高气温为 30.5℃。位于西海岸的雷克雅未克年平均温度为 4℃ ~6℃，（2013 年为 4.9℃，2014 年为 6.0℃），1 月平均气温为 0℃，7 月为 11.2℃（平均气温数据源自 1981 ~2010 年）。位于北部的阿库雷里年平均温度是 3℃ ~6℃（2012 年为 4.3℃，2013 年为 4.0℃，2014 年为 5.3℃），其 1 月平均温度为 -1.2℃，7 月平均温度为 11.1℃。位于南部的维克小镇年平均温度是6℃，1月平均温度在1℃左右，7月为11℃左右。2004年8月瓦特纳冰原国家公园的气温一度达到29.1℃，打破该地有史以来的高温纪录。

1998年2月底至3月中旬，冰岛平均气温创有史以来第二个最寒冷冬天的纪录：在冰岛北部阿库雷里，绝对最低气温达-25℃，而米湖则达到-27℃，仅次于1918年的大寒冬。在20世纪，冰岛气候总的来说比以前要暖和一些：1920~1965年，北部的峡湾从来没有被冰封冻过；1919~1948年，斯蒂基斯侯尔默的年平均温度比1859~1888年要高1.4℃。

冰岛虽然地处高纬度地区，但是来自墨西哥湾的北大西洋暖流流经其西、南、东三面，尤其是伊敏格暖流从北大西洋暖流中分出，在冰岛以南折向格陵兰岛流去，使冰岛这三面沿海地区的气候比较温和湿润。只有东格陵兰寒流流经冰岛的北部和西北部，使冰岛西北岸的气候寒冷而干燥，尤其是西北角。这里冬季有时可被东格陵兰寒流漂来的冰块所封闭，与外界的交通被断绝。冰岛南部海域的水温，冬季为6℃，夏季为10℃~11℃。

表1-1为1931~2010年冰岛各地的平均温度。

表1-1 1931~2010年冰岛各地平均温度

单位：℃

地 点	1931~1960年			1961~1990年			1991~2010年		
	全年	1月	7月	全年	1月	7月	全年	1月	7月
雷克雅未克	5.0	-0.4	11.2	4.3	-0.5	10.6	—	0.6	11.6
斯蒂基斯侯尔默	4.2	-0.8	10.4	3.5	-1.3	9.9	—	0.0	10.7
阿库雷里	3.9	-1.5	10.9	3.2	-2	10.5	—	-0.7	11.1
泰加尔霍德恩	4.4	0.1	9.8	—	—	—	—	—	—
维克小镇	5.7	1.2	11.3	—	—	—	—	—	—
韦斯特曼纳群岛	5.4	1.4	10.3	4.8	1.3	9.6	4.8	2.2	10.4

资料来源：冰岛国家统计局。

影响整个欧洲天气和气候的三个气压活动中心之一是冰岛低压，它因位于冰岛附近而得名，属于副极地低压带的一部分。这是终年存在的低压，但冬季气压最低，气压坡降最大，范围也最广，从整个北大西洋北部延伸到欧洲西北部，在夏季，它的力量和范围则减弱。

发源于冰岛低压南部的温带海洋气团（又称极地海洋气团）是影响欧洲天气最重要的气团，它潮湿温和，经过北大西洋暖流海面时，空气对流旺盛，时常产生冬季雷暴。来自北冰洋的冷气团和来自南方的大西洋暖气团在冰岛以西地区相遇，形成低气压区（气旋）。不断生成的低气压气旋在地球自转的作用下越过冰岛上空快速向东移动，造成北欧地区独特的多阴雨气候现象。

冰岛低压的存在使冰岛北岸常年多比较冷的强劲北风或东北风。冰岛南部则常年盛行南风和西南风，雨雪日多达 220 天，降水量十分充沛，年平均降水量为 800 毫米左右，属温带海洋性气候。东海岸的丢皮沃格年降水量达 1180 毫米，南部约为 2200 毫米。北部海岸受北风影响，气候干冷，年降水量一般在 400 毫米以下。总的来看，冰岛的降水量自南向北呈递减的趋势。内陆气候比较极端，冬季比较寒冷。表 1－2 为 1931～2010 年冰岛各地的平均降水量。

表 1－2　1931～2010 年冰岛各地平均降水量

单位：毫米

地　点	1931～1960 年			1961～1990 年			1991～2010 年		
	全年	1 月	7 月	全年	1 月	7 月	全年	1 月	7 月
雷克雅未克	805	90	48	799	76	52	—	81	48
斯蒂基斯侯尔默	756	83	36	705	68	42	—	80	32
阿库雷里	474	45	35	490	55	33	—	58	31
泰加尔霍德恩	1235	133	79	—	—	—	—	—	—
维克小镇	2258	182	169	—	—	—	—	—	—
韦斯特曼纳群岛	1391	138	84	1589	158	96	—	154	95

资料来源：冰岛国家统计局。

冰岛虽然经常降雨，但是很少有大雨。雷克雅未克年平均降水日数为 213 天，韦斯特曼纳群岛为 224 天，阿库雷里为 130 天。西北部每年降雪至少 100 天，东南部在 40 天左右。由于冰岛经常有大雪甚至暴风雪，因此经常发生雪崩并造成人员伤亡。1974 年东部一座城镇有 12 人因雪崩而丧命。1995 年 1 月 16 日的一次雪崩造成西北半岛一个渔村 14 人遇难，同年 10 月 16 日的一次雪崩又造成 20 人遇难，并摧毁了一批房屋。由于冰岛自然灾害比较频繁，所以国家和保险公司设立了多项与此相关的保险险种。

由于冰岛夏季的白天时间极长，而冬季的白天时间极短，加之其下雨雪天数相当多，因此冬季日照时间远少于夏季。雷克雅未克的日照时数为全年白天总时数的 32%，而在西班牙的马德里这个数字则为 66%。由于特殊的地理位置，冰岛是欧洲极少数没有实行夏时制的国家之一。表 1－3 为雷克雅未克和阿库雷里 1981～2010 年每月平均日照时间。

表 1－3　1981～2010 年每月平均日照时间

单位：小时

月份	雷克雅未克	阿库雷里
1 月	20	6. 7
2 月	56. 7	34. 0
3 月	109. 3	74. 2
4 月	162. 5	121. 6
5 月	199. 2	165. 3
6 月	176. 5	189. 9
7 月	172. 4	150. 9
8 月	154. 1	132. 8
9 月	119. 7	85. 4
10 月	90. 8	46. 1
11 月	38. 5	14. 8
12 月	12. 0	0. 2

资料来源：冰岛国家统计局。

在秋、冬、春季节，冰岛的天空常有十分美丽的北极光出现，特别是在秋天和初冬的时候。在晴朗的夜空，人们会看到黄色、绿色、红色和紫色的闪烁光带飘舞变幻，令人神往。极光是地球大气层在太阳辐射作用下发光的自然现象，由于冰岛靠近北极圈，所以是观看北极光的良好地点。

五 国旗、国徽、国歌

冰岛国旗的旗面为深蓝色，绘有镶白边的红色十字（右边的水平线稍长）。蓝、白两色是冰岛的国色，蓝色表示辽阔的海洋，白色表示大地被冰雪覆盖。国旗上的红色十字来自挪威和丹麦国旗（这两国的国旗均为红底），表示冰岛在历史上同挪威和丹麦的联系。十字图案表示历史上基督教对北欧民族文明的发展有重要影响。1913 年冰岛决定设计国旗图案，该图案于 1915 年 5 月 19 日起正式在冰岛的陆地以及内河商船上使用。1918 年丹麦承认冰岛为主权国家之后，冰岛于 1919 年将此旗确定为冰岛的国旗。1944 年 6 月 17 日冰岛完全独立后此旗正式成为冰岛共和国的国旗。冰岛政府高级官员（如外交部长）出国访问时，东道国为其举行宴会及其他活动的场地挂长方形国旗，在其乘坐的汽车上和下榻的宾馆则挂燕尾式国旗。总统使用专门的总统旗，旗面上绘有冰岛共和国的国徽。

冰岛的国徽为绘有白边红十字国旗图案的蓝底盾徽。盾徽上端是一只红舌金爪的白隼和一条白齿红舌金爪的龙；左边是一头长着金黄色牛角和牛蹄的黑牛；右边是一个身缠金、蓝两色束带，手持蓝色拐杖，身披金色斗篷，目光炯炯的老人。白隼、龙、牛和老人都是传说中的守护神。盾徽下端的石块代表冰岛多岩石的漫长海岸。在萨迦故事中有一个传说，说的是公元 11 世纪末，一个邻国的国王准备进攻冰岛，他派一位巫师先去侦察。巫师变成一条鱼，向冰岛游去。当接近冰岛时，巫师发现四面都有守卫：西面有巨大的神牛，北面有一只巨鹰，东面是一条喷火的龙，南面是一位手握巨斧的神人。他回去向国王报告了情况，国王只好打消了进攻的念头。从此，这神牛、巨鹰、火龙和巨人便成了冰岛的守护神，共同组成今天冰岛的国徽图案。

冰岛的国歌名为《吾国之神》（又译《啊，祖国之神!》），由冰岛著名抒情诗人马蒂亚斯·约胡姆松（Matthias Jochumsson，1835－1920）作词，斯淮因比昂·斯淮因比昂松（Sveinbjörn Sveinbjörnsson，1847－1927）作曲。这首歌是 1874 年为纪念人类定居冰岛 1000 年而创作的，也称为

《千年颂》。歌词是：

“祖国之神，
祖国之神，
你崇高的名字为我们所颂赞。
在久远的年代里，
你的子孙把太阳镶上你的王冠。
对于你，一天就是一千年，
一千年就是一天。
啊，永恒的花，
含着虔诚的泪，
恭恭敬敬辞别人间。
冰岛一千年，
冰岛一千年，
啊，永恒的花，
含着虔诚的泪，
恭恭敬敬辞别人间。”

第二节　自然资源

一　矿产资源

由于在火成岩中一般缺乏可开采的矿物，所以冰岛的矿产资源比较贫乏。冰岛的矿藏虽然有硫黄矿、冰洲石、褐铁矿、方铅矿、菱铁矿、闪锌矿、硅藻土等，但是各种矿产储量都不大，矿层比较薄，没有多大开采价值，而且许多矿藏已经开采殆尽。

硫黄矿分布于冰岛北部的塞斯塔雷恰高原、克拉布拉山、瑙马山以及凯蒂尔盾状火山。从 13 世纪起人们就开始在这些地区开采硫黄矿，断断续续开采了几百年，以高价向国外销售。硫黄贸易曾经被丹麦政府所垄断，在16世纪上半叶丹麦每年出口硫黄一度达400吨；但是后来产量不断减少，丹麦最终于1939年完全停止开采。

在西北部厄嫩达尔峡湾地区的第三纪玄武岩中发现了大片褐铁矿，但矿层过于单薄，无法进行工业开发。

冰岛从19世纪中叶起开采冰洲石（无色透明的方解石），光学仪器中的偏光棱镜就是用冰洲石晶体制造的。在很长时间内，东部雷扎尔峡湾的海尔格斯塔齐是世界上唯一发现有冰洲石的地方，但是在第一次世界大战之前这里的冰洲石就已经开采殆尽。

褐煤和泥炭主要分布在冰岛东部地区，当地居民为解决燃料问题曾进行过少量开采，但由于煤层太薄，没有形成有工业价值的煤矿。现在冰岛早已没有煤炭的生产。

冰岛北部米湖湖底的硅藻土储量是欧洲最多的。冰岛从1968年开始在米湖湖畔大规模开采硅藻土。冰岛在朗格冰原西南侧的普雷斯峰以及在洛兹明达峡湾发现了有开采价值的珠光岩矿，这是一种水合流纹岩的火山玻璃，是建筑用材料。冰岛有大量天然流纹浮石和玄武岩火山渣，由于它们有良好的保温隔热性能，在建筑等行业中可以做保温隔热材料。在东南部劳纳峡湾的斯温侯拉瑙马的矿脉中蕴藏有黄铜矿、方铅矿、菱铁矿和闪锌矿，在雷克雅未克附近甚至发现了含黄金的石英，但是储量都不大。

现代建筑离不开水泥，但是冰岛没有烧制水泥的基本原料石灰石，冰岛人看到海边及近海海底有大量的贝壳，其成分和石灰石基本相同，因此便利用贝壳来代替石灰石，用于烧制水泥。

二 植物资源

冰岛的土壤属于分布于北冰洋沿岸的冰沼土地带，土壤的湿度大并且长期冰冻。植被以地衣、苔藓为主，其内陆高原植被属于山地苔原带，沿海地区的植被则属于典型的苔原带。低温使得植物残体不易分解，所以土壤的腐殖质含量很低，呈酸性，天然肥力很低。

冰岛有矿物质土壤。矿物质土壤基本呈黄褐色，是物质在风化作用下沉淀而形成的。虽然这样的土壤适合于农业生产，但是由于气温低，植物生长迟缓，所以需要施以重肥。冰岛土壤的水土流失和荒漠化情况比较严重，其中人为因素占有相当分量。据估计，自从9世纪下半叶人类在冰岛定居以来，人类的垦殖和砍伐等活动已经使一半以上的植被遭到破坏。

冰岛的植被地貌和欧洲大陆明显不同，也和美洲有很大差异，是世界上植被地貌十分奇特的国家。冰岛古时的气候曾经和现在南欧的气候相仿，陆地上生长着大量阔叶林，包括红水青冈、山毛榉、槭树、桦树、蔓藤、鹅掌楸、橡树、赤杨、榆树、美国梧桐、柳树、栗树、月桂、核桃树、西洋榛、木兰等几十种树木，还有松树、云杉、冷杉、落叶羽松等针叶树。在上新世，冰岛植物群中喜温的阔叶树全部灭绝，它们被针叶树取代。到了第四纪，针叶树也完全灭绝，幸存的树种越来越少。森林在腐烂沉积后变成泥炭和褐煤，在冰岛不同的地层中都有被熔岩覆盖的此类沉积物。

冰岛北部属于寒带苔原气候，南部属于温带阔叶林气候。由于气候对植被的影响，冰岛本来位于针叶林带，但岛上风势太大，加上火山熔岩风化物缺少腐殖质，树木的生长很受影响。今日冰岛自然植被的特点是：除了在东部地区仍有唯一一片真正的树林之外，其他地方都没有树林；高大的植物种类很少；大片土地是寒漠或半寒漠。在公元9世纪以前无人类居住的漫长时期，岛上没有食草类哺乳动物。当人类和人工饲养动物来到岛上之后，由于人类的放牧和砍伐，桦树林和灌木丛逐渐被摧毁，而这些林木本来是易受侵蚀的矿质土的主要掩护者。

冰岛土壤侵蚀演变的驱动力主要有植被破坏、过度放牧、严酷的气候条件和火山爆发。控制放牧密度和开展环境修复是冰岛最主要的水土保持措施。自20世纪下半叶起，冰岛在努力防止土壤侵蚀和耕种荒地方面已经取得一定成果。20世纪60～70年代以来冰岛开展了植树造林运动，主要种植北美云杉、挪威云杉、西伯利亚落叶松、毛果杨等，但成效有限。为鼓励种树，冰岛设立了植树节。植树节主要由学生参与，被称为“学生植树日”。冰岛现在每年植树多达400万株，平均每人约12株，居世界首位。

冰岛的无霜期很短，因此植物的生长期也很短。在最好的年份，植物的生长期从5月份开始（通常则是从6月份开始），到9月份，随着天气变冷和风暴季节的到来，植物生长期也就结束了。由于冰岛夏季的气温比较低，所以植物生长并不茂盛。在南部沿海低地地区，有柳树、桦树、松树、云杉等阔叶树和针叶树；但是在中部高原和北部地区，只能生长一些灌木和苔原植物。

冰岛的显花植物和维管束隐花植物共有550~600种，而在大不列颠岛，这类植物有2300种。主要原因是自第三纪开始，冰岛的气候变冷，植物的种类不断变少，而其远离其他大陆的孤立地理位置又限制了植物物种的传入。冰岛约有1/3的植物属于生命力顽强的北极-高山带植物，2/3的植物是北方地区广阔分布的植物。在欣欣向荣的夏季，多种植物争奇斗艳。在山区牧场和沿海低地，人们可以看到欧洲其他地区所没有的植物群落，有洁白的蓍草、大红的红景天、浅黄的高山羽衣、深紫的浜豌豆，还有粉白的白玉草、金黄的矮柳丛、满地的驴蹄草、红色的对叶虎耳草（低矮的沙漠植物，5月份开花），偶尔可以看到粉红色的海石竹、很小的冰川毛茛、著名的冰岛罂粟，还有蔓生多枝并四季常青的黑果岩高兰（秋季结黑色浆果）、熊葡萄（低矮丛生灌木，秋季结红色粉质浆果）、仙女木（草地低矮常绿灌木，开大朵白花）、无茎麦瓶草等。海滨沙滩上生长着有许多汁液的肉质植物，如平俯滨藜、海滨鸡肠草、无齿卡荠菜、海滨瓣庆等。在高原与山区，主要生长着机体简单的苔藓和地衣类植物：苔藓类植物有480多种，地衣类植物有450多种。砂藓和毛砂藓到处可见，许多地方长着成片的鹿角菜。一种叫“冰岛苔”的地衣曾长期是治疗肺病的特效药。

三 动物资源

冰岛的动物种类很少。在人类来到岛上定居之前，北极狐是唯一的陆地哺乳动物。人类带来了牲畜，也在不经意中带来了老鼠。冰岛在18世纪后半期从挪威北部引进了驯鹿，现在已经有野生种群分布在东部和北部高地地区。在1930年以后，为了生产毛皮，冰岛又引进了水貂进行养殖，后来水貂也成了岛上的野生动物，但它对鸟类生存造成一定威胁。其他哺乳动物还有雪兔、林鼷鼠等。冰岛没有爬行动物和两栖动物。

冰岛的鸟类相当多，已知有200多种鸟，其中有72种鸟过着巢居生活。冰岛是许多水禽的繁殖场所，因为这里气候温和，食物很多，并且十分安全。内陆湖泊和水库中的鸟类主要是野鸭、天鹅、鹬等。在北部米湖边聚居的野鸭形成了世界上种类最多、数量最大的野鸭群。在沿海一带的陆地及海岛的悬崖峭壁上栖息着大量鸟类，包括鸬鹚、鲣鸟、刁嘴海雀、长嘴海鸟、短嘴海鸟、绵凫、大海鸥、大贼鸥、北极燕鸥等。常见的猛禽有鹰、隼等。白隼是一种北极鸟，属鹰科，是隼类中体形最大的一种，飞行速度快，擅长袭击其他鸟类。白隼有三种色型，完全白色的种类十分少见，因而十分珍贵。冰岛在1903年将一只银白色的隼镶嵌在国徽图案上。

"国鸟"北极海鹦　北极海鹦除冰岛之外在不列颠群岛等地也有少量分布，中文称为"凤头海鹦"，属海雀科。其成鸟长30厘米，黑背白腹，有一张呈三角形的彩色大鸟嘴，一对眼睛看起来很无辜，十分惹人喜爱。它们不像鸭子那样用脚划水，而是用翅膀划水，并且擅长在海中潜水，属于潜水鸟，最深可以下潜到海中约60米的深处捕鱼。北极海鹦是候鸟，每年4月中旬，数以万计的北极海鹦飞到雷克雅未克附近海域及韦斯特曼纳群岛等海域的小岛上栖息、繁衍、哺育幼鸟，直到8月中旬左右才离开。它们是岩鸟的一种，在小岛顶端的岩石峭壁中筑巢，不和其他鸟类为伍。过去有人为了生计爬到数百米高的岩壁上去采集鸟蛋和捕鸟。

"国宝"冰岛马　冰岛马是冰岛人引以为豪的三样"国宝"之一（另外两样是鱼类和地热温泉）。身形矮小的冰岛马是欧洲著名的矮种马，也被称为"日耳曼矮种马"，具有耐寒抗病、体魄强壮、耐力好、性格温顺、步伐稳健、善奔跑等优点，成为各国皇家卫队和赛马爱好者的抢手货。冰岛马在冰岛语里被称为"法西"，意思是"抢眼的鬃毛"，用以指冰岛马长长的鬃毛和尾巴。它天生比世界上其他地区的马多会两种步法。马的自然步法通常有三种：轮换着将一蹄起空三蹄落地的叫"徐行"，两条腿交错行进则称“慢跑”，三节拍的一蹄落地又双蹄腾空便是“奔跑”。而冰岛马，除此之外还会两种特殊步法。它们会轮换着两腿腾空再三腿腾空，或快或慢，都能平稳地保持重心，蹄落蹄起，清晰响亮地奏出一曲明快的特殊乐章，令所有的骑手陶醉。这种步法称为“碎步跑”。另外的一个绝招是同侧的一对脚同时起落的“飞跑”，在几百米的短距离里，飞跑的速度可以达到每小时 45 千米。

冰岛马是世界各地赛马商的最爱，因为世界上很少有其他马像冰岛马这样天生拥有顽强无比的耐力、彪悍的体魄和俊美的外形。冰岛人将冰岛马引以为豪，称之为“人类最好的朋友”。在冰岛语中用以形容冰岛马的词汇就有一千多个。冰岛人主要把它用于出口和旅游业的野外郊游等项目。

冰岛马长得很可爱，个子矮小，身高只有 1.35 ~ 1.40 米，并不给人以雄壮威武的感觉。这种马的祖先是从挪威引进的日耳曼矮种马，后来这种马与凯尔特矮种马杂交，自此以后一直保持血统的纯正。公元 930 年，冰岛为了避免混种，订立了禁止马匹进口的法规。同时，冰岛马只要出了岛国，哪怕只是参加一次国际马赛，也不允许再度回国。经历了 1000 多年的变迁，除了在冰岛本土，这种马中精品在世界各地都已经不复繁衍。为了保证冰岛马从冰岛输出之后继续保持其种群血统的纯正，丹麦、瑞典、英国、德国、美国等多个国家都有冰岛马协会，并建有专门的网站以便交流信息。2000 ~ 2005 年，冰岛政府为冰岛马的研究和繁殖投入 8 亿克朗（约 1290 万美元），重点是冰岛马的优良配种、兽医研究和繁殖中心的建立，每年为此的拨款为 1.3 亿克朗（约 210 万美元）。虽然投入的资金较多，但得到的回报更多，冰岛养马业已因此获得巨额收益。冰岛马在西欧、斯堪的纳维亚及北美洲很受欢迎。现在冰岛约有 8 万匹冰岛马，在世界其他地区则有约 10 万匹，其中约有一半在德国。

此外，在冰岛四周的海洋中，有海豹、海象、鲸类等海洋哺乳动物。在冰岛海域发现过 17 种鲸，包括长须鲸、小须鲸、蓝鲸、抹香鲸、座头鲸等。海豹也有若干不同品种。

四　海洋资源

冰岛四周有着相当宽广的大陆架，海水较浅，其周围海域又是北冰洋寒冷的洋流和墨西哥湾暖流的交汇之处，水温及海水的盐度适中，海水中浮游生物的密度比地中海高出百倍，因此冰岛四周的水域适合多种鱼类繁衍生长，有着丰富的渔业资源。在其200海里专属经济区范围内，鱼的种类大约有270种，有150多种在这里产卵，其中30多种有经济价值。冰岛担心其近海渔业资源枯竭，为保护海洋渔业可持续发展，采取了捕捞配额制等各种措施，限制本国以及外国渔船在其海域捕鱼。

冰岛周围著名的渔场有大西洋北部鳕渔场和大西洋东北部毛鳞鱼渔场。大西洋北部鳕渔场位于大西洋的比斯开湾至北纬80度、北美大西洋沿岸至俄罗斯新地群岛之间，主要鱼种是大西洋鳕，捕捞季节为1～8月。鳕鱼（中国俗称的明太鱼即鳕鱼的一种）资源最丰富的海区冬季期间在冰岛西南沿岸，其余时间则在西北部的西海湾。大西洋东北部毛鳞鱼渔场位于挪威海和巴伦支海上冰岛与格陵兰之间的法罗群岛－设得兰群岛一带海域，开发历史比较长。毛鳞鱼的索饵场在冰岛北部海域，产卵场在南部和西部沿岸海域。由于20世纪下半叶的过度捕捞，鳕鱼和毛鳞鱼等海洋渔业资源都明显减少，渔获量下降。在1945年左右捕获的鳕鱼中，生长10年以上的占60%以上；到了20世纪60～70年代，所捕获鳕鱼的生长年限都不超过10年。

大部分平鲉资源分布在冰岛的南部、西部和东南部海域，一些大洋性平鲉资源分布在雷基亚内斯海脊、冰岛西南部200海里内外。马舌鲽（又称大西洋庸鲽）的分布海区比较广，包括西海湾的深滩以及北部、西部和东部的一些海区。大西洋鲱的分布主要局限于东海湾和东南沿岸。其他一些海区也分布着各种渔业资源，如近岸虾类、冰岛栉孔扇贝、海螯虾属和深水虾类。

冰岛陆地上还有一定数量的淡水渔业资源，包括鲑鱼（即三文鱼）、鳟鱼、虹鳟等，尤其是鲑鱼，在湖泊、小溪和河流中大量存在。和海洋渔业相比，淡水渔业的重要性要小得多。但是在河流及湖泊这些淡水水域，每年出售捕捞权给所有者可带来总额 70 万 ~100 万美元的收入，此外还可以给游客提供垂钓等旅游服务项目。

第三节 居民与宗教

一 人口

受地理条件和自然条件所限，冰岛境内人口稀少，人口密度平均每平方千米仅为 3.2 人（2014 年），是欧洲平均人口密度最低的国家，也是世界上平均人口密度最低的国家之一。在历史上，冰岛的人口曾经长期维持在五六万左右，甚至几度因瘟疫和自然灾害而明显下降，从 19 世纪起人口才有较快增长。

根据表 1－4，第二次世界大战结束以来，冰岛人口自然增长率提高很快，人口几乎增长了近 1.5 倍。1950 年时人口总数为 143973 人，1992 年已经达到 262202 人，年均增长率为 1.44%，在欧洲国家中居第 2 位。根据表 1－5，2013 年 12 月人口已增至 325671 人，其中 15 岁以下的人口占 20.5%，15 ~64 岁的人口占 66.3%，65 岁及以上的人口占 13.2%。

表 1－4 1703 ~2014 年部分年份冰岛人口变迁

单位：人

年份	人口总数	男性	女性
1703	50358	22867	27491
1762	44845	—	—
1769	46201	21129	25072
1785	40623	17848	22775
1801	47240	21550	25690
1850	59157	28234	30923
1901	78470	37583	40887
1950	143973	72249	71724

续表

年份	人口总数	男性	女性
1960	177292	89578	87714
1970	204578	103441	101137
1980	229187	115529	113658
1985	242089	121672	120417
1990	255708	128317	127391
1994	266783	133781	133002
1995	267806	134222	133584
1996	269727	135176	134551
1997	272069	136284	135785
1998	275264	137874	137390
1999	278717	139518	139199
2000	283361	141870	141491
2001	286575	143450	143125
2002	288471	144287	144184
2003	290570	145401	145169
2004	293577	147170	146407
2005	299891	151202	148689
2006	307672	156576	151096
2007	315459	160896	154563
2008	316360	162068	154292
2009	317630	159936	157694
2010	318452	160006	158446
2011	319575	160364	159211
2012	321857	161438	160419
2013	325671	163318	162353
2014	329040	165150	163890

注：1703～1950 年的数字为人口调查统计数字，1960～2014 年的数字为每年 12 月或 1 月的人口登记数字。

资料来源：冰岛国家统计局。

表 1-5 2013 年 12 月冰岛人口年龄结构

单位：人

类别	人数	男性	女性
总人口	325671	163318	162353
0～14 岁	66809	34020	32789
15～64 岁	215820	109175	106645
65 岁及以上	43042	20123	22919

资料来源：冰岛国家统计局。

预计到 2020 年，冰岛的人口总数将超过 36 万人。2013 年人口出生率为 13‰，死亡率为 6.7‰。2012 年，男性平均预期寿命为 80.8 岁，女性平均预期寿命为 83.7 岁，分别超过欧盟的男女平均预期寿命（男性为 76.1 岁，女性为 82.2 岁）。冰岛 2006～2010 年的男女平均预期寿命分别为 79.6 岁和 83.3 岁，可见冰岛人均寿命有不断提高的趋势。

874～930 年，有 2 万多名挪威人相继移至冰岛定居，挪威当时的人口约为 25 万。冰岛的人口从很少迅速增加至 4000 多户人家，除来自挪威的移民之外，也有少部分来自爱尔兰。到 1100 年前后，冰岛人口达到 7 万人左右，这个数字大约保持了两个世纪。此后由于各种瘟疫和灾祸不断，以及外族统治并垄断对外贸易造成食品短缺，人口数量减少甚至急剧下降。

在 1300 年前后，在斯卡加峡湾及其周围地区，有 600 人因饥饿而死亡。1347 年，天花大流行，仅冰岛南部就有近千人死于此病，之后这种流行病又蔓延到北方。1347 年最先发生在意大利西西里岛的黑死病（鼠疫）向北传到冰岛后于 1402～1404 年大爆发，估计夺去了冰岛 50%～60% 人口的生命。1494 年，鼠疫再次在冰岛全国流行，又造成大约 1/3 人口死亡。1512 年，天花再次在冰岛蔓延。在 17 世纪初的几个冬天，出现了千年一遇的严寒，死于严冬的人数以千计，有些人不得不以老鼠和野兽充饥，或者到海边打捞海藻和海菜为生，史书上称其为“悲惨的年代”。

1703 年冰岛进行了第一次全国性的人口调查统计，这也是整个欧洲第一次精确的人口普查。调查结果显示全国人口为 50358 人。当时居民被分成三类：全部靠农业为生的农民占 69%，除农业外在春季还从事一些渔业活动的农民占15%，全年都附带从事一些渔业活动的农民占16%。1707年和1709年天花大流行，大约1.8万人因此而死亡，约占当时人口的1/3。1783~1784年拉基火山大爆发造成人口大幅度下降，1786年冰岛只有38360人。当时甚至有人提议把冰岛居民全部迁走，听任它成为荒岛。此后，由于丹麦统治者被迫减少对贸易的垄断，冰岛经济得以恢复，人口又逐步增长，1801年达到47240人。

19世纪，冰岛的婴儿死亡率仍然很高：1841~1850年，婴儿死亡率高达31.3%，几乎有1/3的新生婴儿早夭；1861~1870年，婴儿死亡率略有下降，为25.3%；1891~1900年，婴儿死亡率为12%。这造成人均寿命很低，1850~1860年，男性平均寿命为32岁，女性为33岁。当时寿命较长的冰岛人为数极少。进入20世纪后，随着居住条件、社会福利、营养和卫生条件的改善，儿童死亡率逐渐下降，平均寿命逐渐提高。1951~1960年，男性平均寿命已提高到71岁，女性平均寿命提高到75岁，冰岛成为世界上平均寿命最高的国家之一。1973年，人口死亡率为6.9‰，是欧洲人口死亡率最低的国家。

2013年冰岛总死亡人数为2154人，其中男性1091人，女性1063人，死亡率约为0.67%。最近数十年来，冰岛婴儿死亡率大幅下降，2005~2010年新生儿死亡率为0.19%，冰岛成为世界婴儿死亡率最低的国家。冰岛65岁以上的老人占人口的13.2%（2013年12月），早已超过国际上占7%即为老龄化国家的标准。

冰岛的生育率目前属于欧洲最高之列，仅次于爱尔兰，平均每个妇女生育近2个孩子（1.932人），远高于欧洲大陆平均1.4人的水平。不过由于冰岛人口太少，政府因此仍采取多种措施鼓励生育。比如，法律规定只要年满16岁就可以生育，而不论是否正式结婚。现在有大约50%的孩子是非婚生的，而且越来越多的孩子生活在重组家庭里。政府的各项家庭政策都有利于维持比较高的生育率。

冰岛的人口分布极不平衡，有约40%的土地属于无人区。近些年来，冰岛的人口出现向城市，尤其是向首都地区集中的趋势，使首都地区的人口不断增长。雷克雅未克及其周边地区的面积虽然不足全国的2%，目前的人口却占全国总人口的60%以上，人口密度为每平方千米90多人。全国其他地区的人口平均密度则为每平方千米不到1人。其相对集中程度在世界上也属少见。除首都外，冰岛还有3个人口逾万的小城市，分别为科帕沃古尔、哈布纳菲厄泽和阿库雷里（见表1-6）。其他地区的人口则有所减少，尤其是西北部人口减少得特别明显，一些在20世纪30年代还在经营的农庄，到六七十年代就全部荒废了。分布在沿海的小渔村的人口尤其分散。分散居住和恶劣的自然条件使基础设施的建设成本很高，提供各种服务的成本昂贵，但另一方面，人们可以就近利用各种自然资源，包括各地的渔场、牧场以及地热资源等。

经济合作与发展组织（OECD）于2003年8月公布的对20多个欧洲国家的一份调查显示，冰岛老龄劳动力人口（50岁及以上）占总人口的比例排在第一。这和冰岛的法定退休年龄（男女均为67岁）在欧洲乃至在全世界都属于最高之列有关。

表1-6 1910～2013年部分年份冰岛人口的地区分布

单位：人

时间	1910年12月	1950年12月	2003年12月	2013年12月
全国人口	85183	143973	290570	325671
200人及以上居民点总人口	28930	108739	269461	305642
200人以下居民点总人口	56253	35234	21109	20029
雷克雅未克市	11600	56251	113288	121230
科帕沃古尔市	—	1647	24352	—
哈布纳菲厄泽市	1547	5087	21207	—
阿库雷里市	2239	7711	16086	18103

资料来源：冰岛国家统计局。

二 行政区划

冰岛由于人口很少，因此只设置两级行政机构，即中央/国家一级和作为地方行政机构的市镇一级。冰岛全国还从实际功能角度出发划分为8

个大区，分别是：首都区、西南区（雷恰角半岛区）、西峡湾区、西部区、西北区、东北区、东部区和南部区（见表1-7）。

表1-7　冰岛的大区

单位：平方千米，人

区名	面积	人口(2013年12月)	行政中心
东部区	21991	12524	埃伊尔斯塔济
首都区	1982	208752	雷克雅未克
东北区	22368	29091	阿库雷里
西北区	13093	7245	瑟伊藻克罗屈尔
南部区	25214	24086	塞尔福斯
西南区	—	21560	凯夫拉维克
西峡湾区	9470	6972	伊萨菲厄泽
西部区	8711	15441	博尔加内斯

注：首都区的面积包括西南区的面积。

资料来源：冰岛国家统计局。

这些大区不是实际的一级行政区划，它们没有行政机关，也不是法律实体，而只是该地区所有市镇政府的联合体。每个大区设有一个地方法院。它们同时也是医疗保险区。这样，全国一共有8个地方法院和8个医疗保险区。冰岛还被划分为9个税收计征区。此外，全国还被划分为31个初级医疗保健区、10个公共卫生区和14个兽医区。地方政府进行地区性合作的组织是地区委员会，但它不是一级行政机构。1999年年底之前，议会大选的选区也是8个。在2003年大选时选区减为6个，分别是雷克雅未克南部选区、雷克雅未克北部选区、西北选区、东北选区、南部选区、西南选区。

作为冰岛第二级行政单位的市镇始终在合并，其数目长期以来不断减少，尤其是自1990年以来。1950年冰岛全国被划分为229个市镇，1990年市镇减为204个，1996年为170个市镇，2000年进一步减为124个，2003年有104个市镇，2004年为101个市镇，2014年为96个（参见表1-8）。冰岛人口总数在不断增加的同时，市镇的数目却在不断减少，其主要原因是有些偏远地区小乡镇的人口不断外流，尤其是向较大城市流动，导致一些小市镇人口过少，需要把一些作为行政单位的小市镇不断进行合并，以精简行政机关，减少行政支出，提高行政工作效率。冰岛《地方政府法》规定，凡人口连续3年不足50人的市镇，就要考虑和周边一个市镇进行合并或者被划分给周边几个市镇。与此同时，由于地方行政部门的任务日趋复杂和繁重，通过合并也可以强化其各方面的职能。这是冰岛在其城市化进程中所特有的现象。

表1-8 2014年冰岛市镇人口规模

居民人数	市镇数目(个)	占百分比(%)
1000人以下	71	74.0
1000~1999人	12	12.5
2000~4999人	8	8.3
5000~9999人	2	2.1
10000~99999人	2	2.1
100000人及以上	1	1.0
总　计	96	100

资料来源：冰岛国家统计局。

在历史上，由于城市和乡村的差距很大，冰岛曾经长期以城乡区别为基础进行行政区域的划分，把全国划分为21个城市和23个农村县，县下面有乡镇、村庄。后来冰岛虽不再这样划分，但是历史上城乡区划的痕迹仍还存在。冰岛目前设立了26位地区专员（2000年以前为27位），他们的主要工作是监督国家各种税收的征收情况，尤其是那些在税收方面存在一定问题的市镇。

市镇规模悬殊，最大的城市有12.18万人口（2015年），即首都雷克雅未克，最小的市镇斯科加尔（Skógar）则只有25位居民（2015年）。大多数市镇的规模都相当小，所有市镇的人口平均约为2200人。大多数市镇都位于环冰岛的沿海地区。冰岛人口分布很不均衡，位于西南沿海的首都雷克雅未克及其周边的雷恰角半岛区集中了全国62%的人口，雷克雅未克市的人口就占全国人口的约40%。而约占全国总面积4/5的广大内陆地区则因地处高原、交通不便、气候恶劣而人烟极少。

三　民族

冰岛全国总人口32.9万（2014年），绝大多数为冰岛人，他们是冰岛的主体民族。外来移民占总人口的7%，主要有波兰人、立陶宛人、菲律宾人等。冰岛人是世界上人数最少的民族之一，属于欧罗巴人种北欧类型，外观上多为金发碧眼，性格多吃苦耐劳、豪放朴实。几乎所有人都凭借自己的勤劳和智慧谋生，人与人之间没有尊卑的差别。相互称呼很少用尊衔、尊称，有时甚至连“先生”和“女士”的称呼都不用，更不必说“阁下”这类称呼了。

公元800年，爱尔兰僧侣最先发现该岛。9世纪下半叶北欧的诺曼人陆续迁入，并最早建立永久性定居点。移民多来自挪威，少数来自瑞典及不列颠群岛等。他们经民族融合，于11～13世纪形成冰岛民族。冰岛于1262年沦为挪威属地，1380年后归丹麦统治，1904年实行内部自治，1918年初步获得独立，1944年6月取得完全独立。冰岛人保留了他们祖先所用的古挪威语，也保留了许多北欧的古代神话和传说。

许多冰岛人甚至能说出他们祖先的名字。含挪威血统的冰岛人约占总人口的60%，含有爱尔兰血统的约占30%，其他血统的约占10%。根据1995年的统计资料，冰岛人口的国籍构成情况如下：冰岛人占95.9%，丹麦人占0.8%，瑞典人占0.5%，美国人占0.5%，德国人占0.3%，其他人占2.0%。大约5万冰岛人侨居国外，主要分布在加拿大和美国。只有老一代冰岛侨民仍会讲冰岛语。加拿大曼尼托巴省温尼伯市在20世纪上半叶曾出版两种冰岛文周报，到20世纪下半叶合并为一种，但现在该周报主要使用英文出版。

冰岛的国籍由冰岛宪法第68条（“除非依照法律，任何外国人均不能取得公民身份”）和1952年第100号法令《冰岛公民身份法》加以规定。该法的原则类似于丹麦和挪威所使用的原则——凡希望入籍的外国人须向议会提交申请书，通常是通过司法部递交。一般来说，在该国居住3～5年是申请人必须具备的入籍条件。

据冰岛国家统计局截至2005年12月31日的统计数字，在过去的10

年内，冰岛外籍居民增加了超过 1 倍。2005 年年底共有约 1.4 万名来自 120 个国家的外籍居民居住在冰岛，占冰岛人口总数的 4.7%，比 2004 年增加 1%。在外籍人口中，波兰人最多，其次是丹麦人、德国人和菲律宾人。冰岛东部地区外籍人口最多，约占当地总人口的 18%，这与东部大开发大量使用外籍工人和工程技术人员有关。例如在卡拉纽卡水电站工地工作的全部 1485 人（2006 年 1 月）中，冰岛人只占 20%。统计还显示，冰岛东部地区的当地居民有外迁的迹象。表 1－9 为 1980～2013 年部分年份冰岛人口的国籍构成。

表 1－9　1980～2013 年部分年份冰岛人口的国籍构成

单位：人

年份	1980	1990	2003	2013
总人口	229187	255708	290570	325671
冰岛人	225545	251043	280390	302927
外籍人	—	—	10180	22744
北欧人	1360	1578	1606	—
其他欧洲人	886	1698	5454	—
美洲人	731	861	858	1062
非洲人	38	125	299	443
亚洲人	114	404	1842	2052
大洋洲人	104	144	58	66
无国籍者	—	—	38	—
不明国籍者	7	2	25	—

资料来源：冰岛国家统计局。

四　语言文字

冰岛语是冰岛的国语和官方语言，属于印欧语系日耳曼语族的北日耳曼语支（又称为斯堪的纳维亚语支），是在 9～10 世纪挪威西部移民所用的古代北欧语（又译为“古诺尔斯语”或“古斯堪的纳维亚语”）的基础上发展而来的。1000 年前，整个斯堪的纳维亚半岛都使用古代北欧语，这种语言后来逐渐发展成今天的挪威语、瑞典语和丹麦语。许多世纪以来，其他斯堪的纳维亚语言无一不受到邻国语言的影响，唯有冰岛语仍然保持着古代北欧语的许多原始特点，纯洁古朴，几乎没有受到其他语言的侵染，外来词极少，自9世纪以来基本上没有发生大的变化。现代冰岛人可以很容易读懂古代挪威文献，而现代挪威人却无法做到。在现代斯堪的纳维亚诸语言中，只有冰岛语跟古代北欧语最为相似，它是欧洲保留的最古老的语言之一。有些语言学家把它戏称为欧洲“最保守的语言”，是“古代北欧语的活化石”。

北日耳曼语支是印欧语系日耳曼语族的一个分支，包括通行于斯堪的纳维亚地区、芬兰的一部分地区以及法罗群岛和冰岛的语言。北日耳曼语支还可以细分为两个分支，即“西北日耳曼支”和“东北日耳曼支”。“东北日耳曼支”受低地德语的影响非常显著，包括丹麦语、瑞典语以及这两种语言的各种方言和变种。“西北日耳曼支”包括法罗语、冰岛语和挪威语。除了从地域角度的划分之外，还有一种按照语言之间相互关联程度来划分的方式，即把挪威语、丹麦语和瑞典语称作“陆地斯堪的纳维亚语”，而把法罗语和冰岛语称作“海洋斯堪的纳维亚语”。

冰岛语和现代的挪威语、瑞典语及丹麦语之间的差别很大，挪威人、瑞典人和丹麦人一般很难掌握冰岛语，但是他们之间在进行交流时，很容易明白彼此要表达的意思。尽管从13世纪到20世纪上半叶冰岛曾经受到挪威及丹麦的统治近7个世纪，但是冰岛民族语言并没有因此受到多大影响。

古冰岛语之所以能够比较好地保存至今，有多方面原因：一是因为冰岛是个岛国，远离欧洲大陆，过去长期处于和外界基本隔离的状态，其语言与外部世界的其他语言接触甚少；二是用冰岛语写作的《萨迦》和《埃达》等记叙冰岛及其他北欧国家历史和神话传说的史诗，在冰岛始终广为流传，成为冰岛语的典范；三是因为早在1584年《圣经》就被翻译成冰岛文，几乎人手一册的《圣经》成为人们学习冰岛文的最好课本之一；四是因为冰岛人民十分注重保护自己的语言，在近代以来引进各种新知识的过程中，尽可能使用意译的方式，而很少向其他语言（包括英语）

直接借词，冰岛语因此被称为“内向型语言”。

在今天的冰岛语中，很少有国际上通用的术语，外来词语也很少。例如，冰岛语把英文的“telephone”（电话）叫作“simi”（原意为“线”），该词出自古冰岛语的“sima”一词；把“jet”（喷气式飞机）叫作“thota”（意为“移动很快”）；把“电”意译为“rafmagn”，字面意思是“线状无烟火药能（量）”，而不借用英语的“electricity”一词。更多的新词则是采用组成复合词的方法创造出来的，其情况类似于汉语中造词的“生词熟字”效果。

冰岛语曾经吸收丹麦语、凯尔特语、拉丁语和罗曼语族的一些词，但由于19世纪冰岛在振兴民族文化浪潮中开展了纯化语言运动，这些外来词大多已经让位于原冰岛语组成的词汇，从而使现代冰岛人仍能阅读1000年前的古冰岛语史诗。由于冰岛在历史上曾经长期受丹麦统治，所以许多老年人能够熟练掌握丹麦语，而现在的年轻人则大都会讲英语。由于民族成分十分单一，除冰岛语之外，冰岛不通用其他语言。但是在对外经贸及旅游活动领域，英语为通用语言。

冰岛虽然地域广阔且人口居住分散，但是全国居民所说的冰岛语并没有方言差别，这主要是因为冰岛的农牧民流动性比较大，没有出现过方言文化区的分割。在古冰岛语和现代冰岛语之间以及在其口语和书面语之间也没有多大差别。但是现代语音和古代语音之间的差别要大一些，这主要是因为一些元音在12~16世纪发生了较大变化，但是这对书面语没有产生什么影响，语法结构的变化也很小。

冰岛语保留着完整的屈折变化系统，为主－动－宾型语言。动词有人称、时态等变化，名词有4个格，名词、代词有单、复数及阴、阳、中性（其他斯堪的纳维亚语现只有中性和通性），定冠词通常作为后缀附着于名词之后。冰岛语的语法和词汇相当稳定。冰岛语使用拉丁字母，其字母表中还使用出自古代北欧文字的两个特殊字母分别表示清、浊齿擦音，即e（th的浊音，如同英语“they”中“th”的发音）和刺状符t（th的清音，如同英语“thing”中“th”的发音；该字母不是拉丁字母p）。字母表中还有丹麦语和挪威语中也都有的字母æ。

冰岛政府的语言政策主要包括两个方面：一是努力保护冰岛语及其文字；二是努力发展冰岛语，使之跟上时代的步伐，并在尽可能广泛的领域使用，尤其是要不断创造出各种新词语。此外，政府还支持开发使用冰岛语的电脑软件及可用冰岛语控制的电子设备。

由于目前在冰岛讲英语的人太多，电影、电视节目几乎都用英语，政府担心冰岛语会日渐衰落乃至消亡，因此极力推行和保护冰岛语。冰岛政府于 1995 年 11 月 16 日批准了文化部的提议，把这一天作为每年的"冰岛语日"。这一天是 19 世纪冰岛著名诗人约纳斯·哈尔格里姆松（1807～1845）的诞辰日。确定"冰岛语日"的目的是为了加强对冰岛语的保护并促进冰岛语的发展。冰岛大学人文学院成立了"维格迪丝外国语研究中心"。以冰岛前总统维格迪丝·芬博阿多蒂尔命名这个中心即是为了表彰她为保护冰岛语所做出的不懈努力。该中心的宗旨是拯救濒临灭绝的语言和文化，研究语言翻译的艺术、社会科学和人文科学的交融、国际新闻对世界的影响、拉丁语言及电影、古代和现代冰岛语等。

五 宗教

冰岛绝大多数居民都信奉基督教新教，是路德派教徒。因路德宗教义的核心为"唯信称义"，所以路德宗又称为"信义宗"。冰岛宪法第 62 条规定，基督新教路德宗是国教，受国家的支持和保护。基督教福音信义会是冰岛的国教会，其教徒曾占全国总人口的 97%，2014 年占比为 75.1%。

公元 1000 年基督教传入冰岛。开始时冰岛设有两个主教区，在 1152 年之前它们都属于瑞典的隆德大主教区。宗教改革之后，冰岛随丹麦而改信基督新教路德宗，1550 年路德宗成为冰岛的国教，同时冰岛开始排斥包括天主教在内的其他各种宗教。直到 19 世纪末，天主教以及自由新教派等其他各种宗教才又开始活动，但是国教会始终占主导地位。

1801 年，原来的北方主教区和南方主教区合并为一个主教区，雷克雅未克成为全国主教的驻地，冰岛在全国设有 21 个地方教区、120 个堂区和 288 个会众组织。当时全国有 114 名国教士。目前冰岛仍只有一个主教区，下辖两个委任主教区，有 12 个地方教区；堂区在 1999 年有 113 个，2004 年减为 109 个；会众组织在 1999 年有 282 个，2004 年为 279 个。冰岛教会设有教会大会，为教会提供咨询。国内有一所培养路德宗牧师的神学院，冰岛的神职人员绝大多数由该神学院培养，只有少数神职人员曾经出国留学。

除基督教路德宗之外，冰岛还有其他林林总总的许多宗教。独立信义会成立于 1899 年，其教徒有 2000 人。救世军于 1895 年传入冰岛，基督复临安息日会于 1897 年传入，但是信徒都很少。普利茅斯兄弟会于 1911 年进入冰岛。瑞典五旬节派于 1920 年进入，拥有比较多的信徒和教堂。1896 年罗马天主教重新在冰岛开展活动，以雷克雅未克地区较为集中，势力比较小，但在缓慢发展，雷克雅未克现有 2 个堂区，整个冰岛是一个主教区。1976 年，冰岛与梵蒂冈建立了外交关系。从 1977 年开始，冰岛罗马天主教会的管辖权由教廷传信部移交给斯堪的纳维亚主教会议。2014 年年初，冰岛有 11454 名天主教徒，约为总人口的 3.5%。

挪威神信徒联谊会是 20 世纪 60 年代开始在冰岛复兴的一种多神教，信仰“阿萨”（Asa），1973 年获得政府承认，并得到资助，创立者是冰岛的一位农场主。这种宗教本来是古代挪威在基督教传入之前的古老宗教，“阿萨”意即“最伟大的诸神”。该教崇拜的神祇主要有：众神之王奥丁；奥丁之妻芙莉嘉；奥丁之子雷神托尔，其象征是一个锤子；农耕与丰收之神弗雷，以其魔剑而著称，其特征是红色的有一男性生殖器的雕刻形象；爱神弗雷佳；北亚特兰大之王伊顿；火神罗格；射箭术与滑雪术之神尤尔。此外还有若干比较次要的神。该教试图在宗教仪式上恢复使用动物祭品（冰岛马）、酿制的蜂蜜酒和烈性的挪威酒，但是冰岛的法律不允许这些。该教派在 80 年代末约有 100 名信徒、10 名教士。他们称期望冰岛在 2000 年冰岛基督教化 1000 年时变成非基督教国家。这个愿望显然没有实现。

其他比较小的宗教及教派组织还有：巴哈伊教、初浸礼会、冰岛佛教运动、冰岛穆斯林协会、国际之路自由教会、耶稣基督末世圣徒教会（摩门教会）、冰岛俄罗斯东正教会、安息日会、冰岛曹洞禅宗、耶和华见证会等。

在政教关系方面，在宗教改革之后，路德宗成为唯一合法的教派，其他各种教派都被禁止。1874 年，政府宣布各种教派都有自由活动权。1917 年颁布的宪法明确保障公民的信仰和道德观自由、宗教结社自由。但路德宗依然是国教，政府负责牧师的津贴，以及修建、维护教堂和学校的费用。其他被政府承认的各个教派也能够得到政府的资助。国教会主持的洗礼、婚丧礼以及颁发的证书，对其他各个教会也都有法律效力。国家征收教会税，非国教徒的公民也要支出相等的金额给冰岛大学或者赞助它的一个基金会。如果公民捐赠财物给宗教团体，经财政部确认之后，可以从捐赠者所纳税款中扣除其份额。冰岛对所有宗教组织都免征其房屋的土地税。宗教事务由政府的司法与教会事务部负责处理。冰岛国家电台固定播出宗教节目，大多是路德宗内容，周一至周六每天播 5 分钟，周日播 1 小时。

第四节　民俗与节日

一　民风习俗

姓名特点　冰岛人取名至今仍保留着古代北欧的习惯，由本名即自己的名字加上父亲的教名组成全名，而没有真正的姓氏。这种情况在世界上是很少有的。古代挪威有这种取名的风俗，但随着人口数量的增多，慢慢地也就没有人再沿用这个习俗了。而冰岛却由于许多原因保留了这个习俗，使得人名重复率很高。从十七八世纪开始，一些有名望、有地位的冰岛人才按照外国的习惯给自己加上姓，但目前只有少数冰岛人仍然保留其姓氏。

1913 年冰岛曾经发布一项法令，鼓励甚至规定人们取名时采用姓氏。但是 1925 年作为第 54 号法令颁布的《姓名法》出于保护文化传统的目的又倒退回原来的习俗，禁止采用姓氏，而是给每个子女取一个或两个本名，后面再加上其父亲的教名。男孩子在父亲的教名后面加上“son”

（“儿子”之意，汉语音译为“松”），女孩子则在父亲的教名后面加上“dottir”（“女儿”之意，汉语音译为“多蒂尔”）。例如丈夫奥拉夫·埃里克松与妻子比亚尔尼·奥斯卡多蒂尔生的儿子取名叫尤纳尔，其全名就是“尤纳尔·奥拉夫松”，他们生的女儿取名叫黑尔加，其全名就是“黑尔加·奥拉夫多蒂尔”。这里的“奥拉夫松”和“奥拉夫多蒂尔”都不是姓氏，而只是表明其父亲的教名是“奥拉夫”以及他（她）们是奥拉夫的子女，全家四口人因此没有共同的姓氏。这个法律现在已不严格实行，有少数人使用母亲的教名再加上“松”或者“多蒂尔”。

此外还有其他若干起名的方法：对于外来人，在称呼中加上他以前的住址；对于本市的老居民，则在称呼中加上他现在的住址。由于大多数人没有姓氏，妇女在结婚之后也不改变其原名，不随其丈夫的姓氏。

现代冰岛人在日常交往中相互称呼十分随意，只称呼各自的教名即名字的前半部，相互之间从不单独称呼名字的后半部（例如“埃里克松”和“奥斯卡多蒂尔”，因为这意味着称呼“埃里克的儿子”和“奥斯卡的女儿”）。人们在正式场合则使用全名，在国际性场合则往往把名字的后半部当作姓来使用。名字的后半部因此不如前半部重要，诸如在电话簿当中，人名是按名字的前半部即教名的字母顺序来排列的。虽然没有姓氏，但是冰岛人自古有记录家谱的传统，凡是 11 世纪以后出生的人大都在教堂里留下记载。2002 年，冰岛设立了世界上独一无二的千年家谱网站，几乎每个人都能查出自己 1000 年前的祖先。

爱好读书 冰岛人普遍有读书的习惯。尤其在冬季，由于夜晚特别长，户外寒冷，人们便很少外出，习惯于在温暖的屋子里以读书为乐。在冰岛从南到北，不论是农民家还是渔民家，都有自己的书房。长此以往，冰岛人的文化水准普遍比较高，虽居住在地球一隅，知识面却比较广，视野也相当开阔。俗话说“书多人贤”，冰岛的人口素质因而普遍比较高，犯罪率极低，腐败现象也极少，且冰岛是世界上最早完全消除文盲的国家。这些都同冰岛人喜爱读书密不可分。

仅在 2004 年 12 月，当时只有 29 万人口的冰岛就销售了 40 万册书，平均每个人在这个月买了 1.4 册书，创世界最高纪录。在每年的 12 月冰岛都会出现购书高潮，书店里摩肩接踵，盛况空前，有些书店甚至可以完成全年图书销售量的约80%。圣诞节前夕书店的生意最好，这在冰岛已成为一种惯例。在圣诞节假期及随后漫长的寒冬日夜中，人们可以在家里尽情享受阅读各种新书之乐。此外，书籍也是最受人们喜爱的圣诞节礼物，尤其是传记和回忆录。与此同时，各种报刊相继发表新书评论，咖啡馆里举办读书会，作者到场朗诵新书片段，人们纷纷议论各种新书的内容，形成一年一度的读书热。

冰岛人爱读书有着悠久的历史。当18世纪冰岛仍被丹麦占领时，去那儿旅行的欧洲人就惊讶地发现，虽然渔民们过着贫穷的生活，但是破旧的小屋里却摆着放满书的书架。他们特别喜爱阅读描写古代冰岛英雄的传记。那些萨迦故事由历代僧侣们用羊皮纸记录保存下来，成为流传很广的中世纪北欧的传记文学。古代英雄的故事和传记在冰岛家喻户晓，在人们的日常闲谈中经常被提起。冬季漫长黑暗的夜晚，一家人总是围坐在一起，由家长朗读这一类故事来度过时光。

诗歌的国度　冰岛人普遍喜爱诗歌，不仅喜欢阅读诗作，背诵或大声朗诵诗歌，而且有不少人会写诗，也喜欢写诗。据估计，在30多万人口中诗人至少有几千人之多。他们还把各国的诗作译成冰岛文出版，其中包括中国的古代及现代诗篇。毛泽东诗词很早就有冰岛文译本。冰岛人喜爱诗歌与他们自古就有诗篇《埃达》以及人们普遍喜爱读书有关。人们经常举办各种诗歌朗诵会，既有家庭中的小型诗歌朗诵会，也有公共协会组织的诗歌朗诵会。冰岛议会的不少议员也是诗人，包括曾任冰岛议会议长的布伦达尔。

冰岛自古就有写诗和朗诵诗的传统，在历史上也涌现出许多诗人。孩子从小就学习朗诵及写作诗歌。在节日和喜庆集会上，人们常常登台朗诵诗歌以及古代萨迦助兴。诗人以及朗诵者都受到人们的尊敬和爱戴。

户外运动　冰岛人在业余时间喜欢从事户外活动，到冰川开雪地摩托、到海边垂钓以及到地热温泉游泳池游泳是冰岛人爱好的体育活动。在汽车普及之前，雪橇是冰岛冬天的主要交通工具。雪橇的“轮子”是两根两端翘起来的滑木，但冰岛的树木很少，木材价格昂贵，因此，冰岛人往往用两根弯曲的鲸骨来制作滑木。如果连鲸骨也难以找到，他们便就地取材，用海豹的肠子或皮革把一些又细又长的鱼捆绑起来，放在外边冻起来，等这些细长的鱼粘在一起冻硬之后，便可以用来做雪橇的滑木。钓鱼也是冰岛人的一大乐趣，而且可以一边钓，一边吃——从河里钓到的鱼，不用从鱼钩上取下来就被直接放到100℃以上的温泉中去煮，既新鲜又简便。

冰岛的大小城市几乎都有地热温泉游泳池，不仅在夏天，人们在冬天也可以在温泉游泳池中尽情地畅游、嬉水。冰岛的游泳池虽大多在室外，人们却一年四季都可以在温暖的水里游泳。游泳池外银装素裹，游泳池内则温暖如春。为了增强民众体质，政府法律明文规定，小学生必须要学会游泳。游泳现已成为冰岛十分普及的体育健身活动。

蔬菜水果昂贵 由于气候条件限制，冰岛的蔬菜水果在本地温室只能生产一部分，大量依靠进口。因为海运的时间太长会造成腐烂变质，进口蔬菜只能采用空运的方式，运费高昂。这样，新鲜蔬菜十分珍贵，也十分昂贵，是冰岛人的奢侈品。在超市中，一根黄瓜被切成三段卖，芹菜被掰成根卖，圆白菜、大白菜被切成1/4卖，辣椒论个卖。这在全世界都是绝无仅有的。在历史上，冰岛人除了吃鱼虾和牛羊肉，主要就是吃土豆和洋葱，菜谱十分简单，尤其在冬天到来之前，人们必须储存足够的食品，否则可能会饿肚子。

据北欧竞争管理局2005年2月的一项调查报告显示，冰岛的食品价格较欧盟国家高出42%，而且食品种类也较欧盟国家少。政府为保护国内农业而对进口农产品征收高额关税，导致冰岛食品价格偏高，一旦取消此类关税，市场食品价格就会明显下降。

休闲场所"巴卡利" 冰岛城市街头一隅有饮食店、酒吧、餐馆、糕饼店等连在一起，这里成为人们业余时间的休息、娱乐场所，被称为"巴卡利"。每到临近黄昏的时候，人们纷纷来到这里饮酒进餐，一边聆听乐队演奏音乐，一边看报，或者相互谈天，谈论各种新闻。"巴卡利"想方设法用各种别出心裁的花招吸引顾客，从而产生独特的效果。例如，位于雷克雅未克的贝伦斯巴卡利投入巨资，从丹麦运来泥土和树木，营造出地中海式的优美环境和优雅海滨情调，颇受大众欢迎。

二 特色节日

冰岛实行每周五天工作制。主要的法定节假日有：1月1日元旦，复活节前一周的星期四、星期五放假，复活节的星期一放假，4月的第三个星期四放假，5月1日劳动节，耶稣升天节，圣灵降临节，6月17日国庆节，银行职员节（8月的第一个星期一），12月24日半天假，12月25~26日圣诞节，12月29日半天假。

此外，冰岛有一系列特有的节日。2月份，冰岛人庆祝的两个节日都和食物有关。每年1月20日~2月21日是“海盗维京食品月”。在这期间冰岛全国各地的餐厅甚至家庭都会准备维京时期特有的食物，比如煮羊头肉、海豹鳍、羊血肠、腐鲨鱼肉、腌制的公羊睾丸等，冰岛人也会像维京人那样用餐。2月7日是“甜饼圈日”。在这天，冰岛的家庭、餐厅，特别是面包房都会做甜饼圈，虽形状大小各有不同，但一般传统做法都会填充上奶油、果酱，现在有的还加上巧克力。孩子们都很喜欢这个节日。他们会早早地起床，用一种由五颜六色的纸条和彩带制成的小棒子将他们的父母从床上“打起来”，每打一下，孩子们就会从父母那里得到一个甜饼圈。

4月21日是“夏季的第一天”。在这一天，冰岛全国范围内的庆祝活动有游行、体育比赛以及其他各项娱乐活动。经过一个漫长的冬季，夏季的到来意味着温暖、阳光的到来。冰岛是世界唯一庆祝夏季来临的国家。

北部索萨克洛克小镇每年夏天举办维京海盗节，除冰岛人之外，还有来自丹麦、挪威、瑞典、英国、波兰等国的海盗“发烧友”齐聚一堂。他们装扮成维京武士，手持刀剑斧盾，在草地上鏖战厮杀，以此传承古老纯朴的维京文化，弘扬充满豪情的海盗精神。

冰岛是世界上极少数规定了“电视禁播日”的国家。冰岛规定每星期四所有电视台都不得播出节目，以便让一家人有机会走亲访友、上街购物、看电影、去剧院，目的是减少电视带来的消极影响，以增进人们之间的了解和友谊。

第五节 主要城市和风景名胜

一 首都雷克雅未克

冰岛的首都雷克雅未克（Reykjavik），位于法赫萨湾西南的塞尔提亚纳半岛上，是冰岛唯一的大城市，也是冰岛最大的港口城市、世界最北边的首都。公元 874 年，该地开始有人居住，1944 年成为冰岛共和国的首都。雷克雅未克西面濒海，北面和东面有高山围绕。每当朝阳初升或夕阳西下，山峰呈现出娇艳的紫色，海水也变成深蓝色。入冬以后，山巅覆盖着白纱似的积雪，分外壮观。塞尔提亚纳半岛面积不大，东西长约 5 千米，南北宽约 2 千米，半岛上的平原地区海拔为 17 米，其他地方丘陵起伏。

雷克雅未克市人口已经达到 12.18 万（2015 年），是冰岛全国人口最多的城市，目前人口仍在不断增加。该市周边有两个人口为万人以上的城市。雷克雅未克不仅是冰岛的政治中心、经济中心，同时也是文化和教育中心。雷克雅未克虽然没有世界上其他大都市的高楼大厦和繁华商业中心，但也是道路发达、环境极为整洁的现代化城市，这里有一定规模的工业和各种生产企业，也有一流的旅馆和服务。

“雷克雅未克”一词在冰岛语里是“冒烟的港湾”之意。传说公元 874 年，挪威探险家英格尔夫·阿纳尔松（Ingolfur Arnarson）乘船在浩瀚的北大西洋洋面上漂流。在航行途中，他隐约看到洋面上出现一块陆地。出于信仰和挪威的传统习惯，他将自己从挪威带来的两根圣座柱（氏族主人座前两侧有雕刻的柱子）朝陆地方向抛进海里。他认为，圣座柱漂到的地方，肯定是上帝安排他居住的地方。带着这种信念登上陆地后，他花了很长时间，才在这个陆地的西南角找到他抛出的圣座柱，便在这里定居下来。他看到这里经常有烟状白雾从地面袅袅升起，于是就给这个地方取名为“雷克雅未克”。后来他才知道，这里的烟雾是温泉蒸腾出来的水汽。

今天的雷克雅未克就是以当年英格尔夫·阿纳尔松的住地为中心发展起来的，但是在很长时期内，这里的人口都很少，只是一个小村庄。17世纪初这里成为丹麦国王的王家庄园。1703年，人口只有150人。1786年，丹麦国王颁发特许状，它才成为冰岛的第一座城市，那时的居民也只有300人，还不到当时全国人口的1%。在很长时间内，它是冰岛唯一一座城市。1798年，议会从廷格维利平原迁至雷克雅未克，两年后议会便被取消，代之以由3名法官组成的高等法院。1801年，北方主教区和南方主教区合并，从此雷克雅未克成为全国主教的驻地。以后这里人口不断增多，城市不断扩展，迅速发展成为冰岛的政治、经济、商业和文化中心。1850年，该市人口为1150人，仅占当时全国人口的1.94%；1901年，该市人口已经占全国人口的8.52%；1920年为18.6%；1940年为31.44%；1960年达到40.84%；2014年约占37.23%。

1845年冰岛议会恢复之后，议员们都是在一所学校里开会，直到1881年议会才搬进现在的议会大厦。1911年6月17日在约恩·西居尔兹松100周年诞辰纪念日成立了冰岛大学，当时大学临时借用议会大厦的房间作为教室和办公室，直到1940年大学校舍才建成。1986年，雷克雅未克曾举行纪念建城200周年的活动，为纪念英格尔夫·阿纳尔松这位冰岛的探险人和最早定居者，在市中心的一块绿草茵茵的小山丘上建造了他的雕像。

由于海洋暖流的影响，雷克雅未克的气候比较温和。7月份平均温度为11.6℃，1月份平均温度为0.6℃。这里平均每年有1300多小时的充足阳光照射。雷克雅未克的地热资源蕴藏十分丰富，许多地方地下1000米处的水的温度超过200℃。其最著名的街道名叫“通往池塘的路”，在20世纪以前，人们就是从这条路前往地热池塘去洗澡或洗衣服的。市内铺设了总长达590千米的热水管道，为全市居民提供热水和暖气，热水到用户家中还能达到90℃的温度。全市分为10个区，每个区都建有一个热水站。由于温泉之惠，这里的人们很少使用煤或石油做燃料，全市最后一只工业烟囱已于1998年定向爆破，因此整个城市空气清新。正因为此，雷克雅未克得到了“无烟城市”的美称。由于雷克雅未克不烧煤，本来就很漂亮的建筑物上一尘不染，雷克雅未克因而也是世界上最清洁的城市。市中心有一座美丽的小湖“托宁湖”。在温和的夏季，成千只天鹅、鸭子及其他各种水鸟聚居于此。而在寒冷的冬季，专门修建的地热管道可向湖中排放温度适宜的热水，帮助水禽过冬。

雷克雅未克城市布局匀称和谐。城市没有摩天大楼，居民住房小巧玲珑，大多是两三层小楼，最高的也只有四五层，风格各异，色彩鲜明，多用红、蓝、绿等颜色涂顶。几乎所有建筑都是在20世纪中建成的。市内街道不宽，整个老城区街道纵横交错，给人以古色古香、整齐美丽、宁静雅致之感。在20世纪50年代，这里还几乎没有一条柏油路，但仅仅10年之后便全部铺设了柏油路。

市中心附近是现代化的新城。主要公共建筑，如议会大厦、市政厅、北欧文化宫、国家博物馆、国家图书馆、冰岛大学等都在附近，均具有北欧特色。此外还有一些文化场所，如国家美术馆、自然博物馆、国家剧院、电影院等。状似水晶球的“珍珠楼”是冰岛现代建筑艺术的代表作品，是该市最漂亮的景点之一。它是首都热水供应公司建造的半球形建筑物，楼内有展览厅、温泉模型、餐厅、环形观景平台等，游客可通过安装在眺望台上的望远镜观赏城市风景。竖立在雷克雅未克海滩上的两个圣座柱是9世纪的首领英格尔夫·阿纳尔松带来的，以此作为定居的标志物，现已作为首都的标志。

冰岛总统府距雷克雅未克市中心400米，是一座面向大海的白色小楼，楼顶飘着一面蓝底红十字的冰岛国旗。这里没有围墙和篱笆，也没有卫兵和岗哨。冰岛总统在这里会见外国贵宾并举行重大活动，但他并不住在这里。在冰岛国家独立之前，这里是镇守冰岛的丹麦总督的总督府，周围设有4门大炮，朝向大海，是中世纪时用来抵御海盗袭击的。

雷克雅未克大教堂是该市最醒目的标志性建筑，位于市中心的山丘上，以17世纪牧师及诗人哈尔格里米尔·彼得松（1614～1674）的名字命名，被称为“哈尔格里米尔大教堂”。这座教堂于1946年开始动工修建，到1985年才正式落成，前后花费40年时间。大教堂高达75米，外形像一架巨型航天飞机，内有电梯直通教堂顶楼，从这里可以饱览全市风光。教堂前矗立着最早发现北美洲大陆的冰岛探险家莱夫·埃里克松的雕像，这座雕像是美国政府于1930年赠送给冰岛的。

霍夫蒂楼（意思是“海角”）是一座木结构的白色楼房，位于海边，是该市的著名建筑。里面装饰很讲究，有木制沙发，木地板上铺着地毯，墙上挂着冰岛风景画，墙角摆着木雕，大厅中间有个大吊灯。该楼始建于19世纪末，1951年以前曾是英国驻冰岛大使的官邸，现在属于冰岛政府所有。1986年11月11～12日，里根和戈尔巴乔夫在这里举行了历史性的美苏首脑会谈，因此有人称霍夫蒂楼是冷战结束的标志性建筑。当时这里专门安装了联系美苏驻冰岛使馆的通信设施。雷克雅未克一时吸引了全世界的目光。该市的旅馆设施总共不足1000个房间，只能提供1600个床位。美苏首脑在此举行会晤的消息公布后仅几个小时，所有房间便被抢订一空，几百辆出租汽车也全部被租出，不少居民还出租自己的私人汽车。小客店的收费标准一下子提高了3倍。一些公寓房每晚要价2000美元之多。市面出售一种印有里根和戈尔巴乔夫像的短袖衫，每件要价25美元。数以百计的美、苏代表团成员以及工作人员，世界各地前去采访的大约2000名记者云集这座小城。自从这次首脑会晤之后，雷克雅未克成了令各国旅游者瞩目的地方，许多重要的国际会议也相继在这里召开。在此之前，美国总统尼克松在1973年来到这里和法国总统蓬皮杜举行首脑会晤，惊叹冰岛是“被上帝遗忘的地方”。

冰岛自然博物馆建于1889年，现在设有地质地理部、植物部和动物部。露天博物馆建于1957年，占地12公顷，汇集了冰岛历史上各个时期各种建筑风格的民舍，展示了冰岛历史上的民俗和文化。

根据表1－10，雷克雅未克市的人口自近代以来增长迅速，从1801年的600人增加到2015年的12.18万人，在200多年间增长了202倍，其中在19世纪的100年间仅增长了10倍，这在世界城市发展史上实属罕见。

表 1－10 1801～2015 年部分年份雷克雅未克市人口数量变化

单位：人

年份	人数
1801	600
1860	1450
1901	6321
1910	11449
1920	17450
1930	28052
1940	38308
1950	55980
1960	72407
1970	81693
1980	83766
1985	89868
1990	97569
2005	113848
2013	121230
2015	121841

注：2015 年的数据为当年 3 月的统计数据。
资料来源：冰岛国家统计局。

进入 21 世纪，雷克雅未克市的物价水平居世界前列。英国经济学家情报社每年对世界各大城市，包括房租、食品、服装、娱乐和交通等生活费用进行调查统计，结果显示：雷克雅未克在 2003 年全球最为昂贵的城市排行榜上位列第 9；2004 年升为第 8 位，紧随挪威奥斯陆、丹麦哥本哈根等城市；2005 年又进一步升至第 3 位，仅次于挪威奥斯陆和日本东京。

雷克雅未克市附近一共有 3 座地热电站为全市居民提供热水和电力，其中最大的是雷克雅未克能源公司建造的集发电和热水生产功能于一体的奈斯亚维里尔地热电站。该电站一共钻有 20 眼地热井，井深为 1100～2000 米不等，最高温度达 380℃。电站现有 3 台发电机组，总装机容量为 9 万千瓦，热水生产能力为 1100 升/秒。该电站建于 20 世纪 90 年代初，位于首都东部的亨吉尔火山地热区的一座山谷里，厂房为当地主色调白色，厂内一尘不染，设备高度现代化。

电站生产共分为采热、发电和冷水加热3个步骤：利用地热井中采集的热蒸汽推动涡轮发电机发电，并采集地表水作为整个采热和发电过程中的冷却用水，冷水在冷却过程完成后升温至85℃～140℃，然后通过直径90厘米的管道输送给雷克雅未克市作为优质生活用水和取暖用水。由于管道采用了性能良好的隔热材料，热水在长达35千米的传输过程中，温度仅下降2℃。雷克雅未克全部采用地热供暖和洗浴，一年消耗热水5000多万吨，相当于每人每年节省两吨燃油。

雷克雅未克在20世纪的迅速发展在相当程度上要归功于其港口的建设。该港口于1913年兴建，历时17年才竣工。由于受大西洋暖流的影响，这座港口成为优良的不冻港，为发展对外经济贸易做出重要贡献。这里有多条航线通往欧洲和北美各地，是航运的重要枢纽。该市还拥有造船厂、纺织厂、渔产品加工厂等多家生产企业。距雷克雅未克西南47千米的凯夫拉维克机场是冰岛最大的航空港，它既是国内航线的集聚之处，也是国际航线的中转站。

雷克雅未克的文化活动丰富多彩，例如每年5月14日～6月5日举办的雷克雅未克艺术节。该艺术节于1970年首次举办。在艺术节期间有精彩的音乐会、舞蹈、话剧、歌剧以及展览会，向人们展示冰岛文化的过去与现在。艺术节举办方还邀请国际知名艺术家参加。雷克雅未克爵士音乐节（9月29日～10月3日）、雷克雅未克气浪音乐节（10月20～24日）等也十分有名。

二　其他城市

科帕沃古尔市　该市为冰岛第二大城市，拥有人口3.23万（2014年），位于冰岛西南端，在雷克雅未克市的东南，与其相邻，是重要的港口城市。该市工业比较发达，主要工业是木材加工业、塑胶原料加工业以及渔产品加工业等，它也是冰岛重要的渔港。该市拥有图书馆、美术馆和自然博物馆等文化设施。

哈布纳菲厄泽市　该市为冰岛第三大城市，拥有人口2.73万（2014

年），位于雷克雅未克市以南15千米，驱车只需15分钟即可到达，被称为雷克雅未克的另一扇大门。

在冰岛文中，该市名称的意思是“港口峡湾”，这是因为该市所处的峡湾是一座天然良港，汉语中因此也将该市名称意译为“海港市”。该市具有悠久历史，早在12世纪编撰的《得土记》一书就已经提到此地，据记载14世纪末已经有人在这里定居。中世纪时这里是冰岛一个重要的港口和商贸中心。英格兰人于15世纪到这里旅居和经商，德意志商人则紧随其后，并且挤走了英格兰人。在1602年之前，来自汉堡等地的汉萨同盟商人在这里占主导地位。此后丹麦对冰岛实行贸易垄断，直到18世纪末。在此期间，这里是冰岛最繁忙的贸易中心。1793年，著名商人、企业家比亚尼·西韦森到这里定居，创办了一家渔业公司和一座船厂，并从事对内对外贸易，尤其是渔产品贸易。在丹麦结束其对冰岛的贸易垄断之后，他是最早获得贸易许可的冰岛商人之一，被誉为“哈布纳菲厄泽之父”。从1870年开始，这里的渔业获得迅速发展，因此人口渐多，经济逐步发展，1908年正式获得城市地位。

第二次世界大战之后，这里的渔业更加繁荣，该市成为冰岛的主要渔业中心之一，并建成冰岛第一个渔产品批发拍卖市场。冰岛最大的造船公司设在这里，1973年制造出第一艘尾滑道拖网渔船。港口运输也迅速发展，目前这里已是冰岛第二大贸易港口。该市有电气设备制造等企业。有一家工厂利用看似毫无用处的火山渣生产隔热材料矿石棉。在其南边的斯特勒伊姆维克建有1969年投产的冰岛第一家电解铝工厂。该厂之所以建在这里，主要是因其靠近港口，有利于原材料和制成品的运输，此外也因为这里拥有丰富的地热资源。该市还有钢厂、奶制品厂、啤酒厂等。文化教育设施有十年制学校、高等中学、幼儿园、医院、福利院、公园和图书馆等，福利事业发达，人民生活水平和消费水平很高。

哈布纳菲厄泽有一座城市博物馆，该博物馆通常举办三种展览：一是常年展出的该市历史展览，通过许多图片、文字和实物展品系统地介绍该市及周边地区的历史；第二个展览是儿童玩具展；第三种是短期的专题展览或来自国外的巡回展览。该市于1984年与中国河北省保定市结为友好城市。

阿库雷里市　阿库雷里市是冰岛最北部的城市，位于埃亚峡湾的尽头，距离北极圈只有100千米。在人口数量上该市是冰岛第四大城市，有1.8万人（2014年），同时是冰岛北部最大的港口。从雷克雅未克乘飞机到此只需45分钟，开车则需要5个小时。阿库雷里市的人口虽然不多，但是全市的建筑面积却很大，大约相当于一座20万人口中等城市的建筑面积。

阿库雷里背倚雪山，面临碧水，风景秀丽，被人们称作冰岛北部的“雅典”。在夏秋两季，由于冰岛中部高原的阻隔，大西洋潮湿的海风吹不过来，而这时北冰洋又没有寒潮南下，因此，在这里形成北极圈边特有的温带气候。这里园艺发达，牧草繁茂，景色宜人，是北方著名的旅游中心。阿库雷里的夜半太阳可谓当地的一大奇景。每年的6月和7月，这里几乎可以终日看到太阳。

在16世纪以前，这里没有人烟。从16世纪末开始，才有渔民在这里定居，不久后又来了商人。第一批来这里的人给此地起了“阿库雷里”这个名字，意思是“温暖肥美之乡”，因为这里气候温和，土地肥沃，不像高原贫瘠地带那样荒凉，是冰岛农业的发源地之一。

在18世纪末19世纪初，就有人开始在这里种植大麦、燕麦、胡萝卜、马铃薯和甜菜，也种植一些耐寒的花卉和树木，包括玫瑰、山梨、山楂、白桦树等。20世纪初，这里成立了一家园林公司，该公司在城市附近开辟了几个美丽的公园和树林。该市几乎家家都喜欢在住宅周围培植各种花草树木，其园艺全国闻名。这里还有一座地球上最北边的植物园。该植物园用这里特有的地热资源培育了从冰岛全国及世界各地引进的2000多种花草树木，包括从遥远的中国引进的菊花。每当树木披绿、鲜花盛开之时，园内清香扑面，令人心醉。因此，阿库雷里又有“最靠近北极圈的花园城市”的美称。

它还是一座有百年历史的港口城市。港口于19世纪末建成，阿库雷里也正式建市。由于海湾延伸至内陆达50千米，阿库雷里地处海湾的最深处，加上后面有山丘，两岸山崖陡峭，起到屏障作用，因此多变的海上气候对它影响不大。这些得天独厚的优越条件使其成为天然避风港。港口在冬季基本上不结冰，方便了水产品及各种货物的出口，因此是冰岛北部重要的渔港、农畜产品集散地和贸易中心。市郊有机场，可提供便捷的交通。

该市已经被指定为冰岛的冬季运动中心。它拥有多个冰岛最好的滑雪场，还开展了雪地摩托、骑马、冰上钓鱼等多种活动。该市每年在夏季举行“北极高尔夫球公开赛”，在“午夜阳光”下持续一个通宵。

阿库雷里的自然历史博物馆展出冰岛的各种鸟类、海兽、海藻及陆地植物的标本等，还有专门研究菌类、苔藓等低等生物的研究中心。工业展览馆陈列着这座城市生产的所有产品的样品，有呢绒、毛毯、地毯、服装、皮鞋、肥皂、蜡烛、糖果、罐头、鱼制品等。这里的文化教育事业比较发达，设有公共图书馆、博物馆、少年宫、剧院、体育馆和阿库雷里大学等。民俗博物馆是由几栋早期开发者住过的老房子组成的，房顶覆盖着传统的建筑材料——草皮。

阿库雷里还是冰岛北部的制造业中心，主要工业有食品加工业、服装业和纺织业。主要产品有毛纺织品、鱼肝油、鞋、鱼类和乳制品等。阿库雷里是冰岛著名的渔产品加工中心。附近海域盛产沙丁鱼等鱼类，市区建有全国最大的鱼类加工厂，这里生产的大冻鱼、鱼罐头、鱼粉、干鱼等渔产品远销美洲、非洲等地。

阿库雷里是游客环游冰岛的必停之城。从这里还可以乘船前往接近北极圈的格里姆塞岛（面积为5.3平方千米），该岛距离冰岛本土有41千米。岛上有一座100米高的悬崖是海鸟的王国，至少有60种海鸟在这里栖息生活。位于阿库雷里东北50千米的胡萨维克是一个美丽的小镇，它是冰岛东北部的重要市镇，人口约为2820人（2014年）。主要旅游活动是海上观鲸和岛屿游览。镇上有一座鲸类博物馆，介绍和展览各种鲸的标本。

三 主要风景名胜

冰岛最著名的旅游路线是由黄金瀑布、间歇喷泉以及古议会谷国家公园所组成的黄金圈（又称为“金三角”）之旅，包括盖锡尔地热区、古议会谷国家公园、黄金瀑布、凯里兹火山口、埃登温室和斯考尔霍特教堂等景点。

冰川旅游 冰岛现已开发了 4 个冰川游览地供观光游览：瓦特纳冰原、米达尔斯冰原、郎格冰原和雪山冰川。瓦特纳冰原在冰岛东南部，面积达 8300 平方千米，是欧洲最大的冰川。在冰山湖上乘坐游艇观赏形态各异的浮冰是该冰川游览的一大特色。米达尔斯冰原位于冰岛南部，以其各具特色的瀑布及附近迷人的海滩风景而著名。郎格冰原熔岩瀑布为西部郎格冰原所特有，它是一种从熔岩中而不是从河流中流出的瀑布。世界上水流量最大的温泉——代尔达尔通加温泉，也为郎格冰川增色。雪山冰川距离首都雷克雅未克只要 3 小时的车程，风景格外迷人。游客不仅可乘坐双人雪地摩托车欣赏冰川上的美景，还可乘船游览北部海湾，那里有多个岛屿及生活、憩息在此的各种海鸟。

古议会谷 古议会谷是位于廷格维利（Thingvellir）平原上的议会旧址，在首都雷克雅未克以东偏北约 40 千米。公元 930 年，在廷格维利平原上成立了露天议会，它标志着冰岛作为一个独立国家的诞生，是冰岛民族的摇篮。这是世界上历史最悠久的议会会址，从 930 年开始，直到 1798 年议会迁址到雷克雅未克之前，这里一直是固定的开会地点。冰岛人民和政府历来十分重视该旧址，1928 年这里成为法定保护区和国家公园。

古议会旧址实际是一片空旷的平地，它位于一个又长又宽的断层旁边。这个断层正是欧亚板块和美洲板块的交界处，欧亚板块高高在上，两大板块的落差有 10 多米。由于远古的火山活动，交界处都是黑褐色的岩石，并形成粗细不均、纵横交错的裂缝。这些裂缝还在不断扩大：在板块漂移的作用下，欧亚板块与美洲板块至今仍以每年平均 2 厘米的速度向两边分离。另外，地层也在下陷，谷地的两边形成长 7 千米、高 30 米、类似于屏风的阿尔曼纳加峭壁。峭壁的前面是一座山岗，对面的正东方为一片斜坡。这个裂谷景观就是古代议会的旧址。

站在欧亚板块的岩石上极目远眺，对面是广阔的大平原即廷格维利平原，中间镶嵌着蜿蜒的廷格瓦德拉湖（意译为“议会平原之湖”，简称

“议会湖”或“国会湖”)，它是冰岛最大的天然湖泊，面积达83平方千米。湖水清澈，湖面宽阔而平静，并出产鳟鱼和鲭鱼。湖水通过李格河和厄尔菲萨河流入大西洋。在冬季飘零的雪花与淡淡的雾霭中，议会湖时隐时现，显出几分宁静与神秘。如果是在夏天，这里的景致会更加清晰——草地翠绿，水泊弯弯，飞鸟成群。

走下这块龟裂的岩石，穿过一条夹缝，便来到了美洲板块。会议石，又称为“法律石”，作为古议会开会时的主席台，就在美洲板块紧靠欧亚板块处。这是一块平整的大岩石，当年的议长就是站在这块大岩石上，背对高高的石壁，面对成千上万的听众，大声地宣读某项法律、某项决定。声音在平原上回荡，高耸的石壁产生回声，成为最古老的扩音器。听众可以在广阔的绿色平原上安营扎寨，舒服地听讲，因为声音很清楚。

离会议石不远有一座水潭，被称为“沉潭”，是古代处死通奸女子的地方。根据古代议会的法律，通奸双方都要受到严惩，男子被砍头，女子被绑上重物沉入水潭，在这里当场宣判，当场执行。在不远处还有另外一汪泉水，深不可测，被称为“许愿泉”，人们相信在这个泉边许愿十分灵验，因为它带有古代议会的力量。

这里还是冰岛人民举行大会和隆重庆典的地方。1930年，这里举行了纪念古代议会成立1000周年的大会，有3万多冰岛人参加。1944年6月17日，有4万多冰岛人来到这里庆祝最终摆脱丹麦统治及冰岛共和国的成立。

这个裂谷、议会旧址及国会湖现已被辟为国家公园。来这里游览的人不仅可以追寻古迹，观赏美丽的风光，还可以在湖里垂钓并品尝美味鲜鱼。2004年3月时任总理达维兹·奥德松宣布将冰岛议会旧址国家公园的面积扩大6倍，从40平方千米扩大为240平方千米，以便更好地保护国会湖旧址周围脆弱的生态环境。2004年7月在苏州举行的世界遗产委员会第28届会议上，议会旧址国家公园被批准成为新的世界遗产项目，这是冰岛的历史遗址首次入选世界遗产名录。

米瓦登湖 米瓦登湖简称“米湖”，是冰岛最著名的旅游景区之一，以其富有神秘色彩的迷人风光和种类极为多样的飞鸟而闻名，1974年被设为自然保护区。从阿库雷里驱车1个多小时便可到达米瓦登湖。米瓦登湖位于奥达伦熔岩带的北缘，由于地下是多孔的熔岩，地下水通过岩石缝隙渗入低处，汇聚成湖，水深4米，面积为38平方千米，该湖是冰岛第四大湖。雷克塞河从北面把湖水导入大西洋。湖内分布有许多奇形怪状的熔岩岛，岛上栖息有各种水鸟，仅野鸭就有16种之多，数量达到15万只。在湖东的山坡下，有一簇簇黝黑的嶙峋怪石，这些怪石有的状如尖塔，有的又状若城堡，簇拥在一个狭长的谷地周围，远远望去，犹如一座雄伟的黑色城堡。这是米瓦登湖的第一大奇景。

在黑色城堡附近，矗立着一座圆锥形火山，名叫惠尔山，海拔163米，这一带的熔岩就是这座火山喷发的。继续向东，山路的左边是一列山丘，上面有一条很宽的岩石缝隙，沿着缝隙走会出现一湾宽阔的水域。这就是米瓦登湖的另一大胜景——地下温泉。地下温泉的水温常年保持在27℃左右，终年可供沐浴。再向东，公路两边有许多大小不等的缝罅，团团水汽从涧中冲出，使这一带谷地弥漫着黄色的烟雾。这是米瓦登湖的第三大奇观——克拉夫拉热气田。克拉夫拉热气田的水温高达270℃，是发电的廉价动力。当地充分利用这里的地热资源，建起了冰岛第一座地热发电站。

大间歇泉　大间歇泉为世界著名的间歇泉之一，位于冰岛西南部奥德恩斯的赫伊卡达伦居民点附近。大间歇泉是一个直径为18米的圆池，水池中央的泉眼为一口径约10厘米的洞穴，洞内水温在100℃以上。每次喷发之前，开始只听洞内隆隆作响，逐渐地响声越来越大，而且沸水也为之升涌，最后冲出洞口，向高空喷射，旋即化为琼珠碎玉，从高空呼啸而下。每次喷发大约持续1~2分钟，然后渐归平息。如此反复不已，景色十分壮美。

大间歇泉的水柱最高时达到过51.8米，但自20世纪90年代以来其喷水高度明显下降，只有20多米，而且喷发的间隔也不大有规律，从1~2分钟到10多分钟不等。这座著名的间歇泉十分壮观。在大间歇泉的周围还有许多小喷泉，它们构成面积不小的间歇喷泉区，现在都被辟为旅游观光区。

蓝湖 蓝湖是方圆 3 千米的天然温泉池，位于雷克雅未克市与凯夫拉维克国际机场之间，在机场以南约 20 千米，距离雷克雅未克 40 千米。湖底蕴藏了大量的硅，使湖水终年保持美丽的宝石蓝色，此湖因此而得名。蓝湖的四周是一片片黑色火山熔岩，越走近蓝湖，地面越崎岖不平。地底蕴藏的地热资源让蓝湖的温泉一年四季保持温暖，该温泉从 20 世纪 70 年代开始成为深受当地人喜爱的泡汤胜地。该温泉当初只有简陋的硬件条件，后装修完成的新蓝湖温泉海岸，融合了当地特有的简练现代风貌，使该温泉成为著名的国际旅游胜地，每年吸引 10 多万游客，为冰岛创造了大量外汇。

湖的背面是著名的斯瓦辛基（Svartsengi，意思是“黑草地”）地热发电厂，发电厂 3 根巨大的烟囱已成为当地地标。电站从 2000 米的地下抽取热水来发电。由于水中盐分太高，不适合用于家庭取暖，发电厂流出的热水被注入湖中。湖面上永远飘浮着浓密的水蒸气，有时能见度很低。冬季四周白雪皑皑，在湖中泡汤，人们仿佛置身于迷蒙仙境。

蓝湖温泉中心的出现，完全是个意外。1976 年，斯瓦辛基发电厂在这里动工兴建，工人把海水注入周围的低洼火山岩地，不料却把岩层里的矿物溶解，后来人们发现这些矿物泉水对治疗皮肤疾病有极佳功效，蓝湖温泉中心便由此而来。蓝湖湖水有极高的矿物质含量，除了硅，其中所含的镁离子比死海高出 4 倍，因此泉水不但有护肤作用，还有治疗骨痛的功能。温泉底部的白泥对皮肤疾病和肌肉疲劳等都有很好的疗效。除了单纯的泡汤之外，蓝湖也有桑拿浴、SPA 等数种疗法。由火山运动产生的特殊矿物质，有益皮肤保养，因此该温泉中心堪称天然美容院。

维克小镇 位于冰岛最南端的旅游胜地维克小镇以其黑沙滩而著名。这些细小、黑亮的沙子是炽热的熔岩和海水接触后，因冷热温差太大碎裂而成的。由于熔岩沙粒中富含深色的矿物，缺少浅色的石英类矿物，因此它们都是黑色的，而且黑得十分天然、通透，与依然清澈的海水形成鲜明的对比。该镇只有 600 名居民，十分安宁和睦。在那里乘海陆两栖船下海，前行 10 海里便抵达大西洋。

第二章

历　　史

第一节　早期历史

一　古代自由国家时代（874～1262年）

北欧历史有记载的第一个时代是“海盗时代”（800～1050年），冰岛的历史也从这个时代开始。北欧人（也称为诺曼人或维京人）是著名的航海家兼海盗，冰岛正是他们在向西航海和殖民的过程中所发现和建立的一个殖民地。最初，爱尔兰的少数基督教僧侣为了寻求隐修之地和传教事业的新领域，继7世纪发现法罗群岛之后，于790年左右最先来到冰岛居住，但之后不久又离开了，在岛上仅留下几处简陋残破的窝棚。

北欧人在向大西洋探险和殖民的过程中于800年前后发现了法罗群岛，60年后又发现了冰岛，并陆续到这里移民定居，其中主要是挪威人。北欧的海盗船和商船都是橹帆船，船头和船尾呈尖形，并经常用龙头做装饰，被称为“龙船”。这种船速度很快，平均时速可达11海里，从挪威到冰岛只需要六七天时间。公元860年，先后有挪威人及瑞典人的船只在海上遇险漂流至冰岛，他们经过勘察断定冰岛是一座岛屿，相继把发现冰岛的佳音传到北欧，引起北欧人对这个面积可观的岛屿的注意。公元865年，挪威人布劳基（弗洛克）·维尔杰尔扎尔松带着仆役和牲畜前往冰岛定居，但只居住了两年便因气候恶劣被迫返回挪威。他最先把这个新陆地命名为“冰岛”。

前文已介绍了一则关于雷克雅未克的传说，此处再介绍另一种说法。挪威西部的部落酋长英格尔夫·阿纳尔松曾经在870年到冰岛进行勘察，为迁移做准备。874年，英格尔夫和他的兄弟在和挪威权贵闹翻之后便率领亲属和扈从来到冰岛定居，他们将一处有自喷温泉的地方命名为“雷克雅未克”（意为“冒烟的港湾”），他们也成为第一批永久定居冰岛的人。对长期战斗在海上的维京海盗来说，港湾意味着修整及躲避风暴，也意味着一个温暖的家，北欧许多海滨城市都以“港湾”（“vik”，音译为“维克”或“未克”）命名。此后，挪威许多富裕的农民乃至贵族也纷纷来到冰岛，他们带着家眷、随从、奴隶以及牲畜和其他动产。后来也有少数移民来自爱尔兰、苏格兰和赫布里底群岛等地，他们或者是爱尔兰及苏格兰本地人，或者是居住在那里的北欧海盗移民。这个迁移过程持续到930年才基本结束，史书中称之为“垦殖时期”。这时冰岛居民达到约2.5万人。他们来到这个荒凉的海岛上，主要靠捕鱼和畜牧为生。

冰岛的土地本是无主的，最先来到冰岛的人可以随意占据土地。后来，由于进入冰岛的移民不断增多，人们便开始订立规矩。大部分耕地归私人所有，而牧场、湖泊、树林、海滩等则是公共财产。此外，冰岛还有一条不成文的法律，即人人都必须劳动。由于冰岛地广人稀，自然条件恶劣，有许多事情需要人们共同去做，才能够确保生存，因此任何人都不能袖手旁观，不劳而获。劳动在冰岛移民的生活中从一开始就被视为光荣的事情，并且成为冰岛人民的优良传统。冰岛的贫富差别始终不大，优秀的帮工受到所有人的尊敬，不爱劳动的懒汉则受人鄙视，富人的儿子也大都习惯参与共同劳动。

冰岛起初还有少数奴隶，他们大多是被移民带来的或者是从海盗活动中掳掠来的俘虏，但不存在奴隶买卖，虐待奴隶也被认为是可耻的。由于冰岛的冬季漫长，奴隶在冬季派不上用场，主人还要供给他们食物，因此拥有奴隶并不划算。而且冰岛地广人稀，奴隶也很容易逃跑。此外，在严酷的自然环境下，往往需要奴隶和自由人团结一致，共同面对困难、渡过难关，所以从10世纪末起，不少人家开始解放奴隶。到11世纪末，冰岛原来的奴隶差不多都成了自由民。

当时冰岛的经济有较大发展，冰岛处于经济繁荣时期。人们从事捕鱼、放牧、耕作、航海、编织、制造和修理船只等各项生产活动。每逢夏至、秋分或某座神庙落成的周年纪念日，人们聚集起来朗诵诗篇、讲故事、跳舞，还举行赛马、斗狗、击剑等文娱体育活动。这时冰岛的航海业也相当发达，航海家“红头发”埃里克于985年发现了格陵兰岛，他生于冰岛的儿子莱夫·埃里克松（史称“幸运莱夫”）则于1000年向西航行时最先发现美洲，到达了北美洲的东海岸，成为第一位踏上美洲大陆的欧洲人。这比哥伦布到达美洲的时间早了近500年。根据冰岛萨迦记载，莱夫在美洲大陆上一个被他命名为“文兰”的地方过了一个冬天。“文兰”大概位于现在的加拿大纽芬兰，因为那里发掘出了维京人的农舍。

挪威移民迁来定居的同时，也把斯堪的纳维亚地区的社会结构、法律、宗教、文化、生活习俗等都搬到了冰岛，包括称为“庭”（又译为“庭格”）的社会组织。“庭”是挪威古代传统的议事会，起着制定法律、司法审判以及议事的作用。冰岛也很快成立了这种社会组织，用以管辖生活在同一地方的若干个家庭，并选出最有威望的人作为“庭”的领导。此人被称为“戈狄”即庭长，作用相当于族长、首领或祭司。他的主要任务是充当民事纠纷的仲裁人，主持原始多神教的祭神仪式，带领大家修建供奉奥丁、托尔等神祇的神庙等。每个农夫都必须宣布效忠于一位“戈狄”，他也可以放弃对这个“戈狄”的效忠而去依附另一位“戈狄”。由于害怕暴政，想远离国王，冰岛人因此不承认国王，没有建立君主制，而是靠“庭”和“戈狄”来维持社会秩序。

后来，邻近的几个“庭”联合起来，组成地域更大的区。各区的族长们共同商定一些不成文的乡规民约。920年左右，一位名叫乌尔夫姚蒂尔（Ulfljotur）的族长到挪威去学习立法，回到冰岛后推动了各区法律的制定和施行。在各区产生口头立法的基础上，冰岛于公元930年首次召开了名为“阿耳庭”（Allthing，意为“总庭”，冰岛议会从古至今始终使用这个称谓）的公民大会，所有成年男性自由民都可以参加。这同时意味着冰岛作为独立国家的诞生和“以法建国”理念的普及。后来冰岛人认为这是欧洲的第一个议会，冰岛因此也被视为欧洲不实行君主制的第一个共和国。当时，39 个“戈狄”即族长倡议召开公民大会，这 39 个人相当于第一批议员。

古老的议会场所是露天的，位于廷格瓦德拉湖畔的一座小山丘上。在开会时，各部落的首领在山丘上，山下平原则聚集着来自全国各地的渔民和牧民。主持大会的议事长老或讲话的人站在被称为“法律石”的高大岩石上，借助身后峭壁的回音主持大会，向山下听众发表演说，宣读法律等。当年为了寻找开大会的地点，一个叫乌里尔奥都尔的人自告奋勇，骑马跑遍全岛，最后选中了这里，因为这块地方位于移民集中地区的中心，交通比较方便，同时该处音效很好。这个故事在冰岛代代相传，人们至今还时常纪念这位为冰岛寻找议会地点的人。

从 930 年起，“阿耳庭”大会每年夏天都在廷格瓦德拉湖畔召开，在古代历法的夏季第 10 周的星期四（约 6 月中旬）召集，一周以后开始开会，会期为两周，这个惯例一直延续到 1271 年。从 1271 年起，会期缩短为一周左右。大会公开处理国家大事，进行诉讼和颁布法律。“阿耳庭”的主要领导人是议事长老，由“戈狄”即族长们选举产生，任期 3 年。当时的法律没有文字记载，议事长老每年开会时都要向会议参加者背诵 1/3 的法律，在 3 年期间背诵完所有法律。因此，议事长者也被称为“执法人”（后来称为“法律宣讲人”），其目的是提醒大家注意和遵守法律。在平时他则是普通人，没有什么权力和影响力，但是备受人们尊敬。

“阿耳庭”不仅是公民集会，而且也是一次大型节庆聚会，是古代冰岛一年中最主要的社会活动。各地居民每年夏季都像庆祝节日一样来到“阿耳庭”，他们搭起帐篷，摆起小摊，有的还表演歌舞、杂耍，进行摔跤比赛等，使这里成为热闹的全国性集市。夜晚人们围坐在篝火旁讲故事、吟诵诗歌，同时也商量子女们的婚事，相互邀请做客，青年男女则谈情说爱。在大会期间，每个人都享有不受法律处罚的避难权。

“阿耳庭”大会的主要权力机构是由 39 个“戈狄”与另外 9 名成员及 1 名“法律宣讲人”组成的立法会，该立法会被称为“勒格雷塔”。它既是立法机构，拥有立法权，也是仲裁法庭，拥有裁决审判权。它在法律争端中表明态度，并决定采用新法律、废除现行法律，过后将其用冰岛文记录下来，逐步汇编成为“灰雁法典”（Gragas，英文为 Graylag）。“勒格雷塔”立法会就是最初的议会兼最高法院，其成员相当于议会的议员并兼最高法院法官。德意志编年史家不来梅的亚当在他写于 1070～1080 年的著作中把当时的冰岛社会描述为“除法律之外没有国王”。

“阿耳庭”于 965 年决定把全岛划分成 4 个大区，每个大区都有由 36 名法官组成的区法院。每个大区下辖 3 个庭格区，并各设一个由 3 名族长共同掌管的法庭，但北方大区有 4 个庭格区，全国一共有 13 个庭格区。每年春秋两季，各庭格区都要开会处理本区事务。1004 年，冰岛又成立了第 5 个法院，其作用相当于最高法院，处理其他法院解决不了的案子。它由 48 名法官组成，法官由“勒格雷塔”立法会的“戈狄”任命。

旅居德意志的冰岛人托尔瓦尔德于 981 年回到冰岛传播基督教，986 年被“阿耳庭”宣布驱逐出国。995～1000 年，挪威国王奥拉夫一世在其在位期间，又派来多名传教士，包括英格兰教士。基督教传入冰岛之后，同传统的多神教派处于对立状态。在“阿耳庭”中便形成两派：一派主张接受基督教，另一派强调禁止基督教传播。为了保持国家的和平和统一，“阿耳庭”议长于 1000 年宣布基督教为冰岛的国教，所有冰岛居民都必须接受洗礼。不过冰岛的多神教传统依然存在，人们对于祖先的英雄传说始终持肯定态度，一些旧风俗在当时也保留了下来（例如弃婴仍然是合法的）。

1056 年，冰岛在南部的斯考尔霍特建立了主教区，第一位冰岛主教于同年在德国不来梅接受祝圣。1104 年，冰岛在北方的霍拉又建立了第二个主教区。什一税从 1096 年开始在全国征收，从此教会开始有固定的收入。各地的族长及富裕农民也相继出资兴建教堂以及修道院。最初创办的学校也隶属于主教区。冰岛在拉丁字母的基础上创立了冰岛文，从此开始有文字记载的时代。基督教文化也渗透到世俗生活中。在全国相继建起 9 座修道院、2 座修女院和 2 所教会学校。从 1106 年起，“阿耳庭”授予主教固定的领地。主教、族长、富裕的自由农逐渐占有比较多的土地。

被称为“学者”的神甫阿里·托尔吉尔松（1067～1148）于 1122～1133 年用冰岛文撰写了一部从移民时期到 1120 年的冰岛简史，名为《冰岛人记》。该书记述了冰岛早期历史的所有重大事件，印本虽然只有薄薄的20页，却对后世产生了很大影响。同一时期由多位著者陆续编撰而成的《得土记》一书（据说“学者”阿里也是最初的编写者之一）记载了冰岛移民的许多情况和各氏族史，列举的人名有400多人。该书从13世纪下半叶开始流传下来多种不同的手抄本，页数分别为100~200页。从1117年开始，有人把各种法律记载下来并加以编排，以后又不断扩充、修改，这种法律文本史称“灰雁法典”，目前流传下来两种手抄本。其第一部分是教会法。这是北欧国家最早的法典，该法典同时包含了当时冰岛社会各方面的信息。

10~11世纪中叶是冰岛吟唱诗人歌颂的英雄时代，他们写作传奇故事萨迦，主题集中于战争，不久便达到其文学成就的顶峰。古代冰岛的天文学也比较发达，在12世纪前半期，奥地·赫尔加松曾经写文论述了大地是球体，并根据自己的天文观测准确地推算出夏至和冬至的时间，这在当时处于世界领先地位。

族长们在全国性立法机构中享有发言权，并实际操纵着各地的行政、司法以及宗教事务。这导致其权力不断扩大，并使族长向贵族转化，使政治权力和社会财富日益集中在几大家族手中。1220年，“阿耳庭”失去了权威，以斯德龙家族为首的6大贵族支配全国局势。由于物产匮乏等原因，冰岛在许多方面都依赖挪威。10世纪以后，挪威历代国王曾数次企图控制冰岛。1222~1231年，斯德龙家族中的斯诺里·斯图鲁松在挪威国王哈康四世的叔父斯库利·巴达尔逊公爵的支持下，当上了“阿耳庭”主席。他把自己的3个女儿分别嫁给另外3个家族，通过联姻方式孤立了西格瓦特家族和吉扎尔家族。斯德龙家族主宰冰岛达10多年。1236年以后，西格瓦特家族和吉扎尔家族在挪威国王哈康四世的支持下，联合起来反对斯德龙家族，于1241年杀死了斯诺里·斯图鲁松。此后，吉扎尔家族中的托尔瓦尔德松被挪威国王任命为专管冰岛国家事务的“雅尔”。由于冰岛贵族纷纷投靠挪威，以解决他们的争端并求得国内和平，加之冰岛需要从挪威进口粮食等必需物品，挪威在冰岛的影响力越来越大。1238年挪威人把持了冰岛的主教职务。从1262年起冰岛成为挪威的附属国，从而结束了存在达330多年之久的古代冰岛共和国。930～1262年，史书称其为冰岛的“自由国家时期”，是冰岛历史上的“黄金时代”。

二 外族统治时期（1262～1800年）

1262年，冰岛北部和西部的贵族率先向挪威国王效忠并纳税，此后两年内南部和东部的贵族也表示臣服。以吉扎尔·托尔瓦尔德松为首的冰岛贵族于1264年与挪威国王哈康四世签订了称为“旧条约”的盟约，决定成立挪冰联盟。条约规定在不改变原有法律及族长地位的条件下，冰岛从属于挪威国王。虽然条约规定如果挪威损害冰岛的权益，冰岛便可以废止这一条约，但是后来冰岛实际上已无力这样做。挪威国王还承诺，缔约后两年内每年夏天至少派6艘船专门为冰岛运送粮食等生活必需品，以后船只的数量则根据需要而定。由此便开启了挪威国王对冰岛贸易和运输的垄断。

1280年，挪威新国王埃里克二世即位，第二年他就剥夺了冰岛的自治权，强行把挪威的法律推行到冰岛，任命总督接管了冰岛的中央政权。总督对冰岛事务有决定权，而他们大多数是冰岛本地人。冰岛被划分为12个区（相当于过去的庭格区），区首长代替了原来的“戈狄”，这些区长是挪威国王的仆从。“勒格雷塔”立法会必须与国王分享立法权。议长由两名法律执行人代替。立法会继续起着法院的作用，以前的法院被废除了，审理案子成了议会的主要职能。

在11世纪末之前，冰岛的气候比较温暖，几乎各地都能种植谷物。从12世纪初开始，气候开始变冷，只有南部和西南部地区还能够生长谷物。到15世纪末或16世纪初，冰岛任何地区都不能再种植谷物。冰岛在经济上严重依赖外国，要靠生产的鳕鱼、羊毛制品等少数产品换取进口的粮食、食盐、木材等。冰岛农民必须向挪威国王交税，担负着沉重的税赋。14世纪前半期，每年夏天有十几条挪威商船到冰岛来收购鱼干、羊毛制品，随船也带来一些粮食和其他商品。从1349年开始，冰岛对外贸易一度中断达30年，人民生活十分艰难，加上之后的瘟疫、火山爆发等自然灾害所造成的饥荒，冰岛人口不断萎缩，经济长期处于衰退状态。

1380年，丹麦和挪威组成由同一个君主统治的联合王国，丹麦国王兼任挪威国王，挪威因此依附于丹麦，冰岛也随之沦为丹麦王国的附属国。冰岛人民虽然不同意，却无能为力。冰岛从此长期处在挪威人和丹麦人的双重统治之下，丹麦国王向冰岛农民征收的税赋比挪威统治时期更重，冰岛不久便降为一个被人遗忘的行省和备受剥削的属地，人民生活更为困苦。冰岛的贵族消失了，普通人民居住在由草土覆盖的矮小房屋之中，食物十分单调。一旦发生灾害，就有不少人冻死或饿死。在15世纪，总督往往不住在冰岛，只是每年夏天来一次。到了16世纪，总督的人数增加了，并且全部由外国人担任，主要是丹麦人，间或也有德国人和荷兰人，例如为丹麦服务的德国人迪特里希·皮宁在1478～1490年任冰岛的总督。

1413年，英国国王亨利五世派大批商船到北欧一带经商，其中一部分商人来到冰岛收购鳕鱼，这给冰岛经济，尤其给沿海渔村带来生机，渔民可以从英国商人那里换取一些食物和日用品。不久以后，德国汉萨同盟的汉堡、吕贝克等城市的商人也来到冰岛做生意，并取代了英国商人。冰岛的16世纪被称为“德国世纪”，德国商品以其上乘的质量受到冰岛人的青睐，例如冰岛人更喜欢喝德国啤酒而不是丹麦啤酒。冰岛沿海地区的渔业和商业活跃了一个多世纪，有一部分冰岛渔民和商人开始富裕起来。

1547年，丹麦国王克里斯蒂安三世宣布外国商人不得与冰岛进行贸易，只许丹麦商人进入冰岛。丹麦商人以主子自居，他们垄断市场，随意规定价格，盘剥冰岛人，使冰岛经济又长期处于衰败之中。1602年，丹麦国王克里斯蒂安四世进一步在冰岛推行贸易垄断制度，规定只有哥本哈根等三地的丹麦商人能拥有在冰岛从事贸易的特权，这些商人向丹麦王室缴纳税金。这一做法长期束缚着冰岛经济的发展，甚至造成因食品供应匮乏而出现的饥荒，仅在1755～1756年就有1000多人饿死。丹麦商人对冰岛贸易的垄断权直到1787年才基本废止。1854年4月丹麦颁布《冰岛航海与贸易法》之后，对贸易的各种限制才被全部废除，为冰岛民族经济以后的发展铺平了道路。

冰岛人民不断反抗外国统治者。从14世纪起，暗杀外国驻冰岛官吏的事件时有发生。进入 16 世纪后，反抗斗争有了进一步发展。16 世纪 30 年代后期，霍拉教区主教约恩·阿拉松（1484～1550）在反对宗教改革的同时发动了反对丹麦统治的斗争，得到部分冰岛人民的支持。1539 年，丹麦国王派到冰岛来的一些新教僧侣被冰岛农民打死。1549 年，约恩·阿拉松囚禁了丹麦国王派来的一位新教主教。1550 年，丹麦国王派兵镇压，抓住约恩·阿拉松并把他斩首。1551 年夏天，冰岛在丹麦军队的压力下被迫接受路德新教为国教，丹麦国王同时成为教会的领袖，他取消了天主教修道院，并没收了所有属于修道院的土地，那些土地占当时冰岛土地的大约一半。

在宗教改革以前，冰岛在政治上还有较多独立性，从 16 世纪中叶起，丹麦国王加强了对冰岛的控制。冰岛先后臣服于挪威和丹麦后，“阿耳庭”大会改为每年 6 月 29 日在廷格瓦德拉湖畔召开，一般仅持续 3～4 天，偶尔延长一两天，但是它基本不再有立法职能，主要是作为上诉法庭起到司法机关的作用，这一直延续到 1800 年。到 17 世纪中叶，“阿耳庭”大会有时延长至两周。1662 年 7 月，冰岛人在科帕沃古尔召开一次特别会议，被迫放弃仍然保留的少许立法权和法律批准权，承认丹麦国王的绝对统治。丹麦国王派出各部门的丹麦官员掌管冰岛的各种权力。从 1701 年开始，“阿耳庭”大会每年从 7 月 8 日起召开，持续 2～3 周。后来，这里曾建起一座可以容纳数千人的大型建筑，但是该建筑在 18 世纪末被地震和火山爆发所摧毁，没有留下任何痕迹。在廷格瓦德拉湖畔举行“阿耳庭”会议的惯例一直延续到 1798 年才停止，但是参加会议的议员越来越少，最后一次会议只有 12 人出席。1798 年议会从廷格维利平原迁至雷克雅未克，但两年后议会便被取消，代之以由 3 名法官组成的高等法院。

1262～1814 年，冰岛文化事业完全由教会来开展。1530 年，主教约恩·阿拉松在霍拉建立了冰岛最早的印刷所，印制宗教方面的书籍。1571～1627 年，杰出的宗教改革派学者古德布兰德·托尔拉克松任霍拉主教长达 56 年，他用冰岛文写作和出版了不少宗教作品，包括于 1584 年首次翻译出版的冰岛文版《圣经》。他还组织人力改进印刷设备，派人到哥本哈根学习印刷和装订技术，霍拉因此成为冰岛印刷业的中心。从中世纪以来，冰岛一直保持着很强的民族文化特性，并且从来没有向丹麦统治者的语言标准屈服。

18 世纪启蒙运动时期，人们致力于普及教育，第一批社团和刊物应运而生。旅居哥本哈根的冰岛人成立了“学术社”，它的年刊广泛宣传普通知识。冰岛启蒙主义的主要代表人物之一、法院院长马格努斯·斯特芬松（1762～1833）出版了许多具有普及知识作用的书籍，创办了冰岛第一份月刊《冰岛月刊》，并进行历史与民族研究工作。其他启蒙主义的代表人物有农学家比尔恩·哈尔多尔松、社会经济学家约恩·埃里克松、主教哈内斯·芬恩松、主编马格努斯·凯蒂尔松等。他们成立了各种文学性团体，如“无形社”、“冰岛博学艺术社”和“启蒙社”等。1773 年，冰岛成立了第一家出版非宗教文学的出版社，打破了教会对出版印刷的垄断。学者兼诗人埃吉尔特·奥拉夫松（1726～1768）于 1752～1757 年在冰岛各地旅行考察之后，写成两卷本《周游冰岛》，该著作在他去世后于 1772 年首先用丹麦文出版。这是冰岛有史以来第一部对这个国家和人民进行翔实描述的巨著。

第二节　近代简史

18 世纪时，冰岛仍然是经济落后、发展缓慢的半农业半渔业国，农民生活日益贫困，他们被迫向行政当局、大商人或富农转租土地。18 世纪后期，冰岛社会开始朝近代化的方向演进。1752 年，冰岛籍官员斯库里·马格努松在雷克雅未克兴建了一家毛纺织工场，并从德意志聘请技师来指导生产。同年他还创办了畜牧贸易公司。1771 年他又建立了冰岛农业公司。这些标志着民族工商业的出现。进入 19 世纪之后，西欧国家的工业化为冰岛经济的发展创造了一定的有利条件，冰岛经济开始发展，其羊毛的出口量在 1806～1855 年增长了 6 倍以上，同时铁和钢材的进口量几乎增加了 2.5 倍。

1809 年 6 月，曾为英军战俘、后在英国商船上担任丹麦语译员的丹麦人约恩·约恩森带领为数不多的武装人员绑架了丹麦驻冰岛的总督，宣布冰岛脱离丹麦，宣称英国政府派他来充当冰岛的保护人，并声明将组成一个7人委员会来负责冰岛的国家事务。一些冰岛官员对此表示支持。但是英国得知后派军队到冰岛进行了干预，于1809年8月14日释放了被绑架的丹麦总督，约恩森则被带回英国重新投入监狱。

在拿破仑战争期间，丹麦曾经与法国结盟。1813～1814年，第6次反法同盟打败了法国，丹麦也成为战败国。根据1814年签订的《基尔条约》，丹麦被迫把挪威割让给瑞典，但是冰岛、格陵兰与法罗群岛仍在丹麦的统治之下。从这时起，长期埋藏在冰岛人民心中的要求独立的愿望逐渐演变成争取独立的社会运动。

冰岛人民在当时欧洲革命浪潮的影响下，开展了争取民族独立的斗争，要求摆脱丹麦的统治。从19世纪40年代起，冰岛民族独立运动在约恩·西居尔兹松（1811～1879）的领导下逐渐高涨起来。在冰岛人民要求自治与独立的压力之下，丹麦不得不在1843年3月同意冰岛重建“阿耳庭”议会，但又规定“阿耳庭”只是咨询机构而不是权力机构。1844年冰岛举行了第一次议会选举，从20个选区中选出20名议员，选民仅限于25岁以上、有相当财产的男性公民，只占当时人口的3%～5%。1845年7月1日，作为咨询机构的冰岛议会在雷克雅未克一所教会学校的新校舍里举行了首次会议，与会的正式代表共26人，除选出的20人之外，另外6名代表是由丹麦国王指定的，并由他们主持了第一次会议。出身于富裕农民家庭的约恩·西居尔兹松是民选议员之一，后来他成为冰岛议会的领袖。

此后每隔两年冰岛在7月份召开一次议会会议，会期一般为4周，议会选举每6年举行一次。在革命浪潮推动下，丹麦于1848年3月从专制君主制变为立宪君主制国家，在新政府的内政部设立了冰岛事务局，首任局长是以自由主义和民族主义而著称的冰岛人布林约尔维·彼得松。同年夏天，冰岛民主派人士在雷克雅未克举行了政治会议，要求对内自治权。经过约恩·西居尔兹松、布林约尔维·彼得松等人的努力，丹麦于1849年6月5日公布的新宪法中没有提及冰岛，这意味着冰岛没有被纳入丹麦宪法管辖的范围。丹麦国王于1848年9月批准的冰岛国民会议于1851年7月在雷克雅未克召开，代表们在会上提出实行自治、制定自己宪法的主张，并要求使“阿耳庭”成为处理本国事务的立法机构，同时要求在雷克雅未克设立冰岛政府。但这些要求此时均遭到丹麦国王的拒绝，他颁布法令称丹麦宪法同样适用于冰岛，并派总督到冰岛于1851年8月9日强行宣布解散国民会议。

此后冰岛人民不断斗争，向丹麦施加压力。约恩·西居尔兹松作为冰岛议会议长也不断向丹麦提出各种自治要求，提出无论是冰岛的总督还是高等法院法官，都应当对冰岛议会负责，并提出冰岛要建立独立的财政税收系统等，迫使丹麦统治者不断做出让步。1854年冰岛取得自由贸易权，1855年争得出版自由权。丹麦政府任命的一个专门委员会于1862年提出报告，建议把冰岛财政与丹麦财政分开，同时建议丹麦国库对冰岛国库进行支持，以补偿丹麦过去从冰岛所取得的收入。但该报告的建议没有被丹麦国王所采纳。

1873年，冰岛议会通过了一项含有比较激进内容的新宪法草案，并将其提交给丹麦国王，但草案没有被批准。1874年1月5日，丹麦国王颁布了一部冰岛内部事务宪法，该宪法同年8月1日起生效。该宪法规定：冰岛议会和丹麦国王同时享有立法权，但丹麦国王有权根据丹麦内阁的意见否定“阿耳庭”的决议；冰岛的财政收入不必交给丹麦，冰岛可自行决定收支，但执政权仍归丹麦国王所有；司法裁判权归冰岛最高法院；丹麦司法大臣同时兼任丹麦政府负责冰岛事务的大臣；冰岛的最高行政长官是总督，他向丹麦的冰岛事务大臣负责，而不是向冰岛议会负责。冰岛从此赢得对内实行自治的部分权力，但一切重大问题仍须报请丹麦政府批准。这年夏天，丹麦国王有史以来第一次到冰岛进行巡视，并参加了人类移民冰岛1000年的庆典活动。

此时“阿耳庭”议会的议员增加到36名，其中30名由民选产生，6名由丹麦国王指定。冰岛被划分为19个选区，其中有8个单人选区（每个选区选举1名议员）、11个双人选区（每个选区选举2名议员）。“阿耳庭”依照丹麦的模式分为上、下两院，上院由6名民选议员和6名被指定的议员组成，这意味着上院由支持丹麦的人物所把持，因为上院可以阻止不利于丹麦的决议通过。下院由 24 名民选议员组成。上、下两院共同举行的会议便是联合院会议。议会一般仍每两年召开一次，从 7 月份第一个工作日开始开会，共持续 6 周时间（1903 年以后改为 8 周）。1886 年冰岛在非会议年度首次召开了特别会议，以后这种情况逐步增多。

1903 年，丹麦自由党政府上台，规定丹麦的冰岛事务大臣必须把官邸设在雷克雅未克，并通晓冰岛语。1904 年 2 月，冰岛诗人、律师、自治党领导人哈内斯·哈夫斯泰因出任这一职务。这是首次由冰岛人担任这一职务，同时总督职务被取消，由此宣告从 1871 年开始的“总督时代”结束。在历史上，冰岛议会都采用举手表决方式，继丹麦于 1901 年起废止举手表决之后，冰岛议会于 1906 年废止举手表决，而采用无记名投票的方式。

早在 1884 年，冰岛就提出要有自己的国旗，不久以后在非正式场合开始采用蓝底白十字旗作为国旗，但为此争执不断。1913 年丹麦被迫允许冰岛在其领海内悬挂得到法律承认的旗帜，但由于该旗帜图案和希腊国旗完全一样，冰岛便决定对国旗重新进行设计。1915 年冰岛决定采用的国旗以深蓝色为底色，上面绘有贯穿整个旗帜的镶白边的红色十字。1918 年丹麦承认冰岛的独立地位后，冰岛于 1919 年将此旗确定为冰岛的国旗。1944 年 6 月 17 日冰岛完全独立后此旗正式成为冰岛共和国的国旗。

雷克雅未克于 19 世纪 30 年代开始通过选举产生市政委员会。在 19 世纪下半叶，阿库雷里、哈布纳菲厄泽和塞济斯菲厄泽这 3 个商贸中心也获得了城市地位，并也开始通过选举产生市政委员会。城镇和地区合并，城镇的行政长官同时兼任周围农村地区的行政长官。

冰岛的民族经济随着政治上自治权的不断扩大而进一步发展。从 19 世纪 40 年代起，在鱼类加工业和毛皮加工业中出现了一批新型企业和公司。冰岛在农业中推广了新技术，牧草的种植由一年收一茬发展为一年收两茬。富农开始经营大规模的牲畜养殖场，牲畜数量逐年增长。从 1850 年起，冰岛开始向英国出口其特有的冰岛矮种马。1882 年第一个农业合作社成立，此后一二十年，农业合作社逐步遍及全国。1885 年冰岛成立了第一家银行。在渔业中，冰岛从 1890 年起有了带甲板的渔船，从而可以实现远海捕鱼，不久又出现了拖网渔船，捕鱼量比过去大为提高。1902年冰岛成立了全国性冰岛合作社联合会，它拥有并管理国内大部分屠宰场、奶牛场以及许多冷冻厂。20 世纪初，在雷克雅未克等地的工业企业开始使用电力。

从 1870 年开始，由于气候寒冷、火山爆发等原因，冰岛掀起向加拿大和美国大规模移民的浪潮，至 19 世纪末移民共有约 2 万人。其中加拿大曼尼托巴省温尼伯湖畔的吉姆利是冰岛移民最集中的地方，在 19 世纪 70 年代该地甚至一度成立了“新冰岛共和国”，至今每年仲夏时节那里都举行冰岛节。

丹麦语言学家、历史比较语言学的创始人拉斯穆斯·拉斯克对冰岛语深有研究，并钟情于冰岛文化，他于 1816 年分别在雷克雅未克和哥本哈根发起成立了冰岛文学社，其宗旨是维护冰岛语言，出版冰岛文的文学著作，歌颂冰岛古代的光荣历史。以卡尔·拉芬为首的知识分子于1825年成立了北欧皇家古籍研究所，整理出版了一系列古代冰岛的作品和王室萨迦等。1818 年冰岛国家图书馆成立，1863 年国家博物馆成立。这些举措加强了冰岛人民的民族意识，激发了冰岛的民族精神。1828 ~ 1873 年，旅居哥本哈根的冰岛侨民出版了三种年刊：《新社会杂志》、《奥尔曼在议会》和《菲约尼尔》。《新社会杂志》是冰岛争取民族独立的英雄约恩·西居尔兹松所创办的，《菲约尼尔》杂志则发表过不少年轻诗人的作品。

第三节　现代简史

19 世纪末冰岛开始建立自己的政党，最初成立的若干小党派都没有存在多久。1899 年自治党成立；1909 年独立党（“老独立党”，与后来的独立党无关）成立，该党后来改称市民党。前者主张和丹麦保持比较密切的关系，满足于实现冰岛的内部自治；后者则主张冰岛应有更强的独立性。1911 年冰岛通过了一项法律，给予妇女接受高等教育、参加工作和担任国家公职的权利。1915 年妇女和工人进一步获得了平等的公民权，可以参加议会选举，同时也拥有了被选举权。1916 年全国性工会组织冰岛工会联合会成立，同时成立的还有构成其核心的冰岛工人党。由于当时的舆论强调工人阶级没有国界，该党成为丹麦社会民主党的姊妹党，并从1919年开始获得它的经费资助，因此也主张和丹麦保持比较密切的关系。不过，1928年该党于议会中不仅明确表态赞成冰岛独立，而且主张应当成立共和国。1912年农民党成立，该党于1916年12月～1917年1月与其他党派人士共同成立了进步党，该党主要代表农民的利益及合作社运动。1929年成立的新的独立党是一个右翼政党，其名称的意义是既主张民族独立也主张个人独立与自由，该党主要代表工商业主阶层的利益。

1930年11月冰岛工人党在冰岛工会联合会暨工党的代表大会上发生了分裂，少部分人成立了冰岛共产党。1938年工党的一部分成员又与共产党合作，成立了冰岛社会党，该党曾于1939年谴责苏联对芬兰的入侵。在1942年的冰岛议会选举中社会党获得18.5%的选票和10个席位，超过工党所获得的14.2%的选票和7个席位。在很长时间内，冰岛有两个左翼政党相互竞争。1956年，工党的左翼分裂出来，同社会党合并，成立了人民联盟，并于1968年正式成为政党。1917～1927年，冰岛主要是右翼政党执政，先是自治党，后来是新的独立党。1927～1942年，在历届联合政府中都是进步党起主导作用，尽管它在议会中的议席始终少于作为第一大党的独立党。

在第一次世界大战期间，冰岛没有受到战争损害。由于冰岛与丹麦的联系被削弱，冰岛与其他国家的贸易交往增加，许多渔业主和工商业主壮大了经济实力，要求独立的愿望便更加强烈。

在冰岛方面的一再敦促下，冰岛和丹麦各4位代表于1918年7月在雷克雅未克举行会议，起草了一个联盟条约。冰岛议会和丹麦议会均未做任何修改即通过了该条约，冰岛议会同时宣布奉行永久中立政策。该条约于1918年11月30日由丹麦国王批准，并于12月1日起生效。条约规定以下内容：确认丹麦和冰岛是同一位国王治理下的两个各自独立的主权国家；冰岛的外交事务由丹麦代管；冰岛周围海域的捕鱼活动也仍由丹麦管辖；冰岛不设立军队，由丹麦提供军事保护；两国公民在法律上完全平等。该条约有效期为25年，如果届时双方没有签订新的条约，则任何一方可以单方面宣布退出联盟。这个条约使冰岛向真正的独立迈进了一大步。双方商定，丹麦王国议会和冰岛议会应于1940年年底之前分别举行会议，对条约的延期或废除做出决定。但是仅仅在10年之后的1928年，冰岛议会中各个政党就都主张在适当时候尽早收回由丹麦对外代表冰岛的这一特权，结束联盟条约最迟不得晚于1943年年底。

1920年5月18日颁布的丹麦王国宪法修正案包含丹麦、冰岛联盟条款，并且还做出以下规定：冰岛的行政权属于丹麦国王，但必须通过其大臣行使；除过去已经成立的冰岛政府机关外，创设一个由5名法官组成的最高法院。

第二次世界大战爆发后，1940年4月9日丹麦被法西斯德国占领，冰岛同丹麦的联系被切断。借此机会，冰岛议会“阿耳庭”于4月10日便通过决议，解除丹麦国王对冰岛的统治，授权冰岛内阁行使外交权和渔业保护权。丹麦王室对冰岛长达560年的统治至此终结。1941年5月17日，冰岛议会决定选举一名摄政官临时主持国家事务。6月17日，前驻哥本哈根公使斯韦恩·比约恩松当选为冰岛摄政官。

英国为保障大西洋海上通道的畅通和安全，以预防德国军队入侵英国为由，先是在1940年4月12日出兵法罗群岛，进而又于5月10日出兵进驻冰岛。冰岛政府虽提出抗议，但英国置之不理，没有任何军队的冰岛只能接受既成事实。在此之前，英国曾数次要求允许驻军，但冰岛政府以保持中立地位为由予以拒绝。英国军队进驻后打算将冰岛作为其在北大西洋的永久军事据点，在冰岛建立了海空军基地，最多时驻军达2.5万人，使冰岛成为盟军向苏联运送作战物资的重要基地。1942年6月27日，由35艘船组成的盟军船队从这里出发向苏联运送大批作战物资，并由英国海军指挥护航，但由于指挥失误，船队遭受德军重创，最后只有11艘抵达苏联港口，这成为二战中盟军在北冰洋上损失最为惨重的一次事件。

1941年7月，美国军队也开始进驻冰岛。冰岛政府于1941年7月8日与美国签订《战时防务条约》。此条约的签订标志着冰岛放弃了于1918年宣布的永久中立政策。大部分英国军队在此之后陆续撤离冰岛，由美军取而代之。美军驻扎冰岛的人数最多时达到4万人，而当时冰岛的全国人口才12万人。英国人修建了雷克雅未克机场，并一直管理到第二次世界大战结束。美国在凯夫拉维克（距雷克雅未克将近50千米）修建了大型空军基地（当时称为美克斯机场），在赫瓦尔湾建造了海军基地。

随着美国军人的大批进驻，大量美元源源不断地流入冰岛。美国不但负责军事防务，而且提供广泛的援助，同时冰岛向英国出口的渔产品价格大幅上升，这些都使得冰岛经济快速发展。人们奋发图强，建设国家，全国各地到处兴建公路、桥梁、住房、工厂，并对第一次世界大战期间修建的雷克雅未克港口进行了扩建并安装了现代化设施。人们的工资收入迅速增长，生活水平得到相应提高，但与此同时物价也迅速上涨。

1943年年底，冰岛、丹麦联盟条约期满。冰岛于1944年2月25日提出取消冰丹联盟条约的提案。3月8日冰岛议会“阿耳庭”又提出修改宪法的建议，决定成立共和国。1944年5月，冰岛举行全民公决，97%的选民投票赞成废除与丹麦的联盟条约，有95%的人赞成建立民主共和国。冰岛议会全体投票决定，冰岛于1944年5月23日解除冰丹联盟，建立冰岛共和国。1944年6月16日，冰岛议会废除联盟法，同时通过新宪法。新宪法的内容和旧宪法基本相同，只是把“国王”一词全部改为“总统”，而关键的一处不同是规定总统不享有对任何新法律的绝对否决权。如果总统拒绝签署一项法律，这个法律仍暂时有效，而后要由全民公决来决定是否接受这个法律（宪法第26条）。总统拒绝签署法律的事情在很长时期内都没有发生，直到2004年才第一次出现。冰岛总统奥拉维尔·拉格纳·格里姆松于2004年6月2日拒绝签署议会已经通过的《媒体法》，成为有史以来首次行使冰岛宪法第26条赋予的这项权力的总统。这样，这项法案就必须付诸全民公决。此举引起很大争议，反对者认为这是“攻击”议会并伤害了议会主权。政府最后被迫撤回这一法案，没有将其付诸全民公决。格里姆松总统在同年6月26日的总统选举中虽然获得85.6%的选票并得以连任，但是选民的投票率却只有67.5%，表明不少民众对他否决议会法案不满。

1944年6月16日冰岛正式宣布脱离丹冰联盟。6月17日，新宪法正式生效，冰岛成为共和国。在这一天，约2.5万冰岛人冒着滂沱大雨在古老的“阿耳庭”所在地廷格维利平原举行集会，庆祝共和国的诞生，这天正是民族独立之父约恩·西居尔兹松的诞辰纪念日。在经历了682年的异族统治之后，冰岛人民终于重新获得完全的独立和自由。

第四节　当代简史

一　共和国成立

冰岛共和国于1944年6月17日宣布成立，议会任命斯文·比约恩松为第一任总统。这一天便成为冰岛的国庆日。在成立大会上，美国代表第一个发表讲话表示祝贺。冰岛总理宣读了丹麦国王发来的贺电，国王祝贺冰岛共和国成立，冰岛人民对此感到欣慰。

美国政府曾宣布在冰岛驻军直到战争结束，但是在二战结束后却仍不愿马上撤军。1946年，美国向冰岛政府提出建议，把凯夫拉维克军事基地租借给美国99年，但冰岛人民对此不赞成。一年之后，在冰岛人民的强大压力之下，美国军队被迫撤离冰岛，凯夫拉维克空军基地由冰岛民航人员管理。尽管国内有很多人反对，冰岛政府依然决定作为创始国之一于1949年加入北约，但宣布冰岛在和平时期不接纳外国军队，只在战时才可以驻扎外国军队。不过，在1950年朝鲜战争爆发后，美国等北约成员国认为当时已不再是和平时期，于是和冰岛于1951年5月5日签署双边防务协定，美国军队于1951年5月7日重新进驻凯夫拉维克军事基地，条件是由美国承担冰岛的防务责任。美国军队于2006年9月完全撤出冰岛。2007年4月冰岛与挪威和丹麦达成防务合作协议，由挪威、丹麦两国负责在和平时期保障冰岛的防务安全。

冰岛于1946年11月加入联合国，1950年3月加入欧洲委员会。1948年4月~1952年6月，美国通过马歇尔计划向欧洲一共提供了131.5亿美元的援助，冰岛因人口最少并且没有受到战争破坏，所获得的援助总额最少，为0.29亿美元，但是如果按人均计算则冰岛获得的援助最高。在第二次世界大战中，冰岛非但没有遭到战火的破坏，其经济和社会生活反倒取得了长足发展，并积累了大量外汇储备。在20世纪40年代末，冰岛利用其外汇储备对渔业设施进行大规模现代化更新，大大提升了捕鱼和渔业加工水平。

1959年，议会决定重新调整选区，全国被划分为8个选区，均实行比例选举制，议员数目增加为60名。1968年参加选举的法定年龄降低到20岁。1984年冰岛再度修改宪法，把议员数目增加到63名，法定选举年龄降低到18岁。1999年6月宪法修正案通过，决定从2003年大选开始，重新划分选区，选区的数目减至6个，议员的数目保持不变。

在1956年以前，冰岛政府大多由进步党和独立党联合组阁。1959～1971年，独立党和社会民主党联合执政，对内采取经济复兴政策。进入20世纪70年代以后，由于通货膨胀以及党派斗争等原因，政局多变，出现了各种联合政府：1971～1974年是进步党、自由左翼党和人民联盟联合执政；1974～1978年是独立党和进步党联合执政；1978～1979年是进步党、人民联盟和社会民主党联合执政；1980年2月，独立党（少数派）、进步党和人民联盟开始联合执政，该届政府对内采取稳定克朗币值、冻结物价和工资、紧缩银根等一系列紧缩性经济政策，以遏制通货膨胀，对外继续奉行保留美国驻军和留在北约内的防务安全政策；由于在议会中失去有效多数，时任总理居纳尔·托罗德森于1983年3月14日宣布解散议会，于4月23日提前举行大选，并于5月26日组成独立党和进步党的多数派政府。

2007年5月12日议会选举，在共63个席位中，独立党赢得24席，社会民主联盟获得18席，左翼绿色运动获得9席，进步党获得8席，冰岛自由党获得4席。2009年4月25日，独立党、进步党联合政府因金融危机倒台后，冰岛提前两年举行了全国大选，社会民主联盟、独立党、左翼绿色运动、进步党和公民运动等5党分享63个议会席位。组成联合政府的社会民主联盟和左翼绿色运动总共获得34席，占微弱多数。原第一大党独立党退居第二，自由党失去议员席位。

二　领海及专属经济区的扩展

冰岛近海渔业资源丰富，捕鱼成本大大低于深海捕捞成本，近海渔业在冰岛渔业生产中始终保持着十分重要的地位，因此，领海以及专属经济区的宽度对于冰岛的经济生活至关重要。早在1631年12月，丹麦国王便下令在冰岛实行6挪威里（又称为“丹麦里”，1挪威里=6海里）的渔业保护区。从1662年开始渔业保护区缩小为4挪威里（24海里），1682年又进一步缩小为16海里，这一官方规定一直延续到1859年。规定要求外国渔船不得在保护区内捕鱼，但是英国和荷兰等国却从来不承认这个规定，从16世纪开始，就有较大型带甲板的英国渔船不断到冰岛附近海域捕鱼。1859年，冰岛开始实行当时国际上流行的把领海范围限制为4海里（即大炮射程范围）的规定。1872年，依据丹麦当局的规定，冰岛把领海范围减为3海里。虽然海湾和峡湾禁止外国船只进入，但是英国的拖网渔船借助武力保护照常在冰岛的海湾内捕鱼。

1901年，英国依仗其强大的海军力量迫使丹麦与之缔结一项为期50年的协定，规定渔业保护区的范围为海岸最低退潮线以外3海里，在海湾处为10海里。这样就等于开放了冰岛的一批渔场。二战结束后，冰岛渔船的数量在几年内翻了一番，同时外国渔船，尤其是英国渔船重新回到冰岛海域捕鱼，影响了冰岛的渔获量。因此在1951年该协定到期时，冰岛政府宣布这一协定不再有效。除英国之外，德国、苏联以及比利时、挪威、法罗群岛等的渔船也曾在冰岛海域捕鱼，并且数量不少。虽然在总渔获量中冰岛所占比例不断上升——1936年占44%，1955年以后达到55%——但由于担心近海鱼类资源枯竭，冰岛因此采取各种措施限制外国渔船在其沿海捕鱼。

冰岛议会于1948年颁布了《科学保护冰岛大陆架渔场法案》，授权渔业部制定法规扩大专属渔区。为制止过度捕捞，冰岛政府规定从1952年5月起，将海岸线以外4海里作为渔业保护区的界线，在渔业保护区内禁止使用拖网和围网捕鱼，冰岛渔船也不例外，以保护鱼群产卵及鱼苗生长。

当联合国第一次海洋法会议尚未解决领海宽度应当是多少的问题时，为了进一步保护渔业资源，冰岛政府于 1958 年 6 月 30 日宣布把原来 4 海里的专属渔区扩展为 12 海里，该决定于同年 9 月 1 日起生效。苏联等国政府宣布尊重这一决定，但该决定却遭到多年来在此渔场捕鱼的英国和联邦德国的坚决反对。英国于 9 月 1 日派遣大小共 10 艘军舰护送 3 队英国渔船，蓄意开入距冰岛 4～12 海里的海域捕鱼，并在发生争执时扣留了冰岛海岸巡逻队队员，这引起冰岛人民和政府的强烈抗议。这是第一次“鳕鱼战”。

经过长达两年多的反复争执，冰岛于 1961 年年初和英国达成关于冰岛周围捕鱼区范围的协议，稍后又和联邦德国达成关于捕鱼的协议。根据协议，英国和联邦德国承认冰岛 12 海里专属渔区的主张，英、德两国在冰岛周围海域捕鱼时要遵守冰岛对渔区的规定，但在此后 3 年内仍可以继续在离冰岛 6～12 海里的某些海域捕鱼。协议同时规定，冰岛可以继续执行扩大渔业管辖权的决定，但如果这种扩大导致冰岛与英国、联邦德国发生争议，经任何一方请求，争议应提交国际法院裁决。

1960 年 3～4 月召开的联合国第二次海洋法会议依然没有解决领海宽度问题。由于远洋捕捞水平迅速提高和渔业生产的迅速发展，海洋渔业资源面临枯竭的危险，冰岛沿海渔场的鲱鱼鱼汛在 20 世纪 60 年代下半期也明显减少。沿海国为保护本国利益，普遍主张扩大本国的渔区。在这种背景下，冰岛政府于 1972 年 9 月宣布终止与英国在 1961 年达成的捕鱼协议，把专属渔区管辖权扩大到 50 海里。英国和联邦德国再度竭力反对，并导致第二次“鳕鱼战”。

在第二次“鳕鱼战”中，英国起初也像以往一样在军舰的保护下继续在有争议的海域捕鱼，并且和冰岛海岸巡逻队的巡逻艇发生冲撞。冰岛则发明了一种特殊装置，专门用于剪断英国渔船的拖网，从而使 69 艘英国渔船受损。后来英、德两国向国际法院提起诉讼，而起初冰岛不愿应诉。在诉讼中，英国对冰岛的 12 海里专属渔区没有争议，也承认冰岛在 12 海里以外有争议的海域有优惠的捕鱼权利，但由于英国渔船在冰岛海域捕鱼的历史很长，停止捕鱼活动对英国经济及人民生活造成不利影响，国际法院最终支持英国和德国的观点。鉴于扩大沿海国的渔区及经济权利是当时的新趋势，国际法院认为应协调冰岛的优惠捕鱼权和英国、德国的传统捕鱼权，主张双方应通过谈判的方式解决问题。

经过多次谈判，冰岛政府在 1973 年 11 月中旬和英国政府达成一项为期两年的协议，承认英国有权在冰岛 50 海里范围内的某些海区捕鱼，但其拖网渔船的数量不得超过 139 艘，每年捕鱼量不得超过 13 万吨，加工船和冷藏船则禁止入内。冰岛还和其他国家订立了类似的临时协议，但是未能和联邦德国达成协议。

1974 年冰岛的鳕鱼捕获量大幅度下降。为进一步保护渔业资源和经济权益，冰岛于 1975 年 7 月 15 日颁布《冰岛近海渔业限制规则》，宣布从同年 10 月 15 日起开始实施 200 海里捕鱼限制区的规定，由此导致与英国之间第三次并且是最严重的“鳕鱼战”。美国、苏联等对冰岛的举措也表示反对，而北欧其他 4 个国家则表示理解和同情。1976 年 2 月冰岛宣布同英国断交，这是北约成员国之间发生的最为严重的一次冲突，并且双方的实力完全不对等。与此同时，欧共体也于 1976 年 2 月宣布欧洲各国海洋专属经济区的界线定在 200 海里，从而使英国陷于孤立。在欧共体及挪威等国的斡旋下，两国在同年 6 月又达成临时捕鱼协议，并宣布恢复外交关系。冰岛允许 24 艘英国拖网渔船在 200 海里捕鱼区内作业 6 个月。同年 12 月 1 日，英国拖网渔船最终离开冰岛 200 海里渔区。

没有任何军队的冰岛不畏强权，凭借其保护主权的决心，扩大捕鱼区的“战斗”终于取得了彻底胜利。这次胜利被誉为冰岛“第二次赢得了主权”，即对其周边海域的经济主权。1979 年 6 月 1 日，冰岛《领海、大陆架和经济区法》开始生效，其中包含对 200 海里捕鱼区享有专有权的内容。在冰岛与格陵兰岛以及冰岛与法罗群岛之间，则以中间为界划分。冰岛只允许法罗群岛（丹麦）、挪威等地的渔民在其 200 海里捕鱼区内捕鱼，而且给予他们的限额也逐年减少，对捕鱼工具也做了限制。200 海里专属经济区的建立使冰岛彻底取得了对其周围海域渔业资源的完全控制权，是冰岛渔业史上的一个重要里程碑。

在 1979 年正式宣布实施 200 海里专属经济区之后，冰岛与挪威就扬马延岛的经济区或大陆架划界问题产生了争端。扬马延岛曾是无主地，1929年被挪威宣布为本国所有。该岛距挪威约540海里，距冰岛292海里，距格陵兰岛250海里。由于冰岛宣布拥有200海里经济区，而且与扬马延岛相距292海里，冰岛因此反对扬马延岛拥有自己的经济区或大陆架。1980年5月，冰岛和挪威签署了关于扬马延岛渔业问题和大陆架问题的协定，包括确立冰岛和扬马延岛之间的经济区边界、安排管理扬马延岛周围渔场、成立调解委员会确立大陆架边界等三项内容。该委员会经过反复调查研究，提出一份建议书。建议书认为，考虑到当时正在起草的《联合国海洋法公约》第121条关于岛屿制度的规定，扬马延作为岛屿有权拥有领海、专属经济区和大陆架；同时又认为，冰岛200海里经济区已远远超出扬马延岛与冰岛之间的中间线，再在200海里之外划出大陆架的界线是不必要的，委员会因而建议大陆架的划界应当与经济区的划界相一致。考虑到冰岛是依靠油气进口的国家，其200海里经济区内缺少油气资源，而200海里以外的油气资源较多，委员会因而建议冰岛和挪威两国进行联合开发。

两国认为调解委员会的建议是可行的，因而在其建议的基础上，于1981年10月缔结了大陆架划界协定，规定大陆架的分界线和经济区的分界线是同一条线，并约定在分界线两侧某一特定区域建立共同开发区，从而使这一争端在友好合作的基础上得到解决。1982年4月联合国海洋法会议通过的《联合国海洋法公约》正式承认200海里专属经济区。

第五节　著名人物

约恩·西居尔兹松（Jon Sigurdsson，1811－1879）19世纪冰岛的民族英雄、民族独立运动领袖，为争取冰岛的独立和自由做出了卓越贡献。1811年6月17日出生于冰岛西北端赫拉本塞里沙丘的一个牧师家庭。父亲亲自向他传授各种知识。18岁时他来到雷克雅未克，先在一家商店里当店员，一年后成为主教的文书和门生。1833年他在22岁那年到哥本哈根大学学习语言学、考古学和历史，后来定居哥本哈根。他当过多家基金会和学术团体的秘书、资料员和图书管理员等，同时写了不少著作。

1841 年，他和志同道合者在哥本哈根创办了冰岛文年刊《新社会杂志》。在此后 30 年间，他在该杂志上发表了大量有关冰岛贸易、财政、教育和宪法问题等方面的文章。他努力促成丹麦政府于 1843 年 3 月同意恢复冰岛议会，以及冰岛议会于 1845 年 7 月召开首次会议，尽管当时的议会只是咨询机构。他在家乡选区当选为议员，参加了议会首次会议，并成为议会的领袖。此后召开议会会议时，他几乎都回到冰岛参加会议，直到逝世。在哥本哈根居住期间，他和那里的冰岛青年学生和学者保持着密切联系，他们每周在他家里举行聚会。

他始终没有固定的职业，主要是接受各个学术机构的资助从事研究工作，其中也包括丹麦政府的一部分资金。1848 年，他作为冰岛代表被丹麦国王任命为丹麦制宪会议成员，在制定丹麦 1849 年宪法过程中，他始终为取得对冰岛有利的结果而努力。1861 年，他被丹麦政府任命为划分丹麦和冰岛财政事务的委员会委员，在起草委员会报告的过程中，他为冰岛应获得的合理权益而据理力争。

他为冰岛历史的研究做出了重要贡献，整理出版了冰岛中世纪文献。他始终把争取祖国在政治上的独立和自由当作自己的终生大业，通过自己的文章和活动努力唤醒同胞的民族意识和爱国主义精神，号召人们为冰岛的独立自主而共同奋斗。由于特殊的历史条件和历史局限性，他从来没有明确提出冰岛作为独立国家与丹麦彻底一刀两断的要求，而是主张冰岛恢复有立法权的议会，同时成立冰岛自治政府，但仍然承认丹麦国王是共同的国家元首。不过他的努力大大增强了冰岛人民的民族意识，并推动了民族独立运动的发展。他的思想并不保守，而是主张冰岛要实行现代化、民主化，发展经济，并提高人权保护水平。

1944 年在他的诞辰纪念日那天，冰岛共和国宣布成立。他的生日便成为冰岛共和国的国庆日。

斯文·比约恩松（Svenn Bjornsson，1881－1952）冰岛共和国第一任总统，1944 年 7 月～1952 年 1 月在任。他生于 1881 年 2 月 27 日，1912 年当选为雷克雅未克市议会议员，1914～1916 年和 1918～1920 年两度当选为冰岛议会议员，并在后一阶段担任议长。他曾作为使节出使英国，签订了第一个《英国－冰岛贸易协定》；1920～1924年、1926～1941年两度出任驻丹麦公使（相当于大使）；1918～1940年曾多次出席重大国际会议。

1944年6月17日冰岛共和国宣布成立时，议会任命他担任共和国总统，1949年他又获得连任，1952年1月25日因病去世。

奥斯吉尔·奥斯吉尔松（Asgeir Asgeirsson，1894－1972）冰岛共和国第二任总统，1952年6月～1968年7月在任。他生于1894年5月13日。1915年他毕业于冰岛大学神学系，后来曾经到丹麦哥本哈根大学和瑞典乌普萨拉大学深造。1917～1918年担任冰岛国家银行秘书。1918～1927年在冰岛师范学院当教师。1923年作为进步党候选人当选为冰岛议会议员。1926～1931年、1934～1938年任冰岛教育部长。1928～1931年、1938～1952年任议会外交事务委员会委员。1930年作为议会议长在纪念冰岛议会诞生1000周年大会上致辞。1931年任财政部长，1932～1934年任政府总理兼财政部长。他于1934年退出进步党，但仍作为无党派人士连续当选为议员，直到1952年当选为冰岛总统。1938～1952年任冰岛渔业银行总裁。1944年代表冰岛出席在美国布雷顿森林召开的联合国国际货币金融会议。1946～1952年出任国际货币基金组织总裁。1952年6月当选为总统，并于1956年、1960年和1964年三度在没有竞选对手的情况下获得连任。1972年9月15日去世。

克里斯蒂安·埃尔亚恩（Kristjan Eldjarn，1916－1982）冰岛共和国第三任总统，1968年7月～1980年6月在任。他在1916年12月6日出生于冰岛北部的埃亚菲尔朱尔。1936～1939年在哥本哈根大学攻读考古学。1939～1941年在冰岛阿库雷里农学院任教。1941～1944年到冰岛大学进修。1957年获得冰岛大学哲学博士学位。1969年获得英国阿伯丁大学法学博士学位。1972年、1975年和1976年分别获得瑞典隆德大学、挪威卑尔根大学和苏联列宁格勒大学（现更名为“俄罗斯列宁格勒国立大学”）哲学博士。1945年起任冰岛考古学会理事。1945～1947年任冰岛国家博物馆副馆长，1947～1968年任国家博物馆馆长。1950年起任冰岛科学和艺术学会委员。1962 年起成为国际史学科学联合会常设委员会委员。1968 年他击败另一位候选人居纳尔·托罗德森当选为总统，1972 年和 1976 年两度在没有竞选对手的情况下获得连任。他多才多艺，对考古和艺术的造诣尤其深湛，著有《石碑的遗迹》和《国家博物馆史》等书及其他多部考古方面的著作。于 1982 年 9 月 14 日因病去世。

维格迪丝·芬博阿多蒂尔（Vigdis Finnbogadottir，生于 1930 年）冰岛共和国第四任总统，世界上第一位由全民直接选举产生的女总统，同时是世界上任期最长的女总统，1980 年 8 月 ~1996 年 6 月在任。她在 1930 年 4 月 15 日生于冰岛首都雷克雅未克市。父亲为冰岛大学教授兼工程师，母亲任冰岛护士协会主席 30 余年。1949 年在雷克雅未克中学毕业后，读了 2 年大学专科后赴法留学，先后在法国格勒诺布尔大学和巴黎大学攻读法国文学和戏剧；毕业后又去丹麦哥本哈根大学和瑞典大学专修戏剧课程；回国后，又到冰岛大学攻读英语、英国文学和教育学，获得冰岛大学英国文学及教育学学士学位。

她曾先后在雷克雅未克中学和大学讲授法语和法国戏剧史，还担任过电视台主持人、旅行社导游，1972 ~1980 年担任雷克雅未克市剧院经理，曾翻译外国剧本。1976 年，她成为北欧国家文化事务委员会委员，1978 年成为该委员会主席。她从青年时代起便积极参加反对扩军备战的和平运动，20 世纪 70 年代中期活跃于妇女运动中。她热衷于文化艺术事业而不介入政治派别之争，使她赢得众多选民的支持。她于 1980 年 6 月以无党派人士身份竞选总统获胜，成为世界上第一个民选女总统，这成为当时轰动世界的新闻。她在 1984 年、1988 年和 1992 年又三次蝉联总统，其中 1984 年和 1992 年竞选时没有其他对手。

在当政期间，她注意维护民族利益，发展国民经济；多次出访世界各国，提高了冰岛的国际地位和影响力。其民众支持率高达 90%，被誉为冰岛的“国母”。她在 1985 年参加妇女罢工，以纪念 1975 年 10 月冰岛妇女为抗议不平等待遇而举行的大罢工。1986 年 10 月，她在雷克雅未克迎接前来举行苏、美首脑会谈的时任苏共中央总书记戈尔巴乔夫和时任美国总统里根，使冰岛一时成为世界关注的焦点。

芬博阿多蒂尔总统多才多艺，爱好文学、戏剧，通晓英、法等多种语言。1958 年以来，她曾先后获得法国、美国、英国、加拿大、日本和芬兰等国一些著名学府授予的名誉学位。1982 年她获得圣米歇尔勋章和圣乔治大十字贵夫人勋章。

奥拉维尔·拉格纳·格里姆松（Olafur Ragnar Grimsson，生于 1943 年）冰岛共和国第五任总统，1996 年当选，2000 年、2004 年、2008 年、2012 年连任。他在冰岛国内具有极高的威望，是冰岛历史上首位连任 5 届的总统。1943 年 5 月 14 日生于冰岛西北部冰湾市。1962 ~ 1970 年在英国曼彻斯特大学学习经济学和政治学，获政治学博士学位。1966 ~ 1973 年为冰岛年轻进步党人委员会委员，1971 ~ 1973 年任进步党执委会委员。1970 ~ 1988 年为冰岛大学政治学讲师、教授。1974 ~ 1975 年任自由左翼联盟执委会主席。1978 ~ 1983 年、1991 ~ 1996 年为议会人民联盟议员。1980 ~ 1983 年任议会党团主席。1983 ~ 1985 年任人民联盟党报《人民意志报》主编。1983 ~ 1987 年任人民联盟执委会主席，1987 ~ 1995 年任人民联盟主席。1988 ~ 1991 年任冰岛财政部长，在此期间使冰岛财政保持稳定，使通货膨胀率从 80% 下降到 20% 以下。

1996 年 6 月 29 日他以 40.9% 的得票率当选为冰岛共和国第五任总统。他在当选后表示，冰岛必须走出欧洲，加强与亚洲及拉丁美洲的贸易和文化联系。他认为这些国家是未来经济增长的重要区域，冰岛与它们发展关系会有更多的机遇。他反对冰岛加入欧盟，认为加入欧盟不会使冰岛获得政治或经济利益。

2012 年，原本已无意寻求第 5 个总统任期的格里姆松，由于 3 万名冰岛民众签名要求他继续出任总统，因此他决定再次参加总统大选，并第 4 次成功连任，成为冰岛历史上首位连任 5 届的总统。

格里姆松积极参与国际交往与合作，曾多次获国际和平奖章。他多次访问中国且对中国友好。他作为议员于 1994 年应中国人民外交学会邀请偕夫人访华，2005 年 5 月以总统身份访华。

斯特凡·约翰·斯特凡松（Stefan Johann Stefansson，1894 – 1980）冰岛总理，1947 年 10 月 ~1949 年 10 月在任。1894 年 7 月 20 日生。毕业于

雷克雅未克大学。1926~1939年任冰岛最高法院律师。1924~1942年为雷克雅未克市政委员会委员。1934~1953年任议会议员。1935年至20世纪50年代初任冰岛渔业银行董事会主席。1938~1952年任社会民主党领导人。1939~1942年任外交和社会事务部长。1945年至50年代初任国家保险公司总经理。1950年任欧洲委员会成员。

奥拉维尔·托尔斯（Olafur Thors，1892－1964）冰岛总理，1942年5~12月、1949年10月~1950年3月、1953年6月~1956年7月、1959年11月~1961年9月、1961年12月~1963年11月在任。他是冰岛独立党前领导人，曾就读于丹麦哥本哈根大学。1914~1930年任克维尔杜弗尔有限公司执行董事。1925年起任议会议员。1924~1934年任保守党（即后来的独立党）中央委员会委员，1947~1949年任该党外事委员会主席。1928年任外事委员会委员和中央委员会主席，1932年任司法部长，1934~1942年任外交部长，1942年首任总理，以后又四度出任总理，1944~1947年任外交部长，1947~1948年为冰岛驻联合国代表团成员，1950年3月~1953年9月任工业和外贸部长。

斯坦格尔米尔·斯坦索尔松（Steingrimur Steinthorsson，1893－1966）冰岛总理，1950年3~6月在任。毕业于丹麦哥本哈根大学。1950年3~6月担任政府总理。1953年9月~1956年7月任文化和社会事务部长。

赫尔曼·约纳松（Hermann Jonasson，1896－1976）冰岛总理，1956年7月~1958年12月在任。冰岛进步党前领导人。曾就读于冰岛大学。1928~1934年任雷克雅未克市警察局长。1934年任议会议员。1934年7月~1942年5月16日任总理。1943年任冰岛农业银行行长，同年任进步党主席。1956年7月21日任政府总理兼司法部长，1958年12月离任。

埃米尔·荣松（Emil Jonsson，1902－1986）冰岛总理，1958年12月~1959年11月在任。社会民主党前领导人。1902年10月27日出生于哈布纳菲厄泽市。曾就读于丹麦哥本哈根工业大学。1926年起在哈布纳菲厄泽当工程师。1930~1937年担任哈布纳菲厄泽市长。1934~1971年为议会议员。1937~1944年和1949~1957年任国家灯塔与港务管理局长。1944～1947年任交通部长。1947～1949年任商业和交通部长。1956年任代理外交部长。1956～1958年为议会议长。1957～1958年任冰岛国家银行总裁。1957～1968年为社会民主党主席。1959～1965年任渔业和社会事务部长。1965～1971年任外交部长。曾担任北大西洋理事会主席。

比亚尼·贝内迪克松（Bjarni Benediktsson，1908－1970）冰岛总理，1961年9～12月、1963年11月～1970年7月在任。冰岛独立党前领导人。曾先后就读于冰岛大学和德国柏林大学。1932年到冰岛大学任教。1936年起任独立党中央委员会委员。1940年起担任雷克雅未克市长，以后连选连任两届。1942年起任议会议员。1946年任联合国总务委员会冰岛代表。1947～1953年任外交部长兼司法部长。1953～1956年任司法部长兼教育部长。1956～1959年任报刊编辑。1959～1961年、1962～1963年出任司法和工业部长。1961年起任独立党主席。

约翰·哈夫斯坦因（Johann Hafstein，1915－1980）冰岛总理，1970年7月～1971年7月在任。冰岛独立党前领导人。曾就读于冰岛大学。1938～1939年在英国研习法律。1939～1952年任独立党领导人及主席。1946年起任议会议员。1952～1963年任冰岛渔业银行总裁。1963～1970年任司法和工业部长。1970年7月～1971年7月担任政府总理。此后还担任过司法部长。

奥拉维尔·约翰内松（Olafur Johannesson，1913－1984）冰岛总理，1971年8月～1974年8月、1978年8月～1979年10月在任。冰岛进步党前领导人。1913年3月1日出生于冰岛斯卡加弗米尔。就读于冰岛大学，1939年获得冰岛大学法学学士学位。1939～1943年任冰岛合作社联合会律师和审计员。1943～1944年任贸易委员会委员。1944～1947年任合作社联合会法律顾问。1946年当选为进步党中央委员。同年作为冰岛代表团成员出席联合国成立大会。1946～1953年任国家广播电台理事会理事。1947～1971年为冰岛大学法学教授。1957～1964年任冰岛中央银行董事会董事。1957年任议会候补议员，1959年起为正式议员。1959～1964年任北欧理事会候补理事，1964～1969年为理事。1960～1968年任进步党副主席，1968～1979年任该党主席。1969～1971年任进步党议会党团领袖。1971 年 8 月 ~1974 年 8 月出任总理并兼司法和宗教事务部长。1974 ~1978 年任商务、司法和宗教事务部长。1978 年 8 月 ~1979 年 10 月再度出任政府总理。在任期间，对外主张依靠美国和北约作为冰岛防务的保障，对内主张发展国营、私营和合作社三种所有制并存的经济体制。1980 年 2 月 ~1983 年 5 月任联合政府外交部长。他著有若干关于宪法方面的著作，在国内外发表了许多有关法律的文章。

吉尔·哈尔格里姆松（Geir Hallgrimsson，1925 – 1990）冰岛总理，1974 年 8 月 ~1978 年 8 月在任。冰岛独立党前领导人。1925 年 12 月 16 日生于雷克雅未克。1944 年毕业于雷克雅未克学院。1946 ~1947 年任冰岛全国学生联合会主席。1948 年毕业于冰岛大学法律系。1948 ~1949 年到美国哈佛大学法学院进修一年，研读经济学和法学。1951 ~1959 年在雷克雅未克当律师。1955 ~1959 年任贝内迪克松进出口公司经理。1954 ~1974 年任雷克雅未克市政委员会委员，1958 ~1959 年为该委员会副主席。1959 ~1972 年任雷克雅未克市长。1959 ~1970 年任冰岛议会候补议员，1970 年起成为议员。1965 年当选为独立党中央委员，1971 年任该党副主席，1973 ~1983 年为主席。1974 年 8 月 ~1978 年 8 月在独立党和进步党联合执政期间担任政府总理。在任期间，对外主张依靠美国和北约作为冰岛防务的保障，对内强调经济领域的自由竞争。1983 年 5 月 ~1985 年 10 月任外交部长。他曾获得法尔贡大十字勋章。

贝内迪克特·格伦达尔（Benedikt Grondal，生于 1924 年）冰岛总理，1979 年 10 月 ~1980 年 2 月在任。曾任冰岛社会民主党领导人。1924 年 7 月 7 日生于冰岛厄嫩达菲厄泽。1943 年毕业于雷克雅未克学院。1946 年获得美国哈佛大学历史文学学士学位。1947 年赴英国牛津大学深造。1950 年当选为冰岛社会民主党中央委员，1952 ~1954 年为该党副主席。1951 ~1958 年任冰岛合作社联合会教育部主任。1956 年当选为北大西洋联盟常务委员会委员。1957 ~1959 年、1960 ~1971 年任国家广播电台理事会主席。1969 年起任国家教育图书馆主任。1971 年起任国家经济研究所理事。1974 年任社会民主党主席。1979 年 10 月 ~1980 年 2 月担任政府总理。著有《美利坚合众国》和《冰岛——从中立到北约成员国》等书。

居纳尔·托罗德森（Gunnar Thoroddsen，1910 – 1983）冰岛总理，1980年2月～1983年5月在任。曾任冰岛独立党领导人。1910年12月29日生于雷克雅未克。1929年毕业于雷克雅未克学院。1934年起任议会议员。1935～1936年到丹麦、德国和英国进修法学，主攻刑法。1940～1950年在冰岛大学法律系任教授。1945年担任宪法修改委员会主席。1945～1957年任北欧议会联盟冰岛代表团团长。1947年任新宪法委员会委员。同年担任北欧议会联盟主席。1947～1957年任雷克雅未克市长。1948～1965年、1971～1981年为独立党中央委员。1951～1965年任各国议会联盟冰岛代表团团长。1957年再度担任北欧议会联盟主席。1959～1965年任财政部长。1961～1965年、1974年出任独立党副主席。1965～1969年先后任冰岛驻丹麦和土耳其大使。1968年获得冰岛大学法学博士学位。1970年任冰岛最高法院法官。1974～1978年任工业、能源和社会事务部长。1980年2月～1983年5月任政府总理。

斯坦格里米尔·赫尔曼松（Steingrimur Hermannsson，生于1928年）冰岛总理，1983年5月～1987年4月、1988年9月～1991年4月在任。冰岛进步党前主席。1928年6月22日出生于雷克雅未克。其父亲为冰岛前总理约纳松。1948年从雷克雅未克学院毕业。1951年毕业于美国芝加哥理工学院并获得学士学位。1952年获得美国加州工学院电力工程硕士学位。20世纪50年代曾先后任国家电力公司和国家化肥厂工程师、外交部防务司干事等职。1957～1978年担任冰岛国家经济研究所领导。1957～1961年任国家工业化委员会主任。1958～1970年任国家住房基金会技术委员会委员。1959～1974年任欧洲委员会高等教育和研究委员会委员。1962～1978年任经济合作与发展组织科学委员会委员。1968～1975年任国家能源局技术委员会委员。

1971年起任进步党总书记，1979年改任主席。1971年当选为议员。1978～1979年任农业、司法和宗教事务部长。1980年2月，进步党同人民联盟、独立党组成联合政府后，任渔业和交通部长。1983年5月25日进步党同独立党组成联合政府后任总理。1987年4月25日联合政府在议会选举中失去多数席位，遂辞去总理职务。1987～1988年任外交部长。

1988年9月～1991年4月再度出任总理。在任职期间，赫尔曼松主张发展以合作社为主体的经济体制，赞成私有经济和国有经济并存；对外主张冰岛同北约保持密切关系，并注意发展同第三世界国家的关系。1986年10月应中国政府的邀请访问中国，是1971年中冰建交以后第一位访华的冰岛政府首脑。

索尔斯坦·保尔松（Thornsteinn Palsson，生于1947年）冰岛总理，1987年7月～1988年9月在任。冰岛独立党前领导人。1947年10月29日出生在冰岛的塞尔福斯。1968年毕业于冰岛商学院。1970～1975年在独立党机关报《晨报》当采访记者。1974年获得冰岛大学法学学士学位。1976年开业做律师。1979～1983年任冰岛雇主协会主席。1983年当选为议会议员。1983～1991年任独立党主席。1985年10月～1987年7月任财政部长。1987年7月～1988年9月任政府总理。1991年4月任达维兹·奥德松内阁渔业兼司法和宗教事务部长。

达维兹·奥德松（David Oddsson，生于1948年）冰岛政府总理，1991年4月～2004年9月在任，担任总理职务长达十三年零四个半月，是冰岛任期最长的政府首脑。1948年1月17日生于雷克雅未克。1974年毕业于冰岛大学法律系。1976～1982年先后担任雷克雅未克市医疗保险基金会办公室主任和基金会执行主任。1974年当选为雷克雅未克市政委员，1982～1991年任市长。1990年当选为独立党副主席，1991年3月起任主席。1991年4月20日当选为议会议员，4月30日出任政府总理，并于1995年、1999年两次连任总理。

达维兹·奥德松领导的独立党与奥斯格里姆松领导的进步党于2003年5月赢得大选胜利，两党随后组成联合政府。2004年夏天奥德松曾因患癌症住院，经两党协商，决定由奥斯格里姆松于9月15日接任总理，奥德松则改任外长。在奥德松任总理期间，冰岛政府重视加强与美国的关系，同时也加强与欧盟的关系。冰岛于1994年加入欧洲经济区，但他多次明确表示反对冰岛加入欧盟，认为如果入盟就会严重损害冰岛的渔业利益，反对把冰岛的主权让渡给欧盟。冰岛与中国的关系在其任期内也不断加强，但因其1997年允许连战访问冰岛，使中冰关系一度出现困难。奥德松于 2005 年 9 月辞去独立党主席、外交和外贸部长以及议会议员职务，退出政坛，并于同年 10 月出任冰岛中央银行行长，任期 7 年。

奥德松在文学方面享有盛誉，是冰岛的知名诗人兼剧作家，并出版过短篇小说集。

哈尔多尔·奥斯格里姆松（Halldor Asgrimsson，生于 1947 年）冰岛总理，2004 年 9 月 15 日 ~2006 年 6 月 15 日在任。生于 1947 年 9 月 8 日。1965 年毕业于冰岛合作学院，1970 年成为注册会计师，1971 ~1973 年在挪威卑尔根大学和丹麦哥本哈根大学读商科研究生，1973 ~1975 年在冰岛大学经济学和工商管理学院任讲师。

1979 年当选为冰岛议会进步党议员和议会外交委员会委员，1980 ~1994 年为进步党副主席，1994 年起任党主席；1991 ~1995 年任北欧理事会主席团委员，1992 ~1995 年任北欧理事会自由党小组主席；1976 ~1983 年任冰岛中央银行董事会董事，其间于 1980 ~1983 年任董事会主席；1983 ~1991 年任冰岛渔业部长，1985 ~1987 年兼任北欧合作部部长，1988 ~1989 年兼任司法宗教事务部长，1995 ~2004 年任外交外贸部长，其间于 1995 ~1999 年兼任北欧合作部部长。

吉尔·希尔马·哈尔德（Geir Hilmar Haarde，生于 1951 年），2006 年 6 月出任冰岛总理，2005 年 10 月出任冰岛独立党主席。他出生于 1951 年。1973 年在美国布兰代斯大学获得学士学位，1975 年获美国约翰·霍普金斯大学高级国际关系研究学院硕士学位，1977 年获美国明尼苏达大学经济学硕士学位。1977 ~1983 年任冰岛中央银行国际部经济专家；1983 ~1987 年为冰岛财政部政治顾问；1988 ~1998 年任各国议会联盟冰岛小组主席，1994 ~1998 年任各国议会联盟执行委员会委员，1995 ~1997 年任执行委员会副主席；1991 ~1998 年任北欧理事会主席团成员，1995 年任北欧理事会主席；1991 ~1998 年任冰岛议会外交委员会委员，1995 ~1998 年任主席；1995 ~1997 年任北欧理事会保守党小组主席；1995 ~1998年任北极地区议员常设委员会主席；1991 ~1998 年任冰岛独立党议会小组主席；2002 ~2004 年任国际货币基金组织的国际货币财经委员会委员；1999 年和 2004 年任北欧财政部长理事会主席；2004 年任经济合作与发展组织部长会议副主席；1999~2005年任独立党副主席；1998~2005年任冰岛财政部长；2005年9月~2006年6月任冰岛外交部长。

约翰娜·西于尔扎多蒂（Jóhanna Sigurzardóttir，生于1942年）。2009年2月1日出任冰岛总理。西于尔扎多蒂是冰岛最受民众欢迎的政府高官之一，民众亲切地称她为“圣约翰娜”。她在20世纪60和70年代是冰岛航空公司的一名空姐，也是该公司的工会领导人之一。1978年第一次当选冰岛议员。1979年、1983~1984年任副议长。1984~1993年获任社会民主党副主席。1994年竞选党主席失败。1995年脱离原党，创立全民运动党。5年后全民运动党与社会民主党等多个政党组成社会民主联盟。1994~2003年在议会多个委员会任委员。2003~2007年任议会副议长。2007年5月24日任冰岛社会事务部长。因其前任吉尔·希尔马·哈尔德带领的政府在经济危机压力下下台，2012年出任冰岛总理一职，也是冰岛历史上的首位女性总理。西于尔扎多蒂育有两子，均来自第一次婚姻。2012年6月27日，冰岛颁布相关法律，正式承认同性恋婚姻合法。同一天，冰岛女总理约翰娜·西于尔扎多蒂与相恋多年的同性伴侣完婚，成为合法“夫妻”。2013年4月15~18日，她曾偕夫人约尼娜·莱兹多蒂正式访问中国。

西格蒙杜尔·戴维·贡劳格松（Sigmundur Davíe Gunnlaugsson，生于1975年）2013年5月21日任冰岛总理。2009年起任进步党主席，同年4月25日当选为议会雷克雅未克北部选区第八任议员。2013年4月27日当选为东北选区第一任议员。2014年8月底至12月初任冰岛司法部长。

他2005年在冰岛大学获得企业经济学学士学位，还曾在莫斯科和哥本哈根留学，并曾有5年时间在哈佛大学深造经济学和政治学。2000~2007年任冰岛国家电视台RUV的兼职记者。2009年1月18日以40.9%比37.9%的党内选票击败索哈尔松（Höskuldur Tórhallsson）当选进步党主席。2013年4月27日，在冰岛议会选举中进步党和独立党赢得19个席位。4月30日，格里姆松总统授权贡劳格松组建政府。2013年5月进步党主席贡劳格松成为总理，与独立党联合执政，独立党主席小布亚尼·本尼迪克特松（Bjarni Benediktsson，Jr.）出任经济与财政部长。贡劳格松是冰岛共和国历史上最年轻的总理，也是世界上年龄最小的民选政府首脑。

哈尔多尔·基尔扬·拉克斯内斯（Halldór Kiljan Laxness，1902－1998）冰岛小说家、剧作家。真名为哈尔多尔·古兹永松。1902 年 4 月 23 日生于雷克雅未克，3 岁时随父母去到父亲的拉克斯内斯农场，童年即在那里度过，后来便以此为笔名。曾在拉丁学校和雷克雅未克一中学就读。青年时代开始文学创作，17 岁时出版第一部小说《自然之子》（1919）。20 岁时在国外旅行，曾到过斯堪的纳维亚、德国、奥地利和法国，接触到艺术中的现代主义流派，对表现主义、超现实主义等很感兴趣，同时也接触到宗教思想。1923 年在卢森堡公爵领地一寺院内居住一年多，开始信仰天主教，并写了长篇小说《在圣山下》（1924），描写他这一段时期的经历。由于对宗教的强烈兴趣，他又前往英国，在伦敦的耶稣会从事研究，然后去罗马等地，并写了几部有关天主教的著作。1925 年完成了长篇小说《来自克什米尔的织工》（1927）。这是他第一部重要的长篇小说。该部小说带有自传性质，描写来自克什米尔的一个青年织工为在各种思潮中选择一种信仰而苦闷，最后宣告"上帝胜过女人"，皈依宗教。

1929 年他前往美国、加拿大，曾在加利福尼亚的好莱坞等地居住，与美国作家厄普顿·辛克莱成为好友，并深受辛克莱的影响。他接触到了激进的社会主义和共产主义思想，曾经写了不少文章，对社会主义加以赞扬。这时他对天主教的信仰已经减弱。这些文章后来被收入文集《人民之书》（1929）。在美国时，他曾撰文祝贺辛克莱 50 寿辰，以一个社会主义者的口吻批评了美国文化，引起强烈反响。1930 年他回到冰岛，结婚后定居于雷克雅未克，从事文学创作。以后曾两次访问苏联，并到过西班牙等地。20 世纪 30 年代他以冰岛历史上的重大事件为题材，创作多卷本长篇小说。《洁净的葡萄树》（1931）和《海岸的鸟》（1932），反映人民所受的凌辱和苦难。作品出版后引起各方面重视，使他在文学领域中的地位举足轻重，并得到冰岛政府每年向成名作家颁发的年金。

长篇小说《独立的人们》（1934～1935）描写农民为获得土地和改善生活条件而进行的斗争。小说也曾引起激烈的争论，保守的报纸批评它，左翼的报刊则赞扬它。这部小说使作者在国内成为最负盛名的小说家。另一部长篇小说《世界之光》（4 部，1937～1940）取材于 19 世纪冰岛民间一个贫穷诗人的痛苦经历。他并非英雄，却自以为可以给世界带来光明，结果在腐败堕落的社会中悲惨地度过一生。之后，他创作了总称为《冰岛之钟》的 3 部长篇小说：第 1 部为《冰岛之钟》（1943），第 2 部为《聪明的姑娘》（1944），第 3 部为《哥本哈根的火光》（1946）。小说描写 17 世纪冰岛人民反抗丹麦人统治的斗争，主人公奥尔尼·马格努松是丹麦国王的朋友，但又是维护祖国冰岛独立和尊严的战士，他处于对朋友的忠诚和对祖国的忠诚的矛盾之中，最后他复兴祖国的计划惨遭失败。小说描写了处于异族奴役下的人们的冷漠、颓唐以及为维护民族独立所做的无望努力。小说生动感人，但有悲观主义色彩。1948 年出版的长篇小说《原子站》，揭露统治集团出卖国家的独立，以反对美国在冰岛建立空军基地。

他的长篇小说还有《歌颂英雄的萨迦》（1952）、《布雷克科特村编年史》（1957）、《得乐园》（1960）等。他的小说大多体现对社会的批判精神，为被压迫及被剥削者发声。他也评论时政，自称是“左翼社会主义者”。但在他 20 世纪 50 年代以后所写的小说中，这种批判的倾向有所减弱。此外，他采用超现实主义手法写了一些抒情诗。他还有一些剧本，如《银月》（1954）、《鸽子宴》（1966）等。

拉克斯内斯是现代冰岛文学最重要的作家，在国际上也享有盛誉：1953 年 6 月获得世界和平理事会颁发的国际和平奖，并当选为世界和平理事会理事；1953 年获得斯大林文学奖；1955 年获得诺贝尔文学奖。他访问过中国，并曾为中国作家叶君健在冰岛出版的长篇小说《山村》写过热情洋溢的序言。他十分推崇中国古代思想家老子，经常引用老子的格言。

第三章

政治与防务

第一节　宪法

冰岛共和国宪法于 1944 年 6 月 17 日正式颁布，先后于 1959 年、1968 年、1984 年、1991 年、1995 年、1999 年、2013 年 7 次进行修订。现行宪法共有 7 章 80 条。

宪法规定冰岛为议会制共和国（宪法第 1 条）；立法权同时属于共和国议会和总统，行政权由总统和政府依法行使，司法权由法官行使（宪法第 2 条）。议会原来分为上、下两院，重要问题由两院联席会议（称联合院）做出决议。从 1991 年 10 月起两院合并为一院。议员由选民以无记名投票的方式选举产生。总统由人民普选产生，任期 4 年，可以连选连任。内阁成员由总统根据议会内部各政党力量的对比加以任命。总统有权召集和解散议会，向议会提出法案和议案。议会可以对失职的政府成员提起控诉，由弹劾法院进行审讯。公民的人身、住宅和财产不可侵犯，非依照法律规定不得对其加以搜查、限制。个人的工作自由不受限制，但因公益事业需要而另有法律规定者除外。凡无力维持本人及眷属生活，且无他人供给者，他们的生活所需均由国家负担。事先经许可，公民可以为合法目的而结社。公民可以通过印刷品以及互联网发表自己的意见，但必须对自己的言论负法律责任。城镇和乡村社区均有权在政府监督下实行自治。国家不承认任何人享有特权。修改或补充宪法的提案，须在议会常会或特别会议上提出。提案如经议会通过，议会应立即解散并举行大选。如果该修正案又经新议会不加修改即通过，则由共和国总统批准生效，称为宪法条款（宪法第79条）。2010~2013年，在冰岛金融危机引发的“厨具革命”的影响下，政府开始进行大规模的宪法改革。宪法改革草案于2012年经全民公决通过后，于2013年正式实施。

第二节 立法

议会是冰岛共和国的立法机关。冰岛议会最早成立于公元930年，是世界上历史最悠久的议会。从1262年起，冰岛先后被挪威、丹麦所统治，但议会仍然存在，只是其作用受到很大限制和削弱。1845年，冰岛议会作为丹麦国王的咨询立法机构，其影响力得以恢复，1874年后冰岛议会又取得了一部分立法权和财政权。1904年，丹麦承认冰岛实行内部自治。1918年，冰岛与丹麦签订了联盟法，规定冰岛为主权国家，由此，冰岛议会获得了相当大的权力，冰岛内阁开始向本国议会负责。

1944年6月冰岛完全独立后的新宪法规定，议会由52名议员组成，分为上、下两院，其中上院有议员17名，下院有议员35名。议员任期4年。在52名议员中，有41名由普选产生，另外11名按各政党比例分配。只有获得7%以上选票的政党才能进入议会。从1959年开始，议员增加为60名，1987年开始又增加到63名。

在1991年10月之前，每次议会选举后召开的第一次全体议员大会均选出1/3的议员组成议会上院，其余的人组成下院。两院举行联合会议时称为联合院。上院、下院和联合院均选出各自的议长，以主持各自的议事活动。财政预算由两院联席会议批准。联合院议长为国家重要领导人之一，在总统因故缺位时与内阁总理、最高法院院长集体代行总统职权，并且担任会议主席。从1991年10月开始，冰岛取消了议会分为两院的做法，上下两院合并为一院，议员仍为63名，任期仍为4年。总统和最高法院法官不得兼任议会议员。

正常的议会会期为每年的10月1日至次年的9月30日；如果10月1日是节假日，而总统又没有下令提前召开，那么会议就从随后一个工作日开始举行。开会、闭会、休会均由总统来宣布。总统和政府以及议会各常设委员会拥有立法提案权，议员也可以提出一般议案。财政法案、对政府的弹劾案等，必须由议会以三读程序通过。议会任命若干委员会，作为立法工作机构，并任命3名审计官，监督并核查政府的财政收支，以方便议会审议财政法案。议会非有过半数议员出席会议并参加投票，不得通过决议。会议一般公开举行。政府成员有权出席议会会议并发言，但只有兼任议员者才有权进行表决。议员享有豁免权，在议会开会期间，除了现行犯以外，非经议会同意，不得予以拘留或起诉。议员在会议以外对本人在议会内的言论不负有责任。

新的立法提案和重要政治措施，均须经内阁会议讨论。法案和法令须经议会以三读程序通过后，再经总统签署并经一名部长副署，才能生效。议会各委员会有权就有关公共利益的重大事项进行调查，并有权要求政府官员或民众提供口头或书面报告。议会有权因职务行为对内阁部长提出弹劾，弹劾案由弹劾法院审理。

新一届议会在第一次开会时，首先选出一名议长和若干名副议长。议长和副议长共同组成议会主席团，决定议会开会讨论的议题。同时，议长也和各政党小组主席进行充分协商合作，决定会议的议程。议长负责主持会议，当他像普通议员一样发表自己的意见时，就把会议主持权临时交给一位副议长。2003年大选后组成的议会选出1位议长、6位副议长。

议会选举制度自1944年以来几经改变。1959年开始全国被划分为8个选区。各个选区由于人口数量和密度不等而分得的议席数量不等。首都雷克雅未克分配到14个议席，西南部选区分配到8个议席，其余6个选区各有6个或6个以上议席不等。1999年6月议会通过宪法修正案，决定重新划分选区，在2003年5月大选时把选区的数目减少为6个，分别是西北选区、东北选区、南部选区、西南选区、雷克雅未克南部选区和北部选区。议会有63个议席，其中54个议席按比例代表制分别由全国6个选区产生，每个选区选出9名议员，选举结果采用依据比例代表选举制计算议席数的顿特法进行计算。剩下的9个议席在各个选区以及各政党中分配（根据各选区选举前的选民登记人数），使议席的分配尽可能符合选举结果。只有获得5%以上选票的政党才能参与分配这9个议席。

表 3 -1 介绍了自 1845 年起冰岛宪法规定的议席数目变化情况。表 3 -2为 2013 年 4 月的议会选举结果。

表 3 -1　宪法规定的议席数目变化（1845 年起）

年份	议席数目(席)
1845	26
1859	27
1875	36
1905	40
1921	42
1934	49
1942	52
1959	60
1987	63

资料来源：冰岛国家统计局。

表 3 -2　2013 年 4 月议会选举结果

单位：人

类别	总数	男性议员	女性议员
当选议员	63	38	25
各选区			
雷克雅未克南区	11	7	4
雷克雅未克北区	11	7	4
西南选区	13	8	5
东北选区	10	5	5
西北选区	8	5	3
南部选区	10	6	4

资料来源：冰岛国家统计局。

凡年满 18 周岁、品行良好、具有经济责任能力的冰岛公民，都有选举权和被选举权。各政党提出自己的候选人名单，将本政党争得的议席分配给排在名单前列的候选人。选举一般在星期日举行。为了方便选民投票，每个选区都设有若干投票站。因故不能亲临投票站进行投票者，可在选举日前 4 周内，将选票密封邮寄给选举办公室。议员当选资格由议会进行审查，政府官员可以兼任议员。

在正式议员当选的同时，候补议员也被选出，以便在正式议员缺席时，予以递补。采取候补议员制可以确保议会运作及政策的连续性。当一名正式代表丧失工作能力或亡故时，候补议员可以立即补缺，不会出现议员空缺的情况。而且候补议员与正式议员都是同一个政党的成员，两人是在同一时期选举出来的，有同样的政治纲领，在政治观点上不会有太大的变化，从而保证了公共政策的连续性。

从 1991 年开始，冰岛议会设有 12 个常设委员会：总务委员会、经济贸易委员会、社会事务委员会、外交事务委员会、财政预算委员会、健康和社会安全委员会、工业委员会、农业委员会、教育委员会、交通通讯委员会、渔业委员会、环境委员会。这些委员会都和政府中的各个部相对应。此外还有资格审查委员会，负责审查新当选议员的资格。

在 2013 年 4 月议会大选时，全国有 18.8990 万人参加了投票，占选民总数的 81.5%。根据表 3－3，独立党获得 26.70% 的选票，社会民主联盟获得 12.85% 的选票，进步党为 24.43%，左翼绿色运动为 10.87%，海盗党为 5.10%，光明未来党为 8.25%。独立党获得 19 席，比上次大选增加 3 席；社会民主联盟获 9 席；进步党获 19 席；左翼绿色运动获 7 席；海盗党 3 席；光明未来党 6 席（参见表 3－4）。女性议员有 25 名，占议员总数的 40%。独立党和进步党再次组成联合政府。

表 3－3　2007～2013 年议会选举结果

单位：%

年份	2007	2009	2013
进步党	11.72	14.80	24.43
独立党	36.64	23.70	26.70
社会民主联盟	26.76	29.79	12.85
左翼绿色运动	14.35	21.68	10.87
自由党	7.26	2.22	融入他党

续表

年份	2007	2009	2013
公民运动	未成立	7.22	解散
光明未来党	未成立	未成立	8.25
海盗党	未成立	未成立	5.10

资料来源：冰岛国家统计局。

注：此表只列出了得票率曾超过5%的政党。

表3-4　2007~2013年议会席位分配情况

单位：席

年份	2007	2009	2013
席位总数	63	63	63
进步党	8	9	19
独立党	24	16	19
社会民主联盟	18	20	9
左翼绿色运动	9	14	7
自由党	4	0	融入他党
公民运动	未成立	4	解散
光明未来党	未成立	未成立	6
海盗党	未成立	未成立	3

资料来源：冰岛国家统计局。

第三节　行政

一　国家元首

总统是冰岛共和国的国家元首。根据宪法规定，总统由年满18周岁、符合法定条件的选民直接选举产生，年满35岁的男女选民均享有被选举权（宪法第4条）。候选人必须由符合法定数量的选民联合推荐提名，宪法规定参加联合推荐提名的选民数量不少于1500人且不多于

3000人。如果总统候选人多于1人，则得票最多者当选；若仅有1名候选人，则不必投票即告该人当选（宪法第5条）。新总统于当选年的8月1日就职，任期4年，4年后的7月31日任期届满。总统可以连选连任，并且没有届数限制。总统选举于该年度的6月或7月进行（宪法第6条）。如果总统在其任职届满前死亡或辞职，应随即选举新总统（宪法第7条）。在总统缺位，或因出国、疾病或其他事由而暂时不能履行其职责时，由总理、议会议长和最高法院院长共同代行总统职权，会议由议会议长主持，在发生意见分歧时，以多数人意见为准（宪法第8条）。总统不得兼任议员，不得因与任何公共机构或民营企业之间的关系收受报酬（宪法第9条）。总统在任职期间享有刑事豁免权，非经议会同意，总统不受刑事起诉。只有在议会3/4议员通过决议而举行全民公决并获得多数赞成的情况下，总统的职务才能被罢免；如果该决议没有获得全民投票复决通过，那么就应立即解散议会，重新举行大选以产生新的议会（宪法第11条）。

总统授权内阁部长行使职责（宪法第13条），部长对所有行政行为负责（宪法第14条）。总统有权召集议会举行例会或临时会议，决定休会日期及其时限（最多休会2周，而且每年只能下令休会1次，除非议会授权总统不受此规定限制），还有权决定是否解散议会，进行重新选举。重新选举必须在45天之内进行，截至选举日之前，议员们仍可照常行使其职责。新议会必须在解散后的10周内开始召开会议。总统有权向议会提出法案或议案。经议会通过的法案必须经过总统批准才能成为法律。若总统不批准，该法案不应被废除，而应交付公民投票复决以决定此法案是否有效。

如果国家遇到紧急情况，且同时议会又处于休会期，总统就有权发布紧急命令或临时法规。但此命令或法规不得与宪法相冲突，而且必须在议会复会后立刻提请追认。如果议会不同意，则该命令或法规立刻失效。总统通过内阁行使行政权。内阁成员由总统根据议会内各政党的力量对比加以任命。总统签署的法案和政府法令，必须有相关阁员副署，否则不能发生效力。总统可以代表国家与外国缔约，但如果涉及领土、领海的变动，或涉及变更国家体制的问题，必须事先经过议会同意。总统在任职期间享有刑事赦免权，非经议会同意，不受刑事追诉。在没有征得议会同意之前，总统无权赦免对阁员的追诉，不得赦免弹劾法院对阁员判处的刑罚。

冰岛不设立副总统职务。宪法第 16 条规定，总统与内阁成员（包括总理）共同组成国务委员会，由总统主持国务委员会工作。法律和政府的重要举措须提交总统批准。

二　中央政府

行政权属于总统和内阁，总统通过内阁行使行政权力，内阁对于行政行为负有法律责任。冰岛内阁的形成与大多数议会制国家一样，每次大选过后，总统通常根据议会内各政党力量的对比来组织内阁。内阁由总理和各部部长组成。总统签署的法案和法令，必须经相关阁员副署才能生效。

自 1944 年冰岛共和国成立以来，除了 1949 ~ 1950 年冰岛组成过极为短暂的一党少数政府以外，其余历届内阁均由占据议会多数席位的若干政党联合组成。内阁对议会负责，并有权向议会提出立法议案。阁员有权出席议会会议并发言，但只有同时任议员的阁员在议会才拥有表决权。

中央政府各部处理具体的行政事务。1973 年第 73 号法令《中央政府法》规定了中央政府的构成和编制。中央政府目前由 12 个部级单位组成，分别是总理办公室，外交部，农业部，司法和宗教事务部，社会事务部，环境部，财政部，工商部，教育、科学和文化部，卫生和社会保障部，渔业部，交通通信部。

冰岛于 1941 年即共和国成立 3 年之前就组建了外交部，但是冰岛一直没有国防部，1987 年才决定在外交部编制之内设立防务司。教育、科学与文化部是既主管教育又主管科技的部门。环境部成立于 1990 年，是最年轻的一个部。

1999 年 5 月 28 日诞生的政府由独立党和进步党联合组成，共有阁员 12 名，两党各占 6 名：总理达维兹·奥德松（David Oddsson），外交部长哈尔多尔·奥斯格里姆松（Halldor Asgrimsson），财政部长吉尔·哈尔德（Geir H. Haarde），工商部长瓦尔杰尔迪·斯韦里斯多蒂尔（Valgerdur Sverrisdottir，1999 年 12 月 31 日出任），教育、科学和文化部长比约恩·比亚尔纳松（Bjorn Bjarnason），卫生和社会保障部长英依比约格·保尔马多蒂尔（Ingibjorg Palmadottir），渔业部长奥德尼·马西埃森（Arni Mathiesen），社会事务部长保德尔·彼德松（Pall Petursson），司法和宗教事务部长索韦格·彼得斯多蒂尔（Solveig Petursdottir），农业部长古德尼·奥古斯特松（Gudni Agustsson），交通通信部长斯图德拉·博兹瓦尔松（Sturla Bodvarsson），环境部长西芙·弗里德莱夫斯多蒂尔（Siv Fridleifsdottir）。

在 2003 年 5 月 10 日举行的议会选举中，达维兹·奥德松领导的独立党与哈尔多尔·奥斯格里姆松领导的进步党获胜，两党随后再次组成联合政府，在内阁 12 名成员中，两党各占 6 名，仍由奥德松出任总理。2004 年夏奥德松曾因患癌症住院，经两党协商，决定由哈尔多尔·奥斯格里姆松接任总理，奥德松则改任外长。达维兹·奥德松担任总理职务长达 13 年零 4 个月，是欧洲任期最长的政府首脑之一。奥斯格里姆松于 2004 年 9 月 15 日正式接任冰岛总理。他时年 57 岁，曾担任外长达 9 年时间。他基本上延续前政府的内外政策，并进一步提出大规模减税、推进国有企业私有化等举措，并任命宪法审议委员会重新界定总统、议会、政府和法院的法律角色。

2006 年 6 月，总理奥斯格里姆松宣布辞职，原财政部长吉尔·哈尔德出任总理，并组成新内阁。内阁成员包括外交部长瓦尔杰尔迪·斯韦里斯多蒂尔，财政部长奥德尼·马西埃森，卫生和社会保障部长西芙·弗里德莱夫斯多蒂尔，司法和宗教事务部长比约恩·比亚尔纳松，工商部长约恩·西居尔兹松（Jón Siguresson），教育、科学和文化部长托尔杰尔迪·卡特琳·贡纳尔斯多蒂尔（Torgereur Katrín Gunnarsdóttir），社会事务部长马格努斯·斯特凡松（Magnús Stefánsson），渔业部长埃纳·古兹芬松（Einar K. Guefinnsson），农业部长古德尼·奥古斯特松（Gueni ágústsson），环境部长约尼纳·比亚特马尔（Jónína Bjartmarz）和交通通信部长斯图德拉·博兹瓦尔松（Sturla Böevarsson）。

2007年5月12日，冰岛举行议会选举。在共63个席位中独立党赢得24席，社会民主联盟获得18席，左翼绿色运动获得9席，进步党获得8席，自由党获得4席。

2009年4月25日，冰岛在金融危机导致独立党和进步党联合政府倒台后提前2年举行了全国大选。原第一大党独立党退居第二，自由党失去议员席位，获得议会多数席位的社会民主联盟和左翼绿色运动宣布组成联合政府。新政府基本延续了2月初组阁的临时政府的框架，但对部分部门和部长做了调整。内阁成员共12人，社会民主联盟、左翼绿色运动成员各5人，其中女性5名，新成员4名，原2名无党籍非议员部长留任。内阁成员包括总理约翰娜·西古尔达多蒂尔（Jóhanna Sigurdardóttir），外交部长奥苏尔·斯加普希丁松（Össur Skarphédinsson），交通和通信部长克里斯蒂扬·默勒尔（Kristján Möller），工业能源旅游部长卡特琳·尤丽斯多蒂尔（Katrin Juliusdottir），社会事务部长奥尔尼·奥尔那松（Arni P. Arnason），财政部长斯坦格里姆·西格弗松（Steingrímur J. Sigfússon），教育、科学和文化部长卡特琳·约克贝斯多蒂尔（Katrín Jakobsdóttir），卫生和社会保障部长奥格姆达尔·约纳松（Ögmundur Jónasson），渔业和农业部长约恩·贝尔那松（Jon Bjarnason），环境部长斯瓦蒂斯·斯瓦瓦尔斯多蒂尔（Svandis Svavarsdottir），商务部长吉尔菲·马格努斯（Gylfi Magnússon），司法和宗教事务部长罗格娜·奥尔娜多蒂尔（Ragna Árnadóttir）。

2013年4月，冰岛进步党与独立党组成的中右联盟在冰岛议会选举中获胜，两党均获得议会中的19个席位。经过持续近一个月的组阁谈判，两党同意由进步党主席西格蒙杜尔·贡劳格松出任总理，独立党主席小布亚尼·本尼迪克特松出任经济与财政部长。其他内阁成员名单如下：卫生和社会保障部长朱力尤松（Kristjan Thor Juliusson），教育、科学和文化部长贡纳尔松（Illugi Gunnarsson），工业和贸易部长阿纳多蒂尔（Ragnheidur Elin Arnadottir），社会事务部长哈尔达多蒂尔（Eyglo Hardardottir），渔业和农业部长兼环境部长约翰松（Sigurdur Ingi

Johannsson），外交部长斯韦英松（Gunnar Bragi Sveinsson），内政部长克里斯扬多蒂尔（Hanna Birna Kristjansdottir）。本届政府所有成员均为首次入阁，这是冰岛独立以来的第一次。

三 地方政府

历史上，冰岛的地方政府由本地农民担任行政长官。他们负责社会安全、征税、婚姻、儿童抚养、不动产记录、死亡登记、财产继承以及民风民俗管理等。在 19 世纪，他们和当地牧师共同享有管理地方事务的权力，并承担相应的责任。行政长官过去由选举产生，在丹麦统治时期由上级长官任命，有时先由农民们提名再任命。1872 年冰岛开始实行新的地方政府法，采取民主选举地方委员会的方法。

1998 年颁布的《地方政府法》第 1 条第 1 款规定，冰岛划分为市镇，由市镇政府负责处理本地事务。第 2 款规定，市镇是法律实体。中央政府的社会事务部负责与市镇政府进行联系，协助管理市镇的有关事务。地方政府的选举每 4 年进行一次。年满 18 周岁的冰岛公民都有选举权。北欧其他 4 个国家年满 18 周岁的公民，凡在冰岛连续居住 3 年以上，也都享有选举权。

市镇的协商机构是地方议会，议会成员的数目必须是奇数，具体如下：

人口在 200 人以下	3 或 5 名
人口为 200～999 人	5 或 7 名
人口为 1000～9999 人	7～11 名
人口为 10000～49999 人	11～15 名
人口为 5 万人及以上	15～27 名

地方议员的选举有两种方式：第一种是事先提出候选人名单，实行比例制选举；第二种是没有候选人名单，每个选民都是候选人。《地方政府选举法》规定，一般采取事先提出候选人名单的方法进行选举，但是如果在选举前 3 周还没有提出候选人名单，便采取第二种方法选举。国家或地方政府都不对地方议会的竞选提供资金。当选为地方议会议员的人同样可以参加国家议会的选举并担任其议员，反过来也是如此。

在地方议会被选出之后，议员们可以推选出一个执委会，任期通常为1年。如果议会的成员是3或5位，则不用再推选执委会，他们自己就是执委会成员；如果议员是7或9位，则执委会的人数可以是3或5人；如果议员的数目是11人或11人以上，则执委会的人数可以是5或7人。执委会的职责主要是监督地方政府的工作，尤其是财务收支情况，他们和行政官员一起对市镇的管理负责。

市镇议会通常任命一位市长或镇长（他常常也是议员）负责市镇政府的日常行政工作，其任期通常和议会任期一样长，但是也可以没有期限。议会和他签订聘任合同。如果某一方提前结束任期，需要提前3个月告知对方。如果市长（或镇长）同时是议员，则他和其他议员一样在地方议会及其执委会中有表决权；不是议员的市长则只有发言权和建议权，而没有表决权。

市镇的公民可以就本地某些重要事项举行全民投票，包括是否和相邻的市镇进行合并，如果投票结果没有过半，则不能实行合并。在农村地区还经常召开传统的民众大会，大会做出的决议虽然没有法律效力，但是地方议会及政府往往会根据多数人的意愿做出决定。市镇政府之间可以根据实际需要开展多种形式的合作，包括联合兴建一些公共设施（学校、医院、消防机构等）。冰岛地方政府的全国性组织是冰岛地方政府联合会。

第四节　司法

冰岛宪法规定实行司法独立。法官不具备行政功能，所以不可以解除其职务，除非重新组织法院系统。法官年满65岁即可退休离职，最晚不得超过70岁。冰岛法院分为普通法庭和特殊法庭，除特殊案件之外，一般案件均由普通法庭审理。冰岛同时实行最高法院和地方法院两级审判制。最高法院是冰岛的最高司法权威，它拥有在全国范围内的司法审查权。它的法官是终身制的，不能被解职，除非由法院做出判决。

在2001年之前，最高法院有6名大法官，他们由司法部长提名、总统任命，可以无限期任职，直至退休。最高法院院长由这6位法官轮流担任，任期两年。法官们同时选出一位候任院长，以便在院长不在时履行职务。最高法院设有民事法庭、刑事法庭、海事和商事法庭、土地和财产法庭，此外还有两个特别法庭：劳工法庭和弹劾法庭。从2001年开始，最高法院大法官增加为9名。院长可以指定3或5名大法官审理一个案件，特别重要的案件也可以由7名法官审理。

过去，地方法院作为初审法院有5种，即城镇法庭（又称“特别法庭”）、执行官法庭（用以执行民事判决、扣押、发布禁令等）、遗嘱检验法庭、拍卖法庭和刑事法庭。除首都之外，同一位法官可以在所有这5种法庭开庭审案。除此之外，冰岛还有14个海事和商事法庭。冰岛没有陪审团制度。实际上，对于下级法院的所有判决都可以向冰岛最高法院上诉。1991年，冰岛法院系统进行了一次改革。冰岛一共有8个大区，每个大区设一个地方法院，全国普通法院因此包括8个地方法院和1个最高法院。这些法院都拥有对民事和刑事案件的司法审查权。最高法院取消了原有的海事和商事法庭。从1992年7月起，5种不同类型的初审法院也被撤销。8个地方法院一共有38名法官，法官均由司法部任命，并可以无限期任职，直至退休。司法部任命一个由3人组成的评选委员会，对申请担任地方法院法官的人进行资格评审。同时，司法部还指定成立一个由5人组成、任期5年的司法委员会。该委员会负责确定地方法院的财政拨款并监督资金的使用，确定每个地方法院法官的人数及法官的调配，代表地方法院和行政当局进行交涉，对地方法院的案例进行汇总和通报并每年出版一部年度报告等。

司法部可以对每个地方法院任命一名首席法官，他同时是该地方法院的院长，负责一切有关事务，任期为5年。如果一个地方法院有3名或更多的法官，他们也可以自己推选一位担任首席法官；如果一个地方法院只有两名法官，则可以由司法委员会指定一人担任首席法官。

刑事调查权和起诉权是国家行政权的一部分。刑事调查权由国家负责刑事调查的警察部门和地方行政官共同享有，其权力划分要根据犯罪的地点及其严重程度而定。最高刑事调查权和起诉权被赋予公众起诉部门的负责人。警察部门领导人和地方行政官，也被赋予一些较小的起诉权，但其起诉权的行使受公众起诉部门负责人的监督。

与欧洲大多数国家相比，冰岛的司法系统比较简单，这主要表现在两个方面：一是冰岛法院只有两级，而欧洲其他国家的法院一般至少有三级；二是冰岛的特别法院比较少，而欧洲其他国家则要多一些。这与冰岛的人口很少直接有关。

第五节　政党与团体

一　主要政党

政党是选民与议会之间的纽带和桥梁。冰岛宪法规定，公民有结社的自由。冰岛现在主要政党有独立党、社会民主联盟、进步党和左翼绿色运动等。

独立党　该党成立于1929年，由保守党（1924年成立）和自由党（1926年成立）合并而成，属于欧洲保守党阵营，主要代表企业主利益。党员大多是渔业主、工商企业主、熟练工人、店员、职员和青年学生。党的最高权力机构是代表大会，并设有中央委员会。该党几乎一直保持冰岛第一大党的地位，自1942年以来多次组阁，是执政时间最长的政党（多为联合执政）。首都雷克雅未克始终是该党的重镇，但它在全国各个地区都拥有强有力的支持，有相当广泛的基础。

该党于1944~1946年同社会民主党和共产党组成联合政府，1947~1949年同进步党和社会民主党组成联合政府，1949~1950年单独执政，1950~1978年分别同进步党或社会民主党多次组成两党联合政府。1979年，该党发生分裂，以党主席吉尔·哈尔格里姆松为首的多数派在野，以副主席托罗德森为首的少数派参政。1980年，该党少数派与进步党、人民联盟组成三党联合政府，托罗德森担任总理。1983年5月该党多数派同进步党组成联合政府，哈尔格里姆松担任外交部长。根据表3-5，该党在1987年大选中只获得27.2%的选票，与进步党、社会民主党组成联合政府；1991年大选中获得26席（参见表3－6），同年4月与社会民主党组成两党联合政府；该党在1999年大选中获得40.7%的选票；2003年大选的得票率为33.68%，勉强超过得票率为30.95%的社会民主联盟，保住了其第一大党的地位；2007年，独立党在议会的63席中获得24个席位，继续保持第一大党的地位；但2007年的选举结果在金融危机席卷冰岛而导致议会于2009年提前选举时未能得到维持，2009年大选中该党落后于社会民主联盟而成为反对党；2013年大选中独立党与进步党都获得19个席位而顺利组阁。

表3－5 1963～2003年历届议会选举结果

单位：%

年份	1963	1967	1978	1979	1983	1987	1991	1995	1999	2003
社会民主党	14.2	15.7	22.0	17.4	11.9	15.2	15.5	11.4		
进步党	28.2	28.1	16.9	24.9	19.8	18.9	18.9	23.3	18.4	17.73
独立党	41.4	37.5	32.7	35.4	38.9	27.2	38.6	37.1	40.7	33.68
人民联盟	16.0	17.6	22.9	19.7	17.8	13.3	14.4	14.3		
社会民主联盟									26.8	30.95
妇女联盟					5.8	10.3	8.3	4.9		
公民党						10.9				
平等与社会公正协会						1.2				
人民运动								7.2		
自由党									4.2	7.4
左翼绿色运动									9.1	8.8
其他及非党个人	0.2	1.1	5.5	2.6	5.8	3.0	4.3	1.9	0.8	1.44

资料来源：冰岛国家统计局。

表3－6 1963～2003年历届议会席位分配情况

单位：席

年份	1963	1967	1978	1979	1983	1987	1991	1995	1999	2003
社会民主党	8	9	14	10	6	10	10	7		
进步党	19	18	12	17	14	13	13	15	12	12
独立党	24	23	20	21	23	18	26	25	26	22

续表

年份	1963	1967	1978	1979	1983	1987	1991	1995	1999	2003
人民联盟	9	10	14	11	10	8	9	9		
社会民主联盟					4				17	20
妇女联盟					3	6	5	3		
公民党						7				
平等与社会公正协会						1				
人民运动								4		
自由党									2	4
左翼绿色运动									6	5
其他党及非党个人				1						
席位总数	60	60	60	60	60	63	63	63	63	63

资料来源：冰岛国家统计局。

它的政策主张分为对内、对外两部分。对内政策主要为：对内保障私人实业的自由发展和竞争；主张吸收西方各国的资本；调整农业政策，开发冰岛的农产品市场；重视环保；提倡国有企业私有化。对外则有以下主张：参加欧洲经济区，加强同欧洲国家的合作关系；在防务上依靠美国和北大西洋公约组织，保持现有安全防务政策；主张在冰岛获准保留对其渔业和其他自然资源的控制权之前，不拟加入欧盟。

在 2005 年 10 月举行的全国代表大会上，吉尔·希尔马·哈尔德当选为独立党主席，索尔吉尔杜尔·卡特琳·贡纳尔斯多蒂尔当选为副主席。大会通过数项决议，主要内容包括：第一，主张将国家电力公司私有化；第二，支持修改宪法，废除宪法第 26 条，取消总统对议会所通过法案的否决权；第三，支持政府继续实施大规模减税计划；第四，主张将冰岛境内所有高等院校统归教育、科技和文化部管辖；第五，不支持国内机场和国际机场合并；第六，主张减少政府对单亲家庭和非婚家庭的补贴；第七，主张逐步减少高收入者的退休金，相应增加低收入者的退休金；第八，主张在公共场所对关乎大众健康的行为进行一定的约束，如禁止在公共场所吸烟；第九，支持政府竞选 2009～2010 年度联合国安理会非常任理事国席位，但主张对竞选费用进行控制。

2009 年的独立党全国代表大会选举小布亚尼·本尼迪克特松（1970 年生，与 1963 年的独立党冰岛总理布亚尼·本尼迪克特松同名同姓，但两人无亲属关系）接替哈尔德成为独立党主席。在 2013 年大选后，他担任了经济与财政部长。

进步党 该党成立于 1916 年，1944 年冰岛独立以后，它多次同独立党、社会民主党、人民联盟等联合执政。1983 年 5 月该党同独立党组成联合政府，在 10 名部长中占 4 名，党主席斯坦格里米尔·赫尔曼松担任总理。根据表 3－6，1991 年大选中该党获 13 席（获得 18.9% 的选票），为议会第二大党。在 1999 年的大选中，该党获得 18.4% 的选票，但被社会民主联盟赶超，降为议会中第三大党（参见表 3－5）。在 2003 年 5 月的大选中，该党获得不到 18% 的选票，仍旧名列第三。对于是否加入欧盟的问题，该党持“等一等看”的立场，但是主张尽早开展有关入盟利弊的讨论。2007 年大选之后，左翼绿色运动异军突起成为议会第三大党，进步党只获得 11.72% 的支持，得到 8 个议席，因此屈居第四。2009 年 1 月，该党一改之前的立场转而反对冰岛加入欧盟。在该年大选中，进步党选举结果稍有改善，得到 9 个席位。2013 年，该党在大选中获得 24.43% 的选票，取得 19 个席位，成为议会第二大党，与独立党成功组阁。

在冰岛政治生活中，该党属于中间派，主要代表农民利益，是农民党。它对内主张进行社会经济改革，实行混合经济制度，即以合作社为主，合作社、私营和国营三种所有制并存；经济上提倡私有化，提高社会福利，有条件地吸收外资。对外该党则主张维护同北欧和北约国家的关系，赞成冰岛参加北约组织。

该党党员主要是农民、工人、职员、合作社系统中的中小企业主等。过去它的机关报是《时报》，从 1997 年起该报成为独立报刊。

社会民主党 其前身是成立于 1916 年的各工会组织联盟，1940 年正式建党。1944 年冰岛独立以后，它多次同独立党、进步党、人民联盟等联合执政。根据表3－6，该党在1979年进行的议会选举中获得10个议席，在1983年4月进行的议会选举中获得6个议席，均列第四位。20世纪80年代它没有参加组阁执政。1991年大选中该党获得10个议席，同年4月与独立党组成联合政府，社会民主党主席约恩·巴·汉尼巴尔松任外交部长。

该党对内强调发展渔业和工业，缓和通货膨胀，改善工人生活条件，增加就业。20世纪80年代以前该党曾主张实行国有化，但在80年代以后，这一主张发生了变化。该党对外主张依靠北约组织，保留美国在冰岛的军事基地。在1982年11月5日召开的全国代表大会上，该党重申"要以民主为基础，为自由、平等、博爱而斗争"，"反对独裁、压迫、财阀统治和共产主义"。

该党党员以工人为主。它的机关报原来是《人民报》，1997年因经营压力该报被迫与其他报刊合并。1999年，社会民主党加入社会民主联盟，不再以独立政党的形式存在。

人民联盟 该联盟于1968年正式成立，但历史可以上溯到1922年由冰岛社会民主党左派建立的马克思主义小组。该小组于1930年建立冰岛共产党。1938年冰岛工会联合会主席瓦尔迪马尔松带领社会民主党左派同共产党合并，组成统一社会党。1956年大选时，统一社会党和社会民主党左翼结成名为"人民联盟"的选举联盟，随后与进步党组成联合政府。该党于1968年11月召开第一次全国代表大会，正式宣布建立作为政党的人民联盟，同时统一社会党不复存在；1983年召开全国代表大会，通过了新的章程。1971年、1978年、1980年、1988年，人民联盟4次参加联合政府。在1993年11月第11次代表大会上，主席格里姆松宣布人民联盟是一个"社会民主主义政党"。

人民联盟在工会中影响较大，宣称自己是冰岛唯一的工人阶级政党。其对内主张如下：通过以议会制为基础的和平途径，建立"平等的社会主义社会和人民政权"；强调发展独立的民族经济，保障就业；反对引进外资；赞成实行国有化和加强工会在企业管理中的作用。其对外主张如下：主张冰岛退出北大西洋公约组织，反对外国在冰岛建立军事基地，要求美军撤离冰岛，后来又提出“最低要求是维持现状”的政策主张；还主张实行普遍裁军和建立冰岛无核区；反对冰岛加入欧盟，认为加入欧盟不会使冰岛获得政治利益和经济利益。

党的组织分为中央和基层两级。最高权力机关是全国代表大会，大会每3年召开一次。中央委员会有42名委员，执行委员会由10人组成。与其接近的群众团体有冰岛总工会和反基地者组织。其机关报原为《人民意志报》，1992年该报因经费问题而被迫停刊。1999年，人民联盟和社会民主党、妇女竞选联盟一起加入社会民主联盟。

妇女竞选联盟　该党成立于1983年，系纯粹由妇女组成的政党，这是史无前例的。受西方各国女权主义运动日益发展的影响，1980年夏，冰岛无党派妇女维格迪丝·芬博阿多蒂尔竞选总统获得胜利，成为世界上第一个由选民直接选举产生的女总统。这一胜利给冰岛的女权主义者以极大的鼓舞。1983年年初她们组成政党，并参加同年4月举行的议会选举，获得了3个议席；在1987年的议会选举中获得6个议席；1991年的大选中获得5个议席；在1995年的议会选举中，该党获得的议席又降为3个（参见表3－6）。不过妇女联盟成立后从来没有参加过政府。该组织不设常任领导人，党的领导人由当选的议员轮流担任，每人任期1年。该党反对加入欧盟。1999年，该党并入社会民主联盟。

自由和左翼联盟　该党成立于1969年，由退出人民联盟的哈尼伯尔·瓦尔迪马尔松等人组建，后来从进步党、社会民主党和独立党分裂出来的人士也陆续加入。1971～1974年该党同进步党和人民联盟组成联合政府，1978年以后没有再进入议会和政府，从1979年起不再参加议会大选。其宗旨是把斯堪的纳维亚各国所奉行的社会民主主义原则运用于冰岛，对内主张提高工人生活水平，对外要求冰岛退出北大西洋公约组织和美军撤离冰岛。

社会民主联盟　该党为中左政党。1999年，社会民主党、妇女竞选联盟、人民联盟和民族觉醒党四个左翼党派联合在一起，以应对右翼的独立党长期执政的局面。2000年，社会民主联盟正式成立。社会民主联盟主张进行福利改革，同时支持冰岛加入欧盟和欧元区。

根据表 3 – 5，在 1999 年的议会选举中，社会民主联盟得票率近 27%，超过进步党，一跃成为议会中第二大党。在大选中，该党主张在下一次大选之前不考虑冰岛加入欧盟，这是组成社会民主联盟的几个政党达成妥协的结果。在 2001 年该党发表的一份报告中，该党对于是否加入欧盟仍没有明确表态。但是在 2002 年该党内部举行的一次全党投票表决中，大多数党员赞成申请加入欧盟。因此，在 2003 年 5 月的大选中，该党首次明确赞成申请加入欧盟，同时该党也是此次大选中唯一持这种主张的政党。该党在此次大选中获得 30.95% 的选票，巩固了其议会中第二大党的地位，并且拉近了与第一大党独立党的距离。在 2005 年 5 月举行的年会上，曾任雷克雅未克市长的英吉比约格·索荣·吉斯拉多蒂尔女士当选为新主席，奥古斯特·奥拉维尔·奥古斯特松当选为副主席。当时，社会民主联盟有登记成员约 2 万名，其中 1.2 万名参加了此次投票选举。在 2007 年的大选中，社会民主联盟损失 2 个议席，但仍然维持了第二大党的地位。金融危机席卷冰岛之后，社会民主联盟在 2009 年提前大选时获得了 20 个席位。由于独立党的选票流失，社会民主联盟一跃成为议会第一大党，并与左翼绿色运动组建联合政府，时任党主席约翰娜·西古尔达多蒂尔担任了新政府总理。

2013 年，社会民主联盟在竞选中惨败，仅获得 9 个议会席位，从而失去第二大党地位。独立党和进步党组建联合政府，社会民主联盟在议会中成为最大反对党。

左翼运动 – 绿色竞选组织（又称“左翼绿色运动”）　该党简称“绿党”，1999 年 2 月 6 日为同年 5 月的大选而成立，由从人民联盟分裂出来的成员、妇女竞选联盟部分成员、社会民主党部分成员以及环境保护主义者组成。该党属于左翼政党。

该党的主张如下：主张冰岛退出北约并取消《冰美防务协定》，要求美军撤离冰岛，重新制定独立的外交政策，该党是冰岛当时唯一提出这种主张的政党；反对冰岛加入欧盟，对欧洲政治和经济一体化持怀疑的态度，甚至对冰岛加入欧洲经济区也持怀疑的态度，主张冰岛不要加入任何自由贸易区，而是与其他国家签署专门的贸易协定；重视环境保护，反对再建设大型水电站及高污染的大型工业项目；力争冰岛未来所需能源完全能由本土提供；重视保护低收入者的利益，主张每周工作40小时的收入应能满足正常生活需要。

根据表3－5及表3－6，该党在1999年的大选中获得约9%的选票，在2003年5月的大选中获得8.8%的选票，在议会中获得5个议席。该党在2009年4月的大选中表现出色，获得21.7%的选票，在议会中获得14个席位。5月10日，该党和社会民主联盟组成中左联合政府，在12名阁员中，两党各占5名，无党派人士2名。但在2013年4月的大选中，该党仅获得10.9%的选票，在议会中获得7个席位，未能参与组阁进入政府（参见表3－3和表3－4）。

自由党 该党于1998年11月26日成立。成立时的主席为议员、前部长斯韦里尔·赫尔曼松。

根据表3－5和表3－6，该党在1999年大选中在8个选区均有候选人，一共获得4.2%的选票，得到2个议席。在2003年5月的大选中获得7.4%的选票及4个议席，但其中一名议员于2005年5月脱离自由党而加入保守党。在2002年市镇议会选举中，该党在雷克雅未克市议会获得1个议席，在西峡湾区的重镇伊萨菲厄泽市议会也得到1个议席。

自由党的基本主张是坚持自由、民主和权利平等，反对特权、垄断和国家对经济生活的控制。该党主张改革渔业政策，实行公平竞争，使渔业资源造福于全体国民，废止现行渔业配额制度和渔业配额交易，以避免渔业资源的浪费。该党在2001年7月提出，只要能保持冰岛对其专属渔业区的控制权，冰岛就可以考虑加入欧盟。2003年该党对于是否申请加入欧盟则持“等等看”的主张，这和进步党的看法相同。该党赞成冰岛继续留在北约；主张减税及简化税制，认为应取消对个人所得及财产征税，代之以对消费征税；反对现行卫生保健政策；主张宗教自由、各教派平等，赞成通过各党谈判协商。

公民党 该党成立于1987年3月，系于大选前一个月才作为独立党的右翼从该党分裂出来而组成的政党，成立时的领导人是前部长、独立党议员阿尔贝特·格维兹门松。1989 年 9 月首次进入政府联合执政。主要领导人是尤里乌斯·瓦尔蒂玛松。

光明未来党 该党成立于 2012 年 2 月。原进步党成员斯泰因格里姆松在退党后成立该党，任该党主席。该党主张筑牢稳定的经济基础以维护良好和可持续的生活水准，追求经济多样性、民主、公平、福利和社会资源共享，支持冰岛加入欧盟。在 2013 年的大选中，光明未来党获得了议会中的 6 个席位（参见表 3－4）。

海盗党 该党于 2012 年成立，原人民运动成员比基特·约斯多蒂尔退党后建立该党。2013 年，党主席由奥拉夫松担任。在该年大选中，海盗党获得了 3 个议会席位（参见表 3－4）。该党主张信息革命，呼吁言论自由、互联网上政治透明及网络信息共享合法化。

二 主要社会团体

冰岛工会联合会 该组织成立于 1916 年。其主要任务是与企业主方进行联系和谈判，争取为会员提高工资及社会待遇，改善劳动条件，维护雇员利益。它同人民联盟关系密切，现有大约 6 万名会员，约占冰岛全部工会会员的 1/3。

应中华全国总工会的邀请，由主席奥斯门杜尔·斯特方松率领的冰岛劳工联合会代表团曾于 1986 年 5 月访问中国，时任全国人大常委会副委员长周谷城曾会见该代表团。

冰岛妇女联合会 该组织主要从事各种有利于妇女、儿童和残疾人的社会福利活动，主席为玛·彼得尔斯多蒂尔。

冰岛－中国文化协会（简称“冰中文化协会”） 该组织成立于 1953 年 10 月，是一个非政府组织，现有成员 200 多人。其宗旨是发展冰中两国之间的文化交流，向冰岛人民介绍中国文化、科技和人民生活等方面的情况。该组织开展多种活动并定期召开年会。其成员早在 1956 年就访问过中国，并受到毛泽东、周恩来等中国领导人的接见，以后曾经多次应邀组团访问中国，为推动冰中两国人民的友谊做出很大贡献。历任主席是居德勒伊松、奥德索尔·贺加松、拉格纳尔·巴尔杜尔松。现任主席埃米尔·博瓦松。

第六节　军事防务

冰岛远离大陆，四周有辽阔海洋的保护，外来敌人入侵的可能性很小。同时冰岛物资匮乏，人口很少，不可能组织军事出征。因此，冰岛自古以来就没有任何军队，并且拥有爱好和平、反对战争的优良传统。冰岛在1918年取得初步独立时，即宣布实行永久中立。但这种中立并不像瑞典等国的中立那样是建立在拥有本国军事力量基础上的武装中立，而是非武装中立。

冰岛的军事战略地位在第二次世界大战期间显现出来。在德国占领丹麦之后，为了保障大西洋海上通道的畅通和安全，英国军队于1940年进驻冰岛，美国军队于1941年从英国手中接管了冰岛的防务，表明对冰岛作为战略要冲的重视。由于盟军于1940年就已进驻冰岛，冰岛在1944年才正式独立，所以冰岛的防务从一开始就完全由盟国承担，并且由于国小人少，冰岛在完全独立之后也决定不建立自己的国防军。二战结束之后，冰岛作为西方的一员，其地理位置对于美国及其他西方大国具有重要战略意义——它与华盛顿和莫斯科的距离几乎相等，而且是通往大西洋的主要通道。

随着东西方冷战的出现，冰岛于1949年4月作为创始国加入北大西洋公约组织（以下简称“北约”），其防务和安全便由该组织负责。在北约各成员国当中，冰岛是唯一只有警察而没有自己军队的国家。1951年，冰岛同美国签订防务协定，由美国代表北约在冰岛建立空军基地，另外，美国计划在发生战争的情况下派出海军陆战队负责冰岛的防务。

20世纪70年代，苏联在邻近挪威和芬兰边境的科拉半岛上的军事力量急速增长，摩尔曼斯克成为当时世界上最大的海军基地，集中了苏联65%的战略核潜艇。一旦发生战争，驻扎在那里的北方舰队的任务是进入大西洋，切断美国到西欧的海上联系。冰岛在北约针对苏联的“格陵兰－冰岛－大不列颠防御链”中处于关键位置，是平时监视、战时阻止苏联北方舰队南下的“不沉的航空母舰”。

在北约的军事指挥体系中，冰岛被划入大西洋盟军最高司令部下辖的东大西洋司令部。北约在冰岛设有隶属于东大西洋司令部的冰岛防务司令部和美国空军基地。美国把凯夫拉维克空军基地作为其早期空中预警系统的基地之一，同时将其用于监视北大西洋地区。该基地经过多年的扩建和改建，已经成为世界上最现代化的机场之一，配备有最先进的全天候雷达导航通信设施和防雾起降设施，有3条主跑道（6个方向起降）和1条副跑道，跑道长度超过3200米，宽65米，可以起降当时世界上最大的客货机。

1985年年末，基地有驻军3130人（其中家属1156人）：海军1800人，为一个海上侦察中队，装备有9架P－3C型反潜巡逻机；空军1300人，为一个飞行中队，装备有18架F－15型战斗机，另外配备有预警飞机2架，以及加油机、搜索与救援飞机和直升机若干架；还驻有荷兰海军30人，装备1架P－3C型反潜巡逻机。

冰岛议会于1985年5月24日通过一项决议，宣布冰岛为“无核区”，禁止在冰岛的土地上部署核武器。但决议没有说明是否在和平时期和战时都不允许在冰岛部署核武器。决议还敦促有关方面研究在北欧建立无核区的可能。

在苏联解体之后的一段时期之内，北约仍然利用冰岛的军事设施对独联体国家进行军事防范和监视。北约在冰岛设有4座雷达站，分别建在冰岛的4个角上。在20世纪90年代初，冰岛和美国经过协商，都认为在冷战后不稳定的世界中，北约对于欧洲安全仍然具有重要意义，美国依旧需要在冰岛保留军事基地。但随着形势进一步缓和以及美国全球军事战略的调整，冰岛的军事战略地位下降，美国军队便逐步撤出冰岛。1994年，冰美达成减少驻军和军事设施议定书。1995年，美国在冰岛驻军人数为2120人，配有6架F－15型战斗机。

2001年《冰美防务条约》到期后，美国以“9·11”事件为由，一再推迟续签谈判。2003年6月，冰美双方就续签协定执行计划书重开谈判，但是没有结果。2003年，美国为重新调整海外驻军以及压缩开支，准备将最后的4架F－15型战斗机撤离冰岛。冰岛政府则希望美国继续在冰岛部署作战飞机，并提出愿意承担高达20亿克朗的机场维护运行费用以及直升机搜救部队的全部费用。2003年8月，驻扎在冰岛的美军一共有1658人（960名海军，650名空军，48名海军陆战队队员），另外还有16名荷兰海军人员。

2006年3月13日，美国政府正式通知冰岛政府将大幅减少在凯夫拉维克空军基地的存在，在9月底之前撤走最后4架F-15战斗机和直升机搜救小组，只留下雷达站和少量驻军。冰岛承担了全部4座雷达站的管理，经费由北约和美国负责，日常管理和值班由冰岛人负责。3月31日冰美就未来防务问题展开新一轮谈判，美国重申对冰岛的义务，表示愿继续与冰岛开展防务合作，确保冰岛的安全。冰岛向挪威、丹麦、法国、德国等北约盟国通报了这一情况，并与其商讨防务问题。北约已表示不排除通过成员国轮流驻军等方式承担冰岛部分防务义务的可能。2006年9月美军人员全部撤出冰岛。2007年，冰岛与挪威、丹麦签订防空与海岸警卫协定，与挪威和丹麦进行防务合作。

冰岛有一个海岸巡逻队作为准军事部队，现共有120人，装备有9艘巡逻快艇和2架巡逻机（荷兰制F-27型“岛民”式1架，法制SA-360型“海豚”式直升机1架），主要负责渔区保护和海上救护工作。冰岛全国划分为26个司法/警察区，各区地方法院院长同时兼任警察局局长。由于冰岛没有军队，警察除了承担社会治安、执法和交通管理等职责外，也担负一定的国家防务职责，但通常不携带武器，只配备警棍。冰岛全国一共约有700名警察。表3-7介绍了1992~2012年部分年份冰岛防务预算占GDP的比例。

表3-7 1992~2012年部分年份冰岛防务预算占国内生产总值（GDP）的比例

年份	国内生产总值(亿美元)	防务预算(万美元)	防务预算占GDP的百分比(%)
1992	66	—	—
1993	60.8	—	—
1994	62	4600	0.74
1995	71	4800	0.68

续表

年份	国内生产总值(亿美元)	防务预算(万美元)	防务预算占 GDP 的百分比(%)
1996	72.88	4600	0.63
2003	8278.63 亿冰岛克朗	2.5 亿冰岛克朗	—
2009	121	2250	0.19
2010	125	1990	0.16
2011	140	1950	0.14
2012	135	1740	0.13

注：2003 年的数字仅指用于海岸巡逻队的部分。

资料来源：冰岛国家统计局和瑞典斯德哥尔摩国际和平研究所。

2005 年 5 月 10 日在芬兰东部城市约恩苏举行的北欧五国国防部长会议发表公报，称芬兰、瑞典、挪威和爱沙尼亚四国已就联合组建一支隶属欧盟快速反应部队的战斗部队事宜达成一致。北欧五国的国防部长或代表出席了会议。四国联合组建的这支战斗部队于 2008 年就绪。欧盟快速反应部队由近 10 个战斗部队组成，每个战斗部队人数为 1500 人，可以在 15 天内完成部署。欧盟建立快速反应部队旨在进一步提高其解决突发危机的能力。在冰岛的北约军事基地存在 55 年之后，美军于 2006 年 9 月撤走，这标志着冰岛防务新时代的来临。

2007 年，冰岛与挪威、丹麦签订防空与海岸警卫协定。2007 年 1 月 18 日，时任冰岛外长斯韦里斯多蒂尔在冰岛大学发表演讲，就冰岛国家防务与安全战略进行了全面阐述，称随着世界安全形势的变化以及美军撤出冰岛，冰岛国家安全和防务面临新的挑战和机遇：第一，支撑冰岛防务的两大支柱北约和冰美防务协议仍然存在，冰岛将致力于发挥第三大支柱“民主和人权发展进程”的作用；第二，尽管美国撤出了其永久性军事存在，但未来在美冰新防务协议框架下，通过不定期军事交流、军事演习、情报信息共享等手段，美国将继续发挥重要作用；第三，寻求与挪威、丹麦等第三方的防务合作，其合作形式将不会是永久性驻军，或取代美国的位置，而是更务实有效的方式；第四，尽管冰岛不建立军队，但将完善防务安全所必需的军事设施，加强安全防务情报体系建设；第五，更加积极地参与联合国及北约维和、援助等国际性事务，力争发挥更大作用；第六，增加冰岛防务事务的公开性和透明度，成立冰岛安全防务中心，收集公众建议，建立公众与决策者的沟通机制。2008 年伊始，冰岛时任总理哈尔德在回顾 2007 年冰岛防务事务时称，冰岛防务经历了历史性的一年，美国撤军后一个新防务体系已基本建立。新体系包括：冰岛本国防务力量不断加强，海岸警卫队的直升机和舰只得到扩充；美国的撤军拓宽了冰岛与其他国家开展防务合作的空间，冰岛与挪威、法国等国的防务合作协议形成；美国撤军后仍承担对冰岛防务的义务；冰岛负担部分防务支出；充分利用美国遗留的防务设施。

2014 年 10 月，冰岛外长斯韦英松在首都雷克雅未克会见到访的北约欧洲盟军最高司令布里德拉夫时表示，北约必须加强在北极地区的能力，以适应这一地区面临的最新情况。北极地区的问题正在增加，不仅在安保方面，还包括环境保护和搜索与救援方面。北约成员国在这些方面进行合作尤其重要。

2015 年 2 月，冰岛海岸警卫队发表声明说，两架俄罗斯轰炸机 18 日两次掠过冰岛近海空域。同日，这两架俄罗斯轰炸机飞抵英国领空附近，英国皇家空军战机紧急起飞拦截。对此，冰岛海岸警卫队继续与北约其他国家合作执行日常领空监视。

第四章

经　　济

第一节　概述

一　经济发展简史

在 19 世纪末以前，北欧国家的经济普遍落后，工业化也晚于西欧国家。由于冰岛远离大陆，冰岛的经济发展在北欧各国中又是最晚的。在 20 世纪初之前，冰岛一直是个纯粹的农业国，并且土地贫瘠、资源缺乏、交通落后，是欧洲最贫穷的国家之一，多数人勉强能够达到温饱水平。农用工具简单原始，海上捕鱼船也大多是小木船。在工业领域，只有以家庭为单位的小手工业，几乎没有近代工业。马是唯一的交通运输工具。主要的出口商品是鱼类、用鳕鱼肝做的鱼肝油、羊毛、肉类和马匹等。自古以来，畜牧业就是冰岛的重要支柱产业。饲养绵羊和牛可以得到肉和奶。绵羊还出产羊毛，可以用来制造各种毛纺织品，除了满足国内需要之外，还可出口换取外汇。木材则需要进口。因为冰岛人建房子是搭建很大的木头框架，屋顶上面覆盖大量草皮，一些教堂甚至完全用木头建造，但是冰岛当时唯一自产的树木是矮小的桦树，而且从海上漂来的漂木数量也有限，所以冰岛需要进口许多木材。

1886 年冰岛创建了冰岛国民银行。1904 年丹麦承认冰岛的内部自治，并于 1918 年签署了冰丹联盟法。从那时起，冰岛逐渐获得对本国财政金融的控制权，并且开始了现代化进程。渔业较快发展起来，渔船、捕鱼工具逐步改进和现代化。现代化工业逐渐兴起，有一定规模的工厂取代了以家庭为单位的小手工业。全国到处开始兴建公路和桥梁，航空事业也不断发展。但渔业贸易完全掌握在丹麦人手中，工业品也主要是从丹麦进口。为了保护本国产业，冰岛于1936年颁布第36号法令，规定外国公司在冰岛投资时，合资企业的至少一半资本须由冰岛人持有。这样，商业贸易的主导权便几乎掌握在冰岛人手里。另外，保护关税的措施促进了当时国内制造业的发展。在20世纪最初的20年中，农产品及鲸产品占出口总额的30%～40%，渔产品占60%～70%。1915年，农产品出口仅占出口总额的10%左右。渔产品出口额在20世纪20年代上升到占出口总额的80%～90%。

在冰岛于1944年6月获得正式独立之后，经济发展更加迅速，但通货膨胀十分严重。雷克雅未克1948年的生活物价指数比1939年上升3倍多。自1947年下半年起，冰岛对进口的商品、工业品以及粮食实行了配额制。1952年日用品物价指数（以1939年为100计算）高达524，食品物价指数更高达622。

由于捕捞数量的不稳定、国际市场上渔产品的激烈竞争和价格的波动，冰岛经济受渔业的影响很大。在20世纪30年代以前，冰岛出口的主要渔产品是盐腌鳕鱼，主要出口国是西班牙、葡萄牙和意大利，鲜冻鱼则主要出口到英国和德国。在第一次世界大战期间，本国居民对食品的需求量急剧上升。战争结束后，进口商品价格上涨比出口商品价格上涨快得多。20年代末世界经济大萧条使南欧的出口市场状况恶化，英国和德国也实行进口限制。此外，从1932年起英国把渔产品的进口关税调高10%。这些都给冰岛经济造成一连串的困难。进入30年代后，鲱鱼的捕获量显著增加，冰岛新建了一批工厂制造鲱鱼油及鱼粉。1930年冰岛建成第一家速冻工厂速冻鲜鱼，到40年代已经建有31家这样的工厂。

在第二次世界大战期间，冰岛因远离战场而没有遭受任何战争损失，其渔业生产还有所发展，渔产品出口额有所增加。冰岛的大部分渔产品以高价销往英国。二战结束时，冰岛由一个战前负债1.13亿冰岛克朗的债务国，一跃成为拥有高达5.8亿克朗资本的债权国，并且成为当时欧洲最富有的国家之一。

二战后，渔产品依然是其主要出口商品，销售市场进一步扩展到美国、苏联及东欧各国。冰岛人还投资在海外兴建渔产品加工厂。从1945年起，鲱鱼的渔获量连续几年下降，出口收入也因此大幅度减少，国际收支出现困难。1950年冰岛克朗被迫贬值，但是对出口行业的补贴直到1959年才取消。1960年冰岛实行了一个新的经济稳定计划，包括把克朗贬值50%，基本取消了复杂的出口补贴系统，提高了利率，取消了自1947年开始实行的对外来投资的控制，同时取消了进口限制。1967～1968年鲱鱼鱼汛几乎消失，渔获总量因此大幅度下降，造成冰岛经济严重衰退，国内生产总值下降了5.3%。从1969年起，渔获量得到恢复。1970～1980年冰岛经济高速增长。1973年和1979年国际市场上石油大幅度提价使冰岛经济遭受严重冲击，其重要原因之一是渔船所用柴油的成本大幅上升，造成捕鱼的利润率下降。

1980年以后，冰岛的渔业再度遇到巨大困难：一是气候变化和过度捕捞使周围海域渔业资源急剧减少；二是国际市场日益激烈的竞争导致渔产品价格大幅度下跌，使冰岛渔产品出口收入锐减。很多渔业公司及相关企业亏损甚至倒闭，造成经济严重衰退，通货膨胀率上升，冰岛克朗被迫连续6次贬值。由于冰岛国小力薄，不可能给予渔业大量补贴，因此其渔产品在国际市场上的竞争力状况难以获得根本改善。1981年经济增长率仅为2.7%。1982年和1983年冰岛甚至连续出现负增长，经济增长率分别为－1.5%和－5.5%。冰岛政府因此从宏观战略调整考虑，决心发展其他产业，使产业多样化，以减少国民经济对渔业的严重依赖。

冰岛劳动力的就业状况始终比较好，冰岛是欧洲乃至世界上就业率最高的国家之一，在1981年以前，失业率一直保持在0.3%左右。1981年以后失业率有所上升，1983年失业率为1.1%，1987年又降为0.5%。冰岛87.9%的男性和79%的女性均进入劳动力市场，远远超过欧盟国家男性70%和女性54%的平均水平。而且冰岛的老龄人口就业率和挪威、瑞士、日本等国一样，均属世界最高之列。

长期以来，困扰冰岛的最大难题是物价不断上涨。历届政府都把抑制通货膨胀作为首要任务，并采取了一系列措施，包括采取工资与物价同步增长、平衡财政预算等，但都收效不大，不能有效地解决通货膨胀这个难题。1983 年通货膨胀率甚至高达 84.3%，创战后最高纪录，在欧洲所有国家中也是最高的。政府因此采取一系列紧缩措施，冻结了物价和工资，取消了农产品及物价补贴，同时鼓励发展人工水产养殖、电子产品等新型经济项目。1987 年，冰岛的通货膨胀率下降到 13.8%，但仍是西方工业国家中最高的。同年 7 月上台的政府，把争取国家财政和外贸平衡、降低通货膨胀率以及减少外债作为其主要经济目标。1988 年国际市场鱼价下跌，对冰岛经济造成沉重打击，通货膨胀率高达 26%，普通银行贷款利率达 20%，国家所欠外债相当于国民生产总值的 40%。

表 4-1 给出了 1980~2014 年部分年份冰岛主要的经济指标。1989 年起经济略有好转，通货膨胀率为 21.1%，1990 年为 14.8%，1991 年进一步降为 6.8%。但经济回升依然乏力，国内生产总值连续数年增长缓慢甚至出现负增长。冰岛经济于 1994 年开始复苏，经济增长率达到 3.6%。1995 年因受欧洲总体经济影响而增长放慢，经济增长率仅为 0.1%，失业率高达 4.9%。1996 年，在个人消费稳步增长和企业固定资本投资迅速增长的推动下，经济迅速增长，国内生产总值增长率达到 4.8%，失业率下降到 3.7%，通货膨胀率从 1995 年的 1.7% 略升至 1996 年的 2.3%，政府财政赤字占国内生产总值的比例从 1995 年的 3.1% 下降至 1996 年的 1.8%。1997 年经济增长 4.9%。1998 年经济增长 5.8%，通货膨胀率为 1.7%，财政预算盈余约为 30 亿冰岛克朗，国家债务占国内生产总值的比例不足 0.5%。

表 4-1 1980~2014 年部分年份冰岛主要经济指标

年份	国内生产总值 亿克朗（=亿美元）	经济增长率%	通货膨胀率%	失业率%
1980	159.82	5.7	—	—
1985	1220.26(29.34)	3.3	—	—
1990	3711.19(63.56)	1.2	14.8	—
1995	4537.09(69.94)	0.1	1.7	4.9

续表

年份	国内生产总值 亿克朗（=亿美元）	经济增 长率%	通货膨 胀率%	失业率 %
1996	4872.77(72.88)	4.8	2.3	3.7
1997	5258.73(73.89)	4.9	1.8	3.9
1998	5840.51(81.90)	5.8	1.7	2.7
1999	6285.29(86.56)	4.3	3.4	2.0
2000	6782.99(85.84)	4.1	5.0	2.3
2001	7648.74(78.09)	3.8	6.7	2.3
2002	7995.60(87.09)	1.0	4.8	3.3
2003	8278.63(107.60)	3.0	2.1	3.4
2004	9167.65(130.43)	8.2	3.2	3.1
2005	9959.51(158.06)	5.5	4.0	2.6
2006	10423	4.7	6.7	2.9
2007	11437	9.7	5.1	2.3
2008	11568	1.2	12.7	3
2009	10973	-5.1	12	7.2
2010	10636	-3.1	1.9	7.6
2011	10891	2.4	4	7.1
2012	11034	1.3	5.2	6
2013	11427	3.6	2.4	5.4
2014	11641	1.9	6.7	5

注：1. 以美元表示的国内生产总值以当年汇率计算。
2. 2005 年为估计值。
3. 失业率统计对象的年龄是 16～74 岁。
资料来源：冰岛国家统计局。

1995～2000 年，冰岛的年均经济增长率为 5.1%，失业率大大降低，是有史以来经济发展最好的时期之一。2001 年经济增长放缓，国内生产总值为 7648.74 亿冰岛克朗（约合 78.09 亿美元）。2002 年经济增长率为 1%。政府所面临的问题已由控制经济过热转变为避免经济衰退。冰岛政府采取适当放松银根的措施，继续实行稳健的财政政策。同时冰岛政府还注重促进传统产业现代化，保持渔业优势，并积极利用能源和技术优势，大力发展能源密集型产业和高新技术产业。从2003年开始，由于外国投资的带动，冰岛经济好转，增长率恢复为3%。2004年，冰岛的国内生产总值为9167.65亿克朗（约合130.43亿美元），经济增长率为8.2%，达到最近15年来的最大增幅，失业率为3.1%，通货膨胀率为3.2%。

2005年国内生产总值达到9959.51亿克朗（约合158.06亿美元），按当年汇率计算，人均国内生产总值超过5万美元，经济增长率为5.5%。2005年冰岛国内生产总值增长主要靠投资和私人消费拉动。这两项分别比2004年增长了34.5%和11.9%。国家支出比例远远超出了国内生产总值的增长率，达14.9%。进口28.4%的增长导致经常账户贸易赤字达1623亿克朗，占国内生产总值的16.3%，贸易赤字严重影响了国内生产总值的增长。劳动力市场就业状况较好，失业率呈下降趋势，2005年8月份失业率下降为1.8%，达到2001年以来的最低点，2005年全年平均失业率为2.6%。

2006年冰岛GDP为10423亿克朗，GDP年增长率为4.7%，货币贬值，通货膨胀率持续走高，但在政府干预及国际货币基金组织的协助下，金融市场恢复稳定。

2008年9月底以来三大银行因高风险投资失败而破产，被收归国有。冰岛陷入严重经济危机。后经协调，冰岛政府获得国际货币基金组织20亿美元贷款以及其他北欧国家的援助。冰岛政府积极应对危机，节约行政开支，努力重建金融体系，稳定经济秩序，鼓励传统行业的生产和对外贸易，2011年以来经济向好趋势明显，走出危机阴影并进入恢复阶段。GDP自2009年下降5.1%、2010年下降3.1%以来，2011年成功实现了金融危机以来的首次正增长，全年GDP增幅达2.4%。2013年经济延续增长势头，GDP增长3.6%。拉动经济增长的消费、投资和出口均呈复苏增长态势。第一产业占GDP的8.1%，第二产业占24.2%，第三产业占67.7%。支撑经济发展的产业仍是渔业、能源密集型产业和旅游业等。2013年全年平均通货膨胀率为2.4%。为抑制通货膨胀，2012年以来冰岛央行加息4次，使基准利率达6%。

2013年2月7日穆迪对冰岛长期本外币主权债务评级为Baa3，短期本外币主权债务评级为P-3。2014年1月24日，国际金融评级机构标准普尔将冰岛主权信用评级前景展望由“负面”上调至“稳定”，同时维持冰岛长期本外币主权债务BBB-、短期本外币主权债务A-3的评级。2014年2月7日，惠誉也维持了冰岛长期主权外币债务BBB、长期主权本币债务BBB+和短期主权外币债务F3的评级，国家信用上限为BBB。

冰岛经济的一个突出特点是波动性相当大，1945~2002年，较大的经济波动一共发生12次之多。这与它国家小、人口少、国内市场狭小、受国际市场影响大以及渔业生产稳定性差等多种因素有关。此外，冰岛经济在货币方面的不稳定性也十分突出，1965~1988年，其年平均通货膨胀率高达30.5%，而同期经济合作与发展组织其他成员国的年平均通货膨胀率只有9.1%。不过其经济增长速度也相对较高，1960~2000年，经济合作与发展组织成员国平均年增长速度为3.3%，而冰岛的增速为4%。

表4-2为1995~2014年冰岛人均国内生产总值情况。

表4-2 1995~2014年冰岛人均国内生产总值

单位：美元

年份	按当年汇率	按当年购买力平价	年份	按当年汇率	按当年购买力平价
1995	26230	22586	2005	53555	35749
1996	27247	24102	2006	44133	—
1997	27347	25374	2007	62976	—
1998	29996	26944	2008	55462	—
1999	31313	27955	2009	38020	—
2000	30588	28967	2010	36730	—
2001	27447	30201	2011	39563	—
2002	30402	30164	2012	41740	—
2003	37285	30774	2013	41097	—
2004	44684	33695	2014	45536	—

资料来源：冰岛国家统计局。

冰岛国土上的自然资源比较有限，而海洋资源则相当丰富。冰岛政府先后决定实行50海里，尤其是200海里专属经济区，对于其经济的长远发展具有重大战略意义。冰岛的专属经济区面积是其国土面积的7倍之多，从而为其国民经济迅速而持续的增长奠定了雄厚的资源基础，对其人均国内生产总值迅速达到世界领先地位起到了关键的促进作用。

在2005年3月由美国传统基金会和《华尔街日报》联合公布的全球经济自由度指数排行榜上，冰岛得分为1.76，和丹麦相同，排名第9位。该指数为1~5，数值越低表明经济自由度越高。该指数共有10大类构成要素，包括贸易政策、政府财政负担、政府干预经济、货币政策、外国投资、银行金融系统、工资和物价、产权、法规、非正规市场活动（黑市）。该指数始建于1995年，2005年是第11次发布，中国香港连续11年被评为全球最自由经济体。

北欧国家政府的廉洁程度、国家的经济竞争力和信息通信技术都位居世界前列。廉洁的北欧政府为企业创造了健康的商业环境，使北欧国家的竞争力居于世界领先地位。2004年5月瑞士洛桑国际管理学院公布的《2003年全球竞争力报告》改变了评比方式，将国家和地区分成两个类别进行评比：第一类是人口不超过2000万的国家和地区，第二类则是人口超过2000万的国家和地区。冰岛在人口不超过2000万的国家与地区中名列第9位。在2005年5月公布的《2004年全球竞争力报告》经济体竞争力排名中，冰岛跃升至第4位，位于美国、中国香港和新加坡之后，并在2006年成功维持这一地位。在2005年9月"世界经济论坛"公布的《2005~2006年全球竞争力报告》中，芬兰连续三年稳居榜首，其他四个北欧国家也均位居前10名。

在世界各国中，冰岛同美国、瑞士等一样属于实施低税收政策的国家，而北欧国家富有竞争力的关键是拥有高效的政府服务和相对简单的税收系统，具有把潜在的成本不利因素转化为具有竞争优势的资本的能力，并能够真正发动提升竞争力的"引擎"——科学、技术、金融和教育等。

世界银行发布的《2013年营商环境报告》显示，冰岛营商便利度排名第14位，在10项具体指标中，冰岛在“使获得电力变得容易”和“使执行合同变得容易”中表现最为突出。

二 经济结构

由于冰岛特殊的地理气候条件以及自然资源情况，其经济结构原来较为单一，主要建立在对沿海渔场、水力、地热资源及草地等自然资源的利用上。渔业是冰岛20世纪国民经济的主要支柱，其传统工业以渔产品加工和畜产品加工为主。自20世纪60年代以来，冰岛政府逐步加大经济多元化发展的力度，力求改变冰岛经济过于依赖渔业及农牧业生产的单一经济模式。经过多年努力，冰岛经济结构已逐步由传统的渔业和农牧业向以出口为导向的渔业、食品加工业、能源密集型产业、新兴高科技产业和旅游业等多种行业组成的多元化经济模式发展。

1860年，冰岛有79.1%的劳动人口从事农牧业生产。1890年，冰岛仍有80%以上的劳动人口从事农业和渔业生产，只有3%的劳动人口从事制造业和建筑业，6%的人从事商贸运输或在政府部门等。在渔业大发展之前，只有0.5%的人口从事渔业生产。从20世纪初渔业开始大发展，1910~1930年以渔业为生的人口占总人口的16%~17%，而农业人口在1920年下降为42.9%，1940年下降为30.5%，1965年下降到13%，1981年为7.35%，1997年为4%，到2002年只有不到3%的劳动人口还从事农业生产。

1940年，冰岛制造业和建筑业的就业人口上升到22%，商业服务业等领域的就业人口上升到27%。1965年，制造业和建筑业的就业人口上升到35%，其中近1/3的人从事建筑业。1981年从事渔业生产的人口为6%，从事渔产品加工的人口为8.4%。1991年，冰岛从事渔业的人口为5.5%，从事渔产品加工的占6.0%，从事工业和建筑业的人口占22.3%，从事商业和酒店餐饮业的占14.6%，从事通信业的人口占6.9%，从事金融保险业的占8.4%，在政府部门工作的占18.5%，从事其他服务业领域的占12.4%。

表4-3为1950~2014年部分年份冰岛劳动力结构变化。从比例上看渔

业就业人口在减少，但是其实际就业人口基本上没有减少，只是总劳动人口的增加使其所占的比例减少了。此外，从产业地理分布的角度看，渔业集中在沿海地区，渔业及渔产品加工行业的就业人员也集中在沿海地区，因此在沿海有些地方渔业就业人口占当地就业人口的40% ~50%。农牧业就业人口虽然明显减少，但是由于生产率大大提高，产量反而大幅度上升，例如1990年奶制品产量比1950年增加60%，肉类产量增加100%。制造业就业人数的减少也主要是因为生产率的提高。

表4-3　1950~2014年部分年份冰岛劳动力结构变化

单位：%

年份	1950	1990	2002	2014
农牧业	26	5	2.9	5
渔业	10	6	3.7	2
制造业	20	19	18.5	12
渔产品加工	6	6	4.2	9
服务业及其他行业	44	70	74.9	81

资料来源：冰岛国家统计局。

冰岛经济对外贸依赖性极大，其进出口总额始终占国内生产总值的30%，甚至40%以上，远远超过经济合作与发展组织成员国平均23%（2002年）的水平。2004年进出口总额为4426亿克朗，占国内生产总值的48%，其中出口额为2024亿克朗，进口额为2402亿克朗，逆差为378亿克朗，比上年169亿克朗高出一倍多。在20世纪40~60年代，冰岛水产品出口一般占出口总额的90%以上；从70年代开始，水产品出口比重下降为70% ~80%，制造业产品出口上升为20% ~30%。

第二节　农牧业

一　种植业

冰岛所处纬度高、日照时间短以及气候寒冷造成植物生长期短，冰岛的种植业因此不发达，仅南部几个农场年产400～500吨农作物，并且不产谷物。在19世纪末以前，冰岛没有开垦多少新耕地，进入20世纪以后才逐渐进行垦荒。现已开垦的农田总面积为10万公顷，是1900年的5倍。由于畜牧业占有重要地位，因此大部分农业用地被用作饲料草场。在施过肥的土地上，每个夏天牧民通常收割两次牧草，干草贮藏到仓库内，青饲料则贮藏到地窖里。干草的产量平均每公顷4.5吨。过去牧民把收割的湿草放在野外晒干，在天气不好时会遭受损失。从20世纪50年代开始，冰岛逐步推广鼓风机，在库房里把湿草吹干。1920年干草收获量为17.3万吨，1970年增加到36万吨。此外，农业用地还用来种植某些蔬菜，如马铃薯、胡萝卜等，产出能够满足国内约2/3的需要。1991年全国马铃薯的产量为1.5131万吨，胡萝卜产量为543吨。粮食和水果等则基本依靠进口。

在第二次世界大战期间，许多农场被荒弃。在20世纪60年代，全国共有大约5200个农场。在经济比较繁荣的地区，新的农场代替了原来一些分散的或废弃的农场。在50年代和60年代，农业机械化迅速发展。1960年，全国农村中使用的拖拉机一共有7800台，平均每个农场有1.5台。

冰岛于1924年建成第一座利用地下热水取暖的温室。此后冰岛许多地区都利用充足的地下热水资源修建温室。例如在赫韦拉吉尔，居民大都以温室种植为业，因为附近的地下热水资源十分丰富。温室中种植最多的是西红柿和黄瓜，其产量现在可以满足国内70%的需要。此外温室里还种植西瓜、葡萄，乃至香蕉、橘子、木瓜等热带作物，也种植各种观赏植物。冰岛的温室管理技术先进，温度、湿度、营养和空气等均由电子计算机控制。由于温室种植业的发展，荒凉的冰岛能做到夏季主要蔬菜自给有余。20世纪60年代，温室总面积已经达到12万平方米。有些地方在露天菜地通过温水灌溉或在地里埋设热水管道提高地温，也使多种蔬菜长势良好，产量增加，包括甘蓝、胡萝卜、莴苣、白菜等。到20世纪90年代，地热温室总面积超过14万平方米。首都雷克雅未克平均每人有将近1平方米的蔬菜温室。有的地区还利用地热资源建立了观赏植物园。温室农作物总产量的波动比较大，年产量在5000～20000吨之间。表4-4为

1995～2010年部分年份冰岛主要农作物产量。

冰岛的农业产值目前占其国内生产总值的比重很小，并且逐年下降，1989年为4%，1997年为2%，2009年仅为1.4%。尽管如此，农业对于冰岛人口十分分散的定居结构仍然至关重要。

表4－4　1995～2010年部分年份冰岛主要农作物产量

单位：立方米，吨

年份	1995	2000	2003	2010
干牧草饲料	2503564	2363342	2287936	—
马铃薯	7324	9843	7090	12460
谷物	328	795	959	13175
芜菁	485	3041	4337	833
西红柿	749	931	1074	1652
黄瓜	606	831	896	1458

资料来源：冰岛国家统计局。

二　畜牧业

冰岛农牧业生产以畜牧业为主，而养羊业在畜牧业中又占有最重要的地位。在过去几百年中，绵羊的存栏数相当于牛存栏数的8～10倍，全国平均每人饲养3～4头绵羊，这在世界上名列前茅。冰岛与大陆隔绝，没有任何猛兽，因而不必担心野兽对畜牧业造成危害，同时冰岛有广阔的天然牧场，因此养羊业历来比较发达。人们在初夏季节给绵羊做上标记，先把它们赶到农庄周围的天然草地去放牧，5月底接羔，6月份剪羊毛，之后再把羊群赶到山野牧场，任其自由觅食和繁殖。到9月中旬天寒下雪之前，人们骑马上山把羊群赶回村镇，再按照耳痕记号认领各自的成羊，并且按照母羊的数量分配羊羔，同时庆祝“分羊节”。羊只的数量非但不会减少，而且会增加很多。9月中下旬是宰羊的时间，人们把羊肉用盐腌制或加工成熏肉，也将一部分冷藏起来，供全年食用。

冰岛绵羊的历史和冰岛马的历史一样，已经有1000多年。它是当年北欧人从斯堪的纳维亚和爱尔兰带来的绵羊杂交产生的后代，以后没有再和其他羊种杂交，是独特的纯种绵羊。1000 多年处在独特的环境中，冰岛绵羊形成了独特的耐寒抗病能力。它终年都披着厚厚的毛，并且是世界上唯一长着两种毛的绵羊：外面是一层厚厚的长达十几厘米的毛，既能抗雨雪又能挡风；里面则是软软的细密绒毛，保暖性很强，质量很高。一头冰岛羊的毛产量达 2～3 公斤，羊毛织品和皮制品是养羊业的主要副产品。冰岛羊毛和羊毛织品是冰岛重要的出口商品，时髦的羊绒衫即是冰岛的一种特产。冰岛还出产天然彩色羊毛，这种羊毛已成为冰岛的独特象征。在冰岛的旅游胜地莫斯菲尔城建有一个羊毛博物馆，馆内展示了冰岛人各种古老的剪羊毛工具的图片和羊毛加工工具，详细介绍了冰岛牧羊业和羊毛加工业的发展史。

冰岛绵羊用纯天然牧草饲养，没有任何工业污染，草场不施任何化肥，羊也没有任何传染性疾病。冰岛绵羊体大肉多，每头净产肉 20～25 公斤，肉味鲜美，品质极佳，是冰岛人肉食的主要来源之一，出口量供不应求。自 19 世纪中叶以后，绵羊数量一度迅速增加，1911 年为 57.41 万头，1980 年达到 82.79 万头，之后数量逐渐减少，1990 年以后一直保持在不足 50 万头（参见表 4－5）。

表 4－5 1971～2010 年部分年份冰岛牲畜存栏数

年份	1971	1980	1985	1990	1995	2000	2003	2010
牛（头）	59200	59900	72900	74900	73199	72135	66035	73781
绵羊（只）	786200	827900	709300	548500	458341	465777	463006	479841
马（匹）	36700	52300	54100	71700	78202	73995	71412	77164
猪（只）	4900	1600	2600	3100	3726	3862	3852	3615
鸡（只）	179900	310700	322600	214900	164400	178093	165242	173419

资料来源：冰岛国家统计局。

冰岛每年畜养的牛约有 7 万头。奶牛场主要位于冰岛沿海地区，大多数距离作为主要消费市场的城市相距不远。自 1960 年以来，冰岛的奶制品已经达到自给。从产值来说，养牛业已占农牧业总产值的 45%，而养羊业只占 25%。第一大养牛地区在西南部，养牛数量占全国的 1/3。塞尔福斯有北欧最大的奶牛场。第二大养牛地区是埃亚峡湾地区，那里是北方气候最好的地区，当地城镇对奶制品的需求量很大，位于这一地区的阿库雷里有一个很大的奶牛场。冰岛全国一共有 19 个牛奶加工场，每年加工的牛奶在 10 万吨以上，其中超过 40% 作为鲜奶出售，其余加工成黄油、奶酪、奶粉和酸奶冻。冰岛早已进行科学饲养并使用更好的饲料，挤奶也已采用机械操作。冰岛的牛奶消费量很大。雷克雅未克及其周围城市是最大的奶制品消费市场。

冰岛自古有养马的传统，养马业在其经济生活中占有重要地位。冰岛只有一种马即冰岛矮种马，它体形小，性格温顺，十分健壮，耐力很强，并且十分耐寒。它们大都整年在野外活动，自己寻找食料，在冬天也是如此。只是在秋天，人们把马赶到一起，从中挑出一部分作为乘用马进行驯养，其余的仍旧放回野外。

在现代交通工具发明之前，马曾经是冰岛唯一的陆上交通运输工具，马还能帮助干很多农活，马肉也是肉食的来源之一。自从实现农业机械化以后，马在农村地区的作用已经变得很小。冰岛北部高原地带最适合牧马，在南部也有大量马群。自 19 世纪中叶开始，冰岛向英国的矿山出售马匹。1900 年以后，冰岛马在丹麦是十分畅销的挽畜。即使在今天，马仍然是冰岛不可缺少的挽畜，不仅供人骑用，也用于旅游休闲和体育运动。冰岛马也有一定数量供出口，主要出口到欧洲和北美当作乘用马。马的存栏量在 20 世纪 80 年代为 5 万多匹，进入 90 年代以来数量已超过 7 万匹（参见表 4－5）。

2005 年冰岛马共出口 1501 匹，2004 年为 1578 匹，2003 年为 1455 匹。2005 年冰岛马出口国家排前三位的是瑞典 335 匹、丹麦 320 匹、德国 269 匹。尽管出口瑞典的数量最大，但和 2004 年相比，出口数量仍下降了 34%。1988～2005 年，冰岛马共出口 34095 匹，其中 1993～1997 年是出口高峰，年出口量为 2500～2840 匹。

20 世纪 30 年代，在东北部一些地区曾养有相当多的山羊，后来数量已大大减少。冰岛还饲养猪和家禽，这些都是为了满足国内市场的需要。

在专业化的饲养场中，繁殖珍稀毛皮兽是冰岛近年来新开辟的一个致富领域。这类专业化饲养场大约有 140 个，主要饲养北极狐（即银狐）和水貂，曾经年生产 5.5 万张银狐皮和 2.9 万张水貂皮。1990 年，这些饲养场饲养约数万只水貂和 6 万只银狐，但是到 2003 年只有 2.6 万只水貂和 2388 只银狐。

畜产品在出口商品中占有相当的比重，出口商品的种类有羊肉、羊皮、羊毛、奶制品、马匹等，每年出口的肉类曾占整个农产品出口的一半左右。野生鸭类中最大的一种叫绵凫，它可以提供特殊而珍贵的鸭绒，现在已经受到人们的保护。雌绵凫从胸口拔下柔软的绒毛铺巢，待它们离开巢穴之后人们便可以去拣拾。1898 ~ 1939 年，鸭绒的平均年产量为 3582 公斤。在 20 世纪 50 ~ 60 年代产量不断下降，1963 年产量只有 1648 公斤。在国际市场上，这种珍贵鸭绒的价格不断上涨。

如果没有对进口的限制，冰岛传统的绵羊及奶牛饲养会在相当程度上变得无利可图。除了奶制品之外，其他农产品的价格都已经放开。原来预计在 2004 年把奶制品批发价格完全放开，但这已经被无限期推迟。政府与农场主联合会于 2004 年 5 月签署协议，规定由政府支持奶制品价格的做法继续保留。

发达国家中，2002 年欧盟的农业补贴额达到 1005.5 亿美元，比上年提高 14.6%，占发达国家总补贴额的 42.8%，占欧盟农业收入的 36%。欧盟农民可以获得高于国际市场价格 35% 的价格，而冰岛以及挪威、瑞士等国的农民可以获得比国际市场价格高出 100% 以上的价格。

在世界贸易组织的多哈回合谈判中，冰岛属于由 10 个农产品净进口方组成的集团，该集团另外还有挪威、瑞士、列支敦士登、保加利亚、以色列、日本、毛里求斯、韩国和中国台湾。这些国家或地区提供巨额政府补贴给生产条件恶劣的小农户，比如山区、沙漠或严寒地区的农户，并反对削减保护“敏感产品”的补贴和进口高关税。如果它们像其他非农产品进口国或地区一样取消所有农业进口关税，将会严重影响本国或本地区的农业发展。该集团在 2004 年 7 月表示，在给予部分比较敏感的农产品关税保护的前提下，将同意逐步取消部分农产品的进口关税。它们还希望在世贸组织工业和服务业的关税谈判中，它们在农业问题上所做的让步能得到一定的补偿。

第三节　渔业

一　海洋渔业

自20世纪初以来，海洋渔业生产在冰岛的国民经济中占有十分重要的地位，是冰岛经济的支柱产业和生命线。其他各个经济部门，包括商业、加工业、运输业乃至金融保险业等，都与渔业休戚相关。冰岛经济的繁荣在很大程度上取决于渔业生产。2002年渔业和渔产品加工业就业人口占总就业人口的7.9%，渔业对国内生产总值的直接和间接贡献率高达45%左右。冰岛人均水产品年消费量为90公斤左右，位居世界第一，并远远超过大多数国家。海洋捕捞量的96%~98%供出口，占货物出口总量的53%（2002年）。21世纪初年捕捞量保持在200万吨上下。冰岛是世界著名的捕鱼大国，总渔获量排名世界前15名，2001年为第12名。人均年渔获量为7吨上下，排名世界第一。2013年冰岛渔业捕捞总量为136.6万吨，同比下降6.1%，渔业捕捞总价值为1527.5亿克朗（约12.5亿美元），同比下降4.1%。水产品出口2733亿克朗（约22.3亿美元），与上年基本持平，占出口总额的44%，占GDP的15.3%。渔业资源相关产业的产值约占GDP的25%。主要出口品种是鳕鱼、红鱼、毛鳞鱼、鲱鱼及鲭鱼等，产品类型包括腌制或冷冻保鲜的整鱼、鱼片、鱼油等。

冰岛主要渔业公司有：萨姆赫吉公司，捕捞及加工鳕鱼等各种鱼类；HB格朗迪公司，捕捞和加工鳕鱼、红鱼等各种鱼类；塞尔达文斯兰公司，从事渔、农产品加工，以经营冷冻毛鳞鱼、鲱鱼，及加工鱼粉、鱼油为主；冰岛集团公司，从事海产品的初级加工、深加工和销售。

冰岛近海渔业资源丰富，大陆架及其斜坡有利于鱼群的产卵和生长。在150多种鱼中，具有经济价值的有将近30种。丰富的渔业资源给冰岛带来极大的经济利益，刺激了渔业的大发展。冰岛渔民主要在本国专属经济区内捕鱼，经常到格陵兰岛、法罗群岛、纽芬兰等周围海域捕鱼，很少到更远的海域捕鱼。冰岛的渔产品主要有毛鳞鱼、鳕鱼类、鲽鱼类、鲱鱼、鲑鱼和北方长额虾等，其中鲽鱼类包括鲈鲉（英文为“Redfish”，汉语中也直译为“红鱼”）、马舌鲽、比目鱼等。这些渔产品除少量供国内居民食用外，95%以上用于出口，主要输往英国、美国、德国、日本、法国、丹麦和挪威等国。冰岛的海产品分为三类，就重量而言，底层鱼类的捕捞量约占总渔获量的30%，中上层鱼类的捕获量占67%，贝类和甲壳类的捕捞量占3%。但是就产值而言，比例关系则完全不同：底层鱼类的出口值占总出口值的65%，中上层鱼类的出口值占20%，贝类和甲壳类的出口值占15%。鳕类和鲈鲉等属于底层鱼类，毛鳞鱼和鲱鱼则属于中上层鱼类。

19世纪前，冰岛的渔船全部是木制的敞篷渔船，没有甲板。这种渔船经不起海上风浪的袭击，不能到外海捕鱼，因此捕鱼量很少，并且有许多渔民因风浪而丧生。直到19世纪上半叶冰岛才开始使用带甲板帆船，由于船舱是封闭的，所以安全性强。1853年，全国有这类渔船25艘，到1890年这种渔船也只增加到60艘。后来英国人率先使用拖网渔船并淘汰带甲板帆船，冰岛就从英国廉价购买了一批这类帆船，使其数量在1906年达到170艘。与此同时冰岛也开始了机动化进程。1907年冰岛首次使用蒸汽机驱动的拖网渔船，渔场也从近海扩展到外海。1920年，冰岛有机动拖网渔船28艘，总登记吨位为8730吨，占全部渔船总吨位的63%，此外还有排水量12吨以上的汽艇120艘、12吨以下的350艘、帆船40艘。这是冰岛渔业第一个大发展阶段。到20世纪30年代初，因世界经济危机爆发，冰岛的渔业大发展告一段落。

20世纪初之前，由于捕捞设备落后，渔获量较低，1902年的渔获量仅为8万吨。此后随着机械化的迅速发展，渔业生产能力迅速上升，1930年渔获量达到40万吨，渔业从业人员增加了50%。二战后，获得独立并拥有较多外汇储备的冰岛逐步实现渔船队和捕捞设备的现代化，促使渔业进一步迅速发展。自1972年冰岛实行50海里专属渔区以后，冰岛渔业获得进一步长足发展。1986年年底，冰岛共有渔船822艘，总吨位为11.2万吨，另有300多家鱼品加工厂。1990年年底渔船增加到1005艘，总吨位为12.98万吨，其中拖网渔船100多艘（大多数为尾滑道拖网渔船），捕鲸船4艘。1990～1997年，渔船数量减少272艘，减幅为27%。自1995年以来，渔船已经从使用多种渔具捕捞改变为用几种渔具的专门捕捞。此外，海上冷冻船只不断增加。海上冷冻设备的使用始于1985年，到1994年冷冻海产品的出口额已经达到2.82亿美元，占海产品出口总额的23%。截至2013年年底，在冰岛海事管理局登记在册的渔船总数为1696艘，较2012年增加6艘。其中，甲板渔船783艘，无甲板渔船862艘，拖网渔船51艘。冰岛渔船平均船龄为25.2年，其中甲板渔船为24年，无甲板渔船为26年，拖网渔船为28年。

鳕鱼的捕捞从1890年开始迅速发展。1954～1958年，鳕鱼的年均渔获量达到30万吨，是50年前的6倍。鲱鱼捕捞在1870年以前无足轻重，从1900年前后开始鲱鱼捕捞业迅速发展，但是其渔获量波动极大：1944年鲱鱼的渔获量曾达到22.2万吨；渔获量随后逐年下降，1952年和1954年每年只有3.2万吨；从1956年开始渔获量重新回升，1966年达到创纪录的76.9万吨，这和采用新式鱼群探测仪有直接关系；但由于捕捞过量，从1967年开始鲱鱼渔获量又有所下降。在20世纪60年代末以前，鲱鱼的出口量比较多，此后，毛鳞鱼取代了鲱鱼在出口中的地位，年渔获量曾达到110万吨。冰岛的渔获量在很大程度上取决于鳕类和毛鳞鱼的产量。这两种资源在20世纪70年代因过度捕捞而减少。90年代中期以后，鳕类的渔获量保持相对稳定，而毛鳞鱼的渔获量仍起伏很大。鳕鱼始终是冰岛出口换汇的主要商品。2013年，鳕鱼产值占冰岛海产品总产值的31%（参见表4-6）。鳕鱼在冬春季捕捞，毛鳞鱼在1～4月捕捞，鲱鱼在6月中旬至9月中旬捕捞。

表4-6　2000～2013年部分年份冰岛海产品产值

年份	2000	2004	2013
总产值（亿克朗）	603.80	679.75	1527.52
各类海产品产值所占比例（%）	100	100	100
底栖鱼类	72.7	69.7	—
鳕鱼类	42.6	41.2	31.0

续表

年份	2000	2004	2013
平鱼类	7.7	9.1	—
远洋捕捞	11.7	17.5	—
虾类	6.7	3.0	—
其他	1.2	0.7	—

资料来源：冰岛国家统计局。

冰岛1980年的总渔获量比1970年增长了81.6%，1979年一度达到164.4万吨，但1983年的渔获量只有1979年的一半。从1984年起，渔获量又开始大幅度回升，1985年达到166.9万吨，产值约占当年国内生产总值的21%，1986年为162万吨，1987年为157.8万吨。1988年冰岛总渔获量首次超过170万吨，人均渔获量达7000公斤，冰岛成为全世界人均渔获量最高的国家。渔业产值占国内生产总值的1/5以上。冰岛海洋渔业捕捞的种类繁多，渔获量在千吨以上的鱼种有近27种。20世纪90年代以来，渔业产量除了1991年为105万吨外，其他年份都在150万吨至221万吨之间，人均约7.5吨，名列世界第一，其中1997年的总渔获量达到220.5万吨。

冰岛的鱼粉以及鱼油加工原料主要来源于生产和销售中过剩的整鱼、鱼内脏，因而它们富含蛋白质。冰岛为世界水产养殖业提供大量的鱼油，包括初级鱼油和特殊加工鱼油。特殊加工鱼油应用于欧洲的鲑鱼养殖以及包括中国在内的东南亚地区的混合虾鳗养殖，使用效果很好。

1999年渔产品出口约占商品出口总额的67%，捕鱼量为173.8万吨，产值占国内生产总值的11.1%。据联合国粮农组织发布的数据，冰岛2001年总渔获量排名世界第12位。海鱼捕捞量2004年为109.4515万吨，2005年为91.6916万吨，比上年减少16.2%，但仍排名世界前5。

大西洋鳕、黑线鳕、绿青鳕和鲈鲉等底栖鱼类的经济价值比较高，2004年占所有海产品产值的69.7%，其中仅鳕鱼就占了41.2%（参见表4－6），因此这些鱼类是海产品出口创汇的主要来源。毛鳞鱼经济价值比较低，目前主要用于加工鱼粉、鱼油，直接出口的不多。鲱鱼曾经是冰岛加工鱼粉、鱼油的主要原料，后来被毛鳞鱼所替代，改为直接出口。近些年来，冰岛的虾、贝产量增加比较快，已经成为海产品出口的重要部分。

冰岛、法罗群岛、挪威和欧盟代表于2005年12月在奥斯陆签署捕捞配额协议。根据协议，冰岛获得2006年北大西洋蓝鳕捕捞17.6%的配额，欧盟获得30.5%，法罗群岛约为26%，挪威约为25%。2006年蓝鳕总捕捞量为200万吨，冰岛可捕捞35万吨。

20世纪90年代，冰岛的海产品开始进入中国。冰岛鱼类产品的生产和销售是由各种组织负责的。其中较大的是冷藏企业公会、冰岛合作社联合会、冰岛渔产品生产协会和鲱鱼委员会等。

海洋渔业捕捞是充满危险的行业，国际社会十分关注渔船及船员的安全。《国际渔船安全公约》及《1993年托雷莫利诺斯议定书》是旨在保障渔船及其船员安全，力求使所有拥有渔船船队的国家都能实施的渔船最高使用标准，是国际海事组织唯一专为渔船制定的技术公约。截至2004年，只有包括冰岛、丹麦、挪威、瑞典等在内的10个国家愿意接受该议定书的约束。由于北大西洋的风浪很大，经常有沉船事故发生，所以冰岛渔船都配备有先进的救生设备，这大大降低了人员伤亡数量。

二　捕鲸纠纷

1880~1915年，挪威人曾在冰岛附近大量捕鲸，使这里的鲸类越来越少，于是1915~1935年，捕鲸被禁止。1948年，冰岛一家渔业公司重新开始在华尔峡湾捕鲸，每年捕获400~500条。20世纪60年代，冰岛拥有4艘捕鲸船，1961~1965年平均每年捕获430条鲸，主要是长须鲸和蓝鲸。

1982年，国际捕鲸委员会通过了一项公约，规定从1986年起在大西洋全面禁止捕鲸，冰岛议会于1983年2月通过决议接受了这项公约的相关规定。国际捕鲸委员会于1991年5月在冰岛雷克雅未克举行的年会上，讨论了保护海洋哺乳动物的问题。该委员会在向36个成员国提交的一份报告中说，海上哺乳动物正在惨遭屠杀。在这次年会上，包括冰岛在内的一些国家认为，经过5年的禁止捕鲸期之后，有些鲸类品种已经恢复到

“旺盛的状况”，因此向国际捕鲸委员会呼吁重新开始商业捕鲸。但是大多数与会者不同意这种看法，认为应永久禁止捕鲸。出于对限制捕鲸的不满，冰岛于 1992 年 6 月宣布退出国际捕鲸委员会。1999 年 3 月，冰岛议会通过决议，决定终止执行自愿接受的禁止捕鲸 10 年的决定。

2000 年 9 月冰岛宣布准备重新申请加入国际捕鲸委员会。2001 年 7 月，冰岛正式申请重新加入国际捕鲸委员会，但是申请没有获得通过，冰岛只取得了观察员地位。2002 年 5 月，冰岛再次申请，但仍遭拒绝。同年 10 月 14 日，国际捕鲸委员会勉强通过冰岛的申请，使它重新成为其正式成员国。

2003 年 8 月 17 日，冰岛政府宣布准备在 9 月底之前捕获 38 头小须鲸，称这是在进行为期 3 年的科学研究，调查鲸类是否对一些重要的鱼类构成威胁。2003 年 8 ~ 9 月，冰岛的捕鲸船捕获了 36 头小须鲸。这是冰岛在 1989 年停止捕鲸 14 年后重新开始捕鲸。冰岛因恢复捕鲸而受到国际社会的强烈批评，只有日本政府公开支持冰岛捕鲸。英国驻冰岛大使代表美英法德意等 23 个国家于 9 月向冰岛政府递交一份抗议书。冰岛还受到美国以贸易制裁相威胁。美国对冰岛政府这一决定极为失望，称可能促使美国商务部使用“培利修正案”对冰岛进行贸易制裁。根据“培利修正案”，如果某一国家破坏包括国际捕鲸委员会在内的国际保护组织的规定，美国总统应禁止进口该国的产品。冰岛政府则强调，冰岛海域有约 4.3 万头小须鲸，它们每年吞食 200 万吨鱼类和北极虾，捕获少量鲸有助于保持海洋生态平衡。

2003 年，冰岛开始以科学研究的名义恢复捕鲸，2006 年恢复商业捕鲸。2014 年欧盟及其成员国会同美国、澳大利亚、巴西等国向冰岛政府递送一份联合外交照会，反对冰岛政府允许商业捕鲸和鲸产品贸易。照会援引国际捕鲸委员会的评估指出，冰岛近 5 年共捕获 770 头长须鲸，这是不可持续的捕鲸方式。

冰岛渔业和农业部长约翰松在接受冰岛国家广播电台采访时回应说，外界对冰岛的捕鲸政策存在偏见。此外，北大西洋海洋哺乳动物委员会和国际捕鲸委员会的一些新成员可能不了解冰岛的可持续性捕鲸政策。他表示，以负责任并可持续的方式管理海洋资源是冰岛的原则。那些指责冰岛捕鲸的国家应该审视本国对渔业资源的利用。

《国际捕鲸公约》第8条规定，任何国家可以根据科学的目的击杀或者捕捞鲸，并应充分利用鲸的身体各部分（由于科学捕鲸往往不需要鲸的肉，过去工业化国家对于鲸的利用只有10%）。这个漏洞给少数国家提供了捕鲸的合法理由。日本、挪威和冰岛等国正是以科学研究的名义继续实行实际上是商业行为的大规模捕鲸。

冰岛政府原计划从2004年起，每年抓捕100条小须鲸、100头长须鲸和50头大须鲸（长须鲸和大须鲸是濒临灭绝的鲸种），实际冰岛在2004年捕获了25头，2005年捕获了39头。民意测验显示，有75%的冰岛人支持捕鲸和将鲸肉重新搬上餐桌。冰岛老人说，以前吃鲸肉是很平常的事，他们平均每星期有3天吃鲸肉，另3天吃其他品种的鱼，还有1天吃羊肉。鲸肉在冰岛市场上热销，除部分超市冰库有少量存余外，市场上的鲸肉所剩无几。大多数民众认为，冰岛历来控制捕鲸数量，每年上市的鲸肉量有限。但冰岛恢复捕鲸引来国际社会的强烈不满，环保主义者对此十分愤怒，已向冰岛政府提出严重抗议。

在冰岛沿海一些地方有小规模的猎捕海豹活动，以割取海豹皮出售。当地繁殖的海豹有普通海豹和灰色海豹两种，被猎捕的主要是普通海豹。在20世纪50年代和60年代，冰岛每年捕获大约300只成年海豹和3000只小海豹。冰岛的海豹肉于2003年获准批量出口到中国，主要是广东地区。

三 捕捞配额制

冰岛目前实行海产品捕捞配额制度，对底栖鱼类、中上层鱼类、甲壳类和贝类等所有渔类几乎都规定了每个配额年的可捕量。其设定的程序是：首先，国家海洋研究所在每年5月底提出《冰岛海域海洋资源状况报告》，在与国际海洋考察理事会协商之后，向冰岛渔业部建议各种鱼类、甲壳类和贝类在每个配额年的可捕量；在此基础上，冰岛渔业部与相关渔业团体进行非正式协商（在每年的6~8月），综合考虑经济和就业因素，最终确定各种鱼类、甲壳类和贝类的可捕量。每年8月下旬，渔业部长正式发布相关决定。渔业董事局具体负责稽查渔业生产活动，负责对渔获物的上市质量进行检查监督，并提供信息服务，通过计算机网络对每个渔业公司所获得的捕捞配额的运作情况进行详细记录，并公之于众。

捕捞配额制自20世纪60年代建立以来，经历了一系列变化：1966年起冰岛只对鲱鱼设定总渔获额度，1972年又取消了这一额度；在1975年实行200海里专属经济区后，冰岛开始对主要底鱼鱼种实行总渔获配额制度；1976年起对鲱鱼实行单个渔船配额制度；1978年起对主要底鱼鱼类实行作业天数限制；1979年起实行鲱鱼可转让配额制度；1980年起对毛鳞鱼实行可转让配额制度；由于鳕鱼数量一直处于下降的状态，冰岛议会于1984年决定以1981～1983年单个渔船的渔获量为基础分配捕捞配额，对主要底鱼鱼类捕捞实行个别渔船配额和个人可转让配额的并用制（适用于总登记吨位为10吨以上的渔船）；1986年起对毛鳞鱼实行可转让配额制；1990年起对全部渔业实行可转让配额制，总登记吨位为6吨以下的小型渔船则除外，不列入捕捞配额制度，而增加其在冰岛捕捞限制内的捕捞份额。2004年，渔业管理系统成为统一的配额制系统。根据各自的捕捞许可，所有大小渔船均被授予捕捞配额。海上捕捞作业天数制系统和配额制系统的融合产生了一个综合系统，确保捕捞符合渔业部长的决定，支持自然资源的可持续利用。该项管理有三项主要部分：一是单个配额可转让制；二是小型渔船配额可转让制，对捕捞工具和配额转让有所限制；三是地区政策调节制，将数量有限的配额分配给以渔业为生并不断遭受经济波动或其他负面冲击影响的社区渔船。

持有捕捞权的船主应缴纳捕捞费。缴纳多少捕捞费是根据每年捕捞收入和捕捞配额的多少来决定的。捕捞费上缴国家财政。对船主第一次征收捕捞费始于2004/2005年度，在2009/2010年度该政策全面步入正轨。

这样，除了总登记吨位在6吨以下的渔船，捕捞配额制和可转让配额制适用于所有渔船，对外国渔船也可根据协定实行捕捞配额制。每艘渔船每年所持有的配额像实物财产一样，可以分割、转让和交易，但是捕捞量既不允许超出配额，也不得小于配额数的50%。为了避免垄断，单个捕捞企业所掌握的捕捞配额不得超过总捕捞配额的8%（以产品价值计算）。6吨以下的小型渔船有共同的鳕鱼配额，每船有最多出海天数或最多可捕量限制，并且可以相互转让配额。采取这些举措的目的是为了促进对海洋渔业资源的保护和利用，使冰岛的渔业可以持续发展，同时保证渔业生产领域以及不同地区的均衡就业，避免在可转让配额制实施后配额集中于少数人手中，造成某些地区就业机会减少，从而避免一些渔村走向衰落。这种渔业管理制度目前已基本达到预定的目的，但也仍处于不断完善和发展之中。

2015 年 3 月 12 日冰岛政府宣布不再寻求加入欧盟。外界猜测这可能与捕捞配额问题有关。这是冰岛加入欧盟的一个主要障碍。

四　水产养殖业

冰岛拥有未受污染的海域和淡水水面，同时又有丰富的地热水资源，因此十分适合水产养殖。冰岛鲑鱼养殖的历史较长，但直到 20 世纪 60 年代冰岛才建成首批培育鲑鱼幼鱼的鱼种场。鲑鱼人工养殖分为幼鲑养殖和成鲑养殖。幼鲑养殖主要通过内河及海洋人工放流。由于鲑鱼是洄游鱼类，人们每年通过某些河流把幼鱼放流入海，鲑鱼在海中长大之后又通过原来的河流成群结队返回，使渔业工人可以很容易地捕获。成鲑人工养殖则是在鲑鱼养大后直接上市，出售给消费者。

除了鲑鱼之外，冰岛还养殖虹鳟等少数其他鱼种。冰岛自 20 世纪 80 年代以来投入可观资金对庸鲽的养殖技术进行了深入研究，已将其开发为重要的养殖产业，产量近年迅速上升。

第四节　能源和工业

一　能源

2005 年冰岛的能源供应有将近 72% 使用的是本国的可再生能源，主要是水力发电和地热资源，其中 54% 是使用地热能，18% 是使用水力发电。其他约 28% 不可再生能源均为进口，其中石油制品占 25.3%，主要用于汽车、船舶和飞机等各种交通工具，煤炭占 2.9%。电力生产的 99% 使用的是可再生能源。

由于冰岛境内有很多瀑布和湍急的河流，因此水力资源极为丰富。冰岛水力资源理论蕴藏量为640亿度，其中有经济开发价值的约为300亿度；可用于发电的地热能蕴藏量约为200亿度：两项加在一起约为500亿度。2004年，冰岛水力发电量为69.7亿度，地热发电量为14.3亿度，两项加在一起为84亿度，只占总蕴藏量的10%。发电量的65%用于能源密集型产业，35%用于普通电力消费市场。2009年，冰岛总发电量达到150亿度，为可开发能源蕴藏量的30%，其中20%是地热发电，总发电量的80%用于能源密集型工业。冰岛还计划将来与外国公司一起利用海底电缆将其廉价的电力输送到欧洲其他国家。

冰岛的电价在整个欧洲是最便宜的。2001年1月，在工业电价最贵的意大利每度电价为8.9美分，德国为5.7美分，法国为4.7美分，瑞典为3.4美分，而冰岛仅为2.2美分。冰岛的人均能源消耗量在全世界属于最高之列，按照世界能源理事会的计算方法，2002年冰岛人均使用初级能源为5000亿焦耳。在2002年的初级能源构成中，有17.4%来自水力发电，54.7%来自地热能，24.9%来自石油，3.0%来自煤炭。不过这种计算方式是把水力发电的效率算为100%，而把地热发电的效率仅算为10%，因此按初级能源计算地热能消耗的比例很高。表4-7为1960~2013年部分年份冰岛的用电情况。

表4-7　1960~2013年部分年份冰岛用电情况

单位：亿度

年份	总用电量	日常生活	能源密集型工业	其中:炼铝业
1960	5.36	3.97	1.39	—
1970	14.60	7.05	7.55	6.42
1980	31.43	14.45	16.98	12.80
1985	38.37	18.34	20.03	12.87
1990	44.47	22.18	22.29	15.09
1995	49.77	24.80	24.97	17.02
2000	76.76	27.83	48.93	37.67
2004	86.19	31.51	54.68	43.90
2010	162.58	30.44	132.14	120.19
2013	177.43	37.63	139.80	124.00

资料来源：冰岛国家统计局。

水力发电 冰岛首次利用水力是1752年在雷克雅未克东面建成水力推动的小型纺织漂洗机。18世纪70年代，农民开始建立小型水磨坊来加工进口的谷物，到19世纪，这种水磨设备已经很普遍。冰岛第一次利用水力发电是在1904年，建在哈布纳菲厄泽的小型水电站发电能力为9千瓦，该小型水电站是私人出资兴建的。冰岛直到1922年才在雷克雅未克郊区埃德利扎河上建成一座规模比较大的水电站，当时发电能力为1032千瓦。1937年冰岛又在廖萨瀑布建造了发电能力为8800千瓦的水电站。1949年全国电力产量为1.9亿度。20世纪50年代冰岛曾经大力发展农村地区的电气化。到1965年年底，几乎全部城镇居民及居住比较集中的农村居民都用上了电，而分散居住的农民有76%用上了电，用电人口占当时总人口的97%。

在20世纪70年代初，水力资源已经有部分得到开发利用。到70年代中期，冰岛已经有21座水电站，总装机容量超过37.6万千瓦。其中规模最大的水电站位于布尔山附近的肖尔索河上，分两期工程于1969年和1972年先后建成投产，其电力主要供给哈布纳菲厄泽市郊外斯特勒伊姆维克的炼铝厂。其他较著名的水电站还有锡加达水电站、斯雷因里姆斯托水电站等。截至1973年，冰岛全国用电量的95.4%是由水电站提供的。此外还有42个小型发电设备，主要使用柴油发电机，其装机总容量为8.995万千瓦，这些设备主要是供应没有电站的地区以及作为备用电源。

冰岛东部卡拉纽卡水电站是冰岛政府出资建设的。经过两年就该水电站是否会对环境造成影响的争论和评估之后，冰岛环境部批准了建设方案，2002年夏该水电站由冰岛国家电力公司开始招标施工，总装机容量63万千瓦，是布尔山水电站装机容量的近3倍，首台机组于2007年投入运行。全部投产后年发电量约为44.6亿度。该水电站位于冰岛最大的瓦格纳冰原的北边，利用该冰原的大量融水发电。建在一个峡谷中的主坝高190米，长730米，是欧洲最高的混凝土面板土石坝，它与另外两座副坝一起构成主水库哈尔斯龙水库，蓄水面积可达57平方千米，有效库容约20亿立方米。另外还建有一座小型副水库。该水电站为冰岛最大电站，地下发电厂房中一共安装了6台水轮机组，两条400千伏高压输电线把电流输送至53千米外位于雷扎尔菲厄泽的电解铝厂。

冰岛的电力生产基本掌握在国家电力公司手里，该公司所属各发电厂生产的电力占冰岛总发电量的90%。冰岛国家电力公司成立于1965年。在该公司的股份中，冰岛政府占50%，雷克雅未克市占45%，阿库雷里市占5%。其主要业务是生产和输送电力，并向当地公共设施销售电力及按特别协议向能源密集型工业供电，目的是通过发展能源密集型工业和满足市场电力需求，促进冰岛能源的利用。该公司在财务上是独立的，有能力筹措资金或向国际金融市场借贷来发展电力系统。公司的经营由三部分组成：一为市场财务部，负责管理公司的财务、金融、营销和各种室内服务；二为运营部，负责公司电力系统的运营，做到以最低成本生产，提供充足安全的电力，以满足市场需求；三为工程施工部，负责规划和开发电力系统，包括一般研究、设计、招标、承包和施工监理的管理。

关于水电站与地热电站的开发利用，冰岛政府已在2003年形成了一个框架计划。该计划根据电站的优势与环境影响确定待开发名单。有关部门一共确定了35座待开发电站，经过研究比较有8座已经着手开展工作。按照经济效益与环保分类，发电站分为A－E级。A级对环境影响最小，E级影响最大。

表4－8为1995～2013年部分年份冰岛公共电厂年发电量情况。冰岛1995年水力发电量为46.78亿度，2000年为63.52亿度。2004年水力发电量为71.31亿度，利用地热发电14.84亿度。2010年水力发电量为125.92亿度，利用地热发电达44.65亿度。2013年水力发电量为128.63亿度，利用地热发电52.45亿度。

表4－8　1995～2013年部分年份冰岛公共电厂年发电量

年份	1995	2000	2004	2010	2013
年发电总量(亿度)	49.76	76.80	86.20	170.60	181.11
水力发电量	46.78	63.52	71.31	125.92	128.63
地热发电量	2.90	13.23	14.84	44.65	52.45
燃油发电量	0.08	0.05	0.05	—	0.03
年人均用电量(度)	18613	27314	29795	—	—

资料来源：冰岛国家统计局。

地热资源　冰岛是世界上地热资源最丰富的国家，热能蕴藏量巨大，在全国各地都可以见到极富利用价值的地热井。地热能主要用于住宅和温室供暖。由于用地热取暖具有廉价、清洁的优点，冰岛有地热的地方都已先后建起了地热供暖系统。20 世纪 70 年代上半期，国际石油价格猛涨，用地下热水取暖的费用只相当于用石油制品作燃料取暖费用的 1/4 ~ 1/3，这进一步推动冰岛广泛地使用地热能。

很早以前，冰岛人就懂得在自家利用温泉水洗澡。在雷克霍尔特，13 世纪著名学者斯诺里·斯图鲁松的浴池至今依然保留着，他就是用温泉水洗澡的。在 17 世纪末，冰岛就出现了工业利用地热的设想，但直到 1773 年冰岛才在雷恰角半岛上建成第一个利用温泉水加热海水、蒸发制盐的作坊。1902 年，在雷克雅未克的勒依加温泉建造了一座公共洗衣房。1924 年，在雷基尔（莫斯山地区）建成用温泉水供热的温室以种植蔬菜。1928 年冰岛开始在雷克雅未克钻井取地热水，1930 年建成第一套远距离热水供应系统，1943 年 12 月该市大型热水供应系统建成投产，使 3.5 万人（当时几乎全体市民）受益，每年共节省煤炭 7.5 万吨。20 世纪 20 年代末，不少寄宿学校和疗养院都建在温泉附近，利用天然地热水取暖。

1933 ~ 1955 年，在雷基尔地热区一共钻了深度为 100 ~ 650 米的地热井 70 多眼，1970 ~ 1976 年又钻了深度为 1400 ~ 2000 米的深井 36 眼。在全国各个城镇也都陆续建起地热水供应系统，到 20 世纪 60 年代末已经有 60% 的居民住宅有地热水供应，70 年代末达到 75%，到 2004 年已有近 90% 的冰岛人口利用地热取暖。首都雷克雅未克已经全部利用地热，一部分热水是从城里的井里提取的，另一部分来自首都北边的地热区。热水的温度为 80℃ ~ 140℃，热水经由一条很长的管道输送到城里，然后与回收水合在一起，水到达屋内仍有 75℃ ~ 80℃。全国各地还用地热建造了 80 多个公共游泳池和一些室外养鱼池。

冰岛还有水温为 200℃ ~ 300℃ 的高热温泉，其蒸汽可以用于工业发电。在 20 世纪 60 年代，对瑙马山地区地热资源的利用就已经初具规模，一座发电能力为 2650 千瓦的小型地热发电站被投入使用，为在 1969 年建成的位于米湖湖畔的硅藻土工厂供电。1977 年又在克拉布拉山附近建成一座规模比较大的地热发电站，装机容量为5.5万千瓦，以供应冰岛北部地区的用电。该发电站建在四周荒无人烟的山谷之中，利用当地高达270℃的地热能源发电，由于发电机是用电子计算机控制的，因此每班只需要两个人管理，全站工作人员总共只有14名。

奈斯亚威里尔地热区是冰岛能量最为巨大的亨吉尔火山地热区的一部分。奈斯亚威里尔地热电站是雷克雅未克能源公司在奈斯亚威里尔附近高温地热区建立的一座集发电和热水生产功能于一身的地热电站。该电站目前有三台发电机组，总装机容量为9万千瓦，热水生产能力为每秒1100升。

凯夫拉维克国际机场南边20千米有斯瓦辛基（意思是“黑草地”）地热发电厂，该发电厂是苏欧内斯热能公司修建的。该发电厂用地下1000米深的高温蒸气井将凉水加热，然后供应给周围的居民点。该厂也使用汽轮机发电。靠近国会湖南边也有一座新的地热发电站给首都供热，叫大场电站，其运作模式与斯瓦辛基地热发电厂相同。2005年地热能的使用比例是：用于房屋取暖的占57.4%，用于发电的占15.9%，用于养鱼池加温的占10.4%，用于冬季道路融雪的占5.4%，用于工业的占4.7%，用于游泳池加温的占3.7%，用于蔬菜温室的占2.6%。

2005年冰岛国家能源局实施“冰岛深钻项目”。根据该项目，冰岛未来将在地下4000～5000米深处开采热蒸气。深钻的目的是借助地下400℃～600℃的高温进一步提高能源产量，从而更有效地利用地热带来的能量。该电站位于距离冰岛首都雷克雅未克以东20分钟车程的海德利斯荒原地区，于2006年春投入运行，投资额达3.4亿美元，2005年已经成功地钻探到了3082米的深度。估计在这个深度，温度将比地面温度上升200℃左右，所能利用的能量也从5000千瓦增加到5万千瓦。甚至有人预测，到21世纪末冰岛可能成为“北方的科威特”，以液氢的形式向世界输出能源。雷克雅未克能源公司为这座发电站争取的第一位大客户是在雷克雅未克以北设有工厂的美国北欧铝业公司。能源供应商苏欧内斯热能公司也在凯夫拉维克国际机场附近修建了地热发电站。

由于冰岛开发地热历史悠久，其地热利用技术具有工艺简单、成本低、收效大等特点。联合国大学与冰岛能源局合作，建立了地热技术培训项目，从1979年开始在雷克雅未克开办地热技术培训班，专门为发展中国家培训地热技术人员。到2005年，共有来自39个国家的338名地热技术人员到冰岛接受过为期6个月的培训，并有70多名技术人员接受过短期培训（2周~4个月）。从2000年开始，该项目还与冰岛大学合作，共同培养地热研究方向的理科硕士，到2005年已经有8名学生获得硕士学位。从1994年起，该项目用英文出版《冰岛地热培训年鉴》，每年一部，介绍世界各国与地热技术及开发项目有关的最新情况和科研进展。

其他能源 迄今冰岛的石油制品完全依靠进口。在进口的石油中，90%被用于渔船和各种交通运输工具。近年来冰岛已经着手勘探和开发海洋石油。冰岛政府于2001年和2002年先后向两家外国勘探公司发放许可证，对扬马延岛海脊冰岛大陆架地区的海底油气资源进行勘探，并于2007年发放在该地区开采油气资源的许可证。根据1981年冰岛政府与挪威政府就扬马延岛周围地区的协定，由于两国都主张200海里专属经济区，在相互重合的海域如果发现油气资源，双方均有权享有25%的份额。

在全球能源短缺的问题日趋严重的情况下，冰岛是目前世界上唯一一个计划减少石油使用量的国家，它正在推广使用氢燃料电池，使其最终取代石油制品。广泛使用氢动力燃料电池不仅可以使冰岛的温室气体排放量减少一半以上，还能促进冰岛经济的增长。2003年，冰岛有3个城市的公共汽车开始使用氢燃料电池，2006年之前就有氢动力的家用汽车上市。冰岛政府2015年开始把渔船的动力系统也更换成使用氢燃料电池。冰岛的科学家和政治家设想到2040年或2050年冰岛能够完全不再使用矿物燃料。

氢燃料电池不仅没有污染，而且更为耐用。冰岛在发展这一技术方面已经独领风骚数十年。早在1978年，雷克雅未克大学教授柏拉基·阿纳松就指出，冰岛到2030~2040年可能会成为“氢动力”社会，完全不使用矿物燃料，转而依靠洁净的氢能源，而它的副产品只有热和水。如今，阿纳松的“狂想”已经成为诱人的投资机会，戴姆勒-克莱斯勒公司、壳牌公司等都参与了与冰岛共同研究开发氢燃料电池的工作。为了使氢成为真正的、能长期使用的、可再生的替代燃料，它就得用一种洁净、便宜的电能来进行电解。这正是冰岛得天独厚的方面，因为它有丰富的水力和地热资源。

二 工业

在19世纪末以前，除了家庭手工业之外，冰岛几乎没有什么工业。1890年，从事工业的劳动人口只占总劳动人口的2.6%。带甲板渔船和拖网渔船被投入使用后，沿海许多城镇迅速发展，为各种工业的发展创造了条件。从1930年开始，冰岛对进口实行了各种限制，这对本国一些制造业的建立极为有利。1920年，工业人口只占冰岛总人口的11%，1940年为22%，1965年达到36%，其中近1/3从事建筑业。

在20世纪60年代中期以前，冰岛最重要的出口工业是渔产品加工业。几乎每个渔镇都有一家速冻工厂，有些城镇甚至有几家，并且装备了高效切片机等现代机械设备。冰岛的渔产品加工业在20世纪发生了很大变化。1918～1939年，咸鳕鱼是最重要的出口产品。1939～1949年，用拖轮运往英国的冻鲜鱼是主要出口产品。1946年，冰岛开始大量出口速冻鱼片，其产量迅速增加，冻鲜鱼的出口则不断下降。全国各地建起了许多速冻工厂。1992年全国有各类渔产品加工厂300余家。另外，一些规模比较大的机械厂和渔船厂对渔船进行维修，过去还制造小型和中型渔船。机械厂还为渔产品加工业制造各种类型的机器和设备。有若干厂商制造捕鱼工具以及水手所需要的成套工具，另有一些厂商为鱼类产品进行包装加工，还有海藻制品厂，专门生产各种海藻制品。

现在冰岛的渔产品加工业十分发达，加工能力强，渔业机械技术先进，某些领域在世界上处于领先地位。比如，冰岛渔业公司加工红鱼、三文鱼的生产线现代化水平高，生产线年加工能力都在3万吨以上，加工产品已经占领欧洲和日本市场。冰岛全国有100多个具有一定规模的渔产品加工厂，这些加工厂都能通过传送带用机器将鱼去皮、去骨和切片，电子计算机已经被广泛用于渔产品加工业。冰岛渔船已经普遍使用自行研制的高灵敏度电子秤，在风浪颠簸的渔轮上能保证所称鱼虾的分量准确无误。冷冻是最重要的加工方式，约占产值2/3的捕获渔产品被速冻加工。此外还有能大大降低原料消耗的电子腌鱼设备，从而使加工效率大大提高。冰岛有很大一部分鳕鱼用盐腌制后出口到地中海国家。

鳕鱼加工已经实现现代化，清洁明亮的加工车间里几乎嗅不到死鱼的腥臭味。一条条鳕鱼从筛选定级、刮鳞去头、清除内脏、剔骨去皮到切片包装冷冻，整个过程几乎都是通过机械化的流水作业完成的。剩下的鱼头、鱼皮、鱼骨和内脏也都分别被加工成不同的产品，各有用途，毫不浪费。例如用鱼皮制成的钱包、文件包、帽子、手套等，新颖而别致，富有特色。由于加工能力的提高，冰岛本国生产能力过剩，不少工厂都在帮助俄罗斯加工其出口到其他欧洲国家的渔产品。

冰岛的轻工业有纺织业、服装加工业、制鞋业、家具制造业、糖果业、塑料工业等，重工业有电力工业、炼铝业、化工业、建筑业、采矿业等。其中占有特殊地位的是为外贸出口服务的毛纺织业，产品有毛线、毛毯、地毯、挂毯、毛衣等。印刷业和出版业也是比较大的行业。冰岛的假肢技术、机械制造，包括废纸再生机械等，都处于世界领先地位。

冰岛著名的奥索公司（Ossur）目前是世界第二大假肢公司，也是假肢技术最先进的公司之一。2004 年 8 月，中国残疾人运动员选用该公司的假肢产品，在雅典残奥会上取得了 8 金 1 银的好成绩。该公司在 2005 年研制出新型假肢关节，可为缺失关节以上腿部的残疾人爬山和上楼梯提供方便。该公司的销售网络遍布世界各地。由于该公司十分看好中国庞大市场的发展前景，近来加紧了拓展中国市场的计划。该公司已与北京瑞哈假肢公司建立了业务联系，并于 2005 年并购了中国香港一家美资企业 Royce 医药公司，借此加强与中国的合作，开展该领域的科学研究、市场开发及投资设厂等业务。

冰岛经济受渔业影响很大。20 世纪 70 年代以来，由于捕捞作业的不稳定、国际市场渔产品价格的波动和激烈的国际竞争，冰岛经济受到很大影响。同时政府为限制渔业捕捞规模而禁止为渔船队建造新的船舶，使冰岛的造船业很不景气，造船厂仅从事船舶修理并使其装备现代化。冰岛还有几家生产渔业设备的公司，其中包括主要利用由美国供应的零部件生产现代电子仪器的装配企业。

为了摆脱国民经济对渔业的过分依赖，冰岛不断加快工业化的步伐。早在1953年年底，冰岛在雷克雅未克附近建成一家硝酸铵化肥厂并投产。它是当时冰岛最大的工业企业之一，到1965年，年生产硝酸铵2万吨，产品几乎全部供国内需要。1958年在阿克拉内斯建成一家水泥厂并投产，当时每年生产约10万吨水泥和2.5万吨石灰。冰岛没有石灰石，水泥厂的原料是从法赫萨湾30～40米深的海底的1～5米厚的地层中挖掘出的海生贝壳。冰岛由于缺少木材、适合建筑用的石料以及制砖用的黏土，所以冰岛人均每年消耗的水泥为0.5吨左右，在欧洲是最高的。新建的制盐厂则生产食用盐和医用盐，产品已经向欧洲、美国、日本等许多国家和地区出口。

从20世纪60年代末起，冰岛发展了一批与外资合营的能源密集型工业部门。这些部门充分利用本国丰富的水电资源和地热资源，以改变本国的产业结构和出口商品结构。冰岛政府同美国曼维尔公司合资经营硅藻土滤净剂的生产，该厂于1968年在米湖湖畔建成投产，为冰岛当时第三大厂。该厂开采米湖中的硅藻土，年产滤净剂2万多吨，在投产第二年就向英国、荷兰和瑞典销售了7400吨。冰岛硅铁公司是由冰岛政府、挪威埃尔克姆公司和日本住友公司合资经营的，于1979年建成投产，是冰岛当时第二大厂，年产硅铁5万吨左右。1993年冰岛工业总产值占国内生产总值的10.9%，工业品出口占出口总量的20%，工业就业人口占总就业人口的12.5%。1993年冰岛生产铝锭9万吨，硅铁5.1万吨，水泥9.7万吨，硅藻土滤净剂2万吨，发电量和电力消耗量均为45亿度；2002年生产水泥8.26万吨，铝锭28.54万吨，硅藻土滤净剂2.26万吨，硅铁12.06万吨，发电量和电力消耗量均为85亿度。

冰岛政府与瑞士铝业公司经过数年谈判，于1966年签署协议成立冰岛铝业公司，共同投资兴办电解铝厂，厂址设在哈布纳菲厄泽市郊外机场路附近的斯特勒伊姆维克，设计年生产能力为9万吨。该厂于1969年正式建成投产，成为冰岛当时最大的工业生产厂家。这个厂的原料氧化铝起初完全从澳大利亚进口，生产的电解铝主要销往欧洲各国。虽然运费较高，但由于炼铝需要消耗大量电力，而冰岛的电价成本比欧洲大陆地区低约30%，而且冰岛能够确保长期提供低价电力，所以利润依然可观。1978年该厂产品的出口额已占冰岛出口总额的15%。总部设在加拿大蒙特利尔的阿尔坎铝业公司于2000年兼并了瑞士铝业公司，该厂便转到阿尔坎铝业公司旗下，更名为冰岛阿尔坎公司。该厂2000年产量为16.8万吨，2003年、2004年产量均为17.6万吨。2005年该厂创下新的年产纪录，产量达到17.94万吨，约为该铝厂原设计年产量的1倍。这一成绩归功于各种技术革新和可靠的生产流程。该厂生产过程已完全由电子计算机控制，产品质量经过ISO－9001标准认证，环境管理体系经过ISO－14001标准认证（在冰岛是第一家），以及OHSAS－18001国际标准认证。

第二座电解铝厂是由美国哥伦比亚合资公司投资兴建的北欧铝厂。该厂位于雷克雅未克附近的格伦达坦吉，于1998年建成投产，2001年7月生产能力达到9万吨/年，原料氧化铝主要是从澳大利亚跨国矿业企业比利顿公司在苏里南的氧化铝厂运来的。2003年和2004年，该厂产量均为9万吨。

2003年，总部设在美国匹兹堡的全球最大的铝业公司美国铝业公司兼并了美国哥伦比亚合资公司，并于2004年5月正式启动北欧铝厂的扩建工程，将该厂年生产能力从9万吨增加到18万吨。该项扩建工程于2006年投产，总投资金额为3.13亿美元。它同时也带动了雷克雅未克市能源公司和Sundurnes热力设备公司联合投资约6.82亿美元兴建和扩建电厂。这项工程在建设期间需要800名工人，工程竣工后，电厂和铝厂还另招聘200名雇员。美国铝业公司2005年宣布为该铝厂达成了一项电力供应协议，可使其生产能力到2007年增至22万吨，2008年第四季度进一步扩大到26万吨。同时该厂已经从冰岛政府获得年产30万吨的扩建许可证，未来还有进一步扩建的空间。

1997年冰岛电解铝产量为12.3万吨，占欧洲纯铝产量的3.41%；2004年铝产量达到26.2万吨，占欧洲纯铝产量的份额跃升到6.33%。

尽管环境保护主义者坚决反对在冰岛东部荒无人烟的高原峡谷兴建对环境有巨大影响，甚至可能造成污染的炼铝厂及与其配套的大型水电站，但冰岛议会依然于2003年3月以41票赞成、9票反对的结果通过了允许该工程上马的决议，从法律上扫清了工程的最后障碍。此前冰岛左翼绿色运动提出的将此工程付诸全民公决的议案以 6 比 35 的投票结果被否决。由于此项工程被拖延很长时间，等到议会通过决议允许该工程上马时，主要外国投资公司挪威水电公司内部又出现了财务问题，不能继续在冰岛投资，于是冰岛又转向其他国家寻求投资。最后美国铝业公司决定投资兴建这项工程。

2004 年第四季度，美国铝业公司投资 11 亿美元在冰岛东部峡湾小村镇雷扎尔菲厄泽建设的铝厂工程破土动工。该厂名为“阿尔可 - 菲亚扎尔”，意思是“峡湾之铝”。该工程可为冰岛增加 1000 多个短期工作岗位和 450 个长期工作岗位，首期经营期限达 20 年。铝厂建成后，每年可为冰岛赚取 4.5 亿美元的外汇。该项目于 2007 年年中建成投产，年产电解铝 32.2 万吨。由于该项目可能造成较严重的污染，该公司因此修改了建设方案，采取了一系列环境保护措施。为满足该冶炼厂的电力需求，冰岛国家电力公司同意新建一个装机容量为 50 万千瓦的水电站，为其提供 40 年有竞争力的电价。国家电力公司于 2003 年与 19 家跨国银行签署了为期 5 年的贷款合同，总金额为 3.98 亿美元，其目的是为铝厂提供配套的能源供应和设备。

2006 年 2 月冰岛政府公布了美国铝业公司在冰岛的第二座铝厂已选定地址并开始可行性研究的消息。位于冰岛北部的胡萨维克市居民一片欢腾，因为这可以为该地区带来大量发展和就业机会，阻止人口进一步流向大城市。该铝厂设在巴基，位于胡萨维克市北部，预计年生产能力为 25 万吨，规模略小于当时在建的东部铝厂。其他地区的公众对新铝厂的建设则毁誉参半。社会民主联盟领导人称，连续建设三大铝厂是冰岛国家之不幸。左翼绿色运动主席甚至讽刺说，应当给政府颁发“羞耻奖”以表彰他们在美国铝业公司面前卑躬屈膝。执政的进步党和独立党则表达了强烈支持的立场。面对种种质疑，为了保护环境，冰岛政府建设了地热发电站来供应该铝厂所需要的电力。

2004 年冰岛铝锭出口创汇总额为 4.42 亿美元，占当年出口总额的 19%。“阿尔可 - 菲亚扎尔”铝厂规模为年产 32.2 万吨，扩建后的北欧铝厂年产量达到26万吨，阿尔坎铝厂的实际年产量为18万吨。上述项目在2007年全部竣工投产，冰岛铝年产量达到76.2万吨，其出口创汇超过10亿美元。如果以2004年出口总额计算，纯铝出口额接近冰岛出口总额的40%。鉴于冰岛炼铝产业的国际地位日渐上升，第十届世界铝业大会于2005年7月在冰岛首都雷克雅未克举行。2013年，以电解铝、硅铁为主的能源密集型产业成为冰岛仅次于旅游业、渔业的第三大创汇产业。

2013年冰岛铝及铝制品出口2153亿克朗（约17.6亿美元），列单项货物出口第一位，占出口总额的35.3%，占GDP的12%；硅铁出口200亿克朗（约1.6亿美元），占出口总额的3.3%，占GDP的1.1%。

2007年之后，如果冰岛充分利用《京都议定书》的规则，将所拥有的二氧化碳排放量配额，应用在北部或雷恰角半岛拟兴建的年产30万吨的铝厂上，冰岛铝年产量可望突破百万吨，使冰岛跻身世界铝业大国的行列，同时其铝产品出口有可能接近或达到其出口总额的50%。冰岛的经济结构将完全改观，长期依赖渔业支撑国内经济发展的时代将一去不复返。

第五节　交通和通信

一　交通运输

海洋运输　冰岛是地处偏远、各种资源和物产都相当匮乏的岛国，因此通过海洋运输与外界交往十分重要。由于大多数城镇和村庄位于沿海地区，所以自古以来沿海航行也十分重要。冰岛的海运和空运都很发达，交通运输以航运为主，比如，货物运输主要就依靠海运。冰岛沿海建有大小62个港口码头，其中15个码头可停泊货轮和游轮。其中，雷克雅未克新建的顺达港是最重要的外贸港，承担了全国约70%的进出口和中转运输，年吞吐量约为27万个标准集装箱。还有3个为电解铝厂修建的专用港，其余港口多为渔港。冰岛与欧洲的汉堡、鹿特丹，北美的哈利法克斯、波特兰等主要港口都有定期航线。环岛海运是冰岛国内传统的运输方式，但由于运输时间长和货物周转不便等原因，现除大型设备采用环岛海运外，其他货物多改用陆地和航空运输。2010 年冰岛海运总量约 600 万吨，占冰岛进出口货物量的 98%。

在 19 世纪下半叶之前，来往于冰岛与其他国家之间的航船很少，而且不定期。从 19 世纪下半叶开始，航船来往的次数增加了，同时开始有定期的航班。但是直到第一次世界大战以前，所有的海运船只实际上都掌握在外国人手里，主要是丹麦人和挪威人。从 1914 年开始，冰岛才成立了冰岛本国的轮船公司。

海运在冰岛的经济生活中，尤其在对外贸易中占据重要地位。1965 年年底，冰岛商船队共有 51 艘船，总吨位约为 7.35 万吨，包括客轮 7 艘、货船 33 艘、油轮 11 艘。当时，冰岛进出口商品大约有 65% 是由冰岛的船只运输的，煤炭、木材、盐等大宗商品多由外国货船运往冰岛。1986 年，全国拥有客轮、油轮和货轮共计 129 艘，国际运输装货量为 93.3 万吨，卸货量为 156.5 万吨。1990 年，冰岛有载重 100 吨以上的货轮 395 艘，总载重量为 15.5 万吨。2002 年冰岛共有注册船只 1135 艘，其中渔船 943 艘。2014 年，冰岛的注册船只数已达 1685 艘，总吨位为 14.73 万吨（见表 4－9）。

表 4－9 2014 年冰岛注册船只情况

项目	数目(艘)	总吨位(吨)
船只	1685	147336
拖网渔船	49	57444
无甲板船	863	4239
有甲板船	773	85653

资料来源：冰岛国家统计局。

冰岛怡之航集团公司是冰岛最大的航运公司，已有百年历史，每年承运冷藏鱼达 80 万吨，在欧美各国设有多家物流冷库，为冷藏鱼提供运输仓储。该集团公司于2004年11月在中国青岛设立办事处，提供冷藏物流服务。2005年5月该公司总裁专程赴青岛考察青岛物流行业，希望能找到合适的合资、合作项目，以便拓展在亚洲的冷藏物流业务。目前，该公司已在青岛注册了公司，该公司名叫青岛怡之航国际物流公司，并在青岛拥有亚洲最大的冷库。

冰岛有许多天然良港，最大的港口是雷克雅未克，还有哈布纳菲厄泽、阿库雷里、塞济斯菲厄泽、韦斯特曼纳群岛的赫马岛等。在20世纪初以前，冰岛没有任何现代港口，连能装卸货物的木码头也为数不多。1913年冰岛开始在雷克雅未克建设大型港口。此后全国在大多数地方相继建设了现代化港口。各港口年吞吐总量为200万~250万吨，其中半数集中于首都。

陆上运输　冰岛陆上交通运输的一个重要特点是没有铁路。冰岛人口太少并且居住过于分散，因而没有必要修建铁路。陆上的交通运输因此完全依靠公路。2001年有关方面曾提议修建从雷克雅未克市至凯夫拉维克国际机场的高速铁路，经过可行性研究，最后得出“不宜修建”的结论。原因是建造费用和维护费用高昂，客流却不会大，如果建造必然入不敷出。

在19世纪末之前，冰岛只有古老的驮马小道，几乎从来没有使用过有轮车辆。直到1880年冰岛才开始建设第一条马车路，该条马路从雷克雅未克朝东翻过山直达南方低地地区。在1900年左右，全国各地开始规划修建公路。过去交通的最大障碍是大河，因为必须架桥才能过河。冰岛的第一座浮桥于1890年建成。现在，冰岛在大多数河流上都建起了桥梁，有些河上还建了多座桥梁。自二战结束以来，冰岛政府投入大量资金用于建筑公路和桥梁，投入的资金曾经连续多年占国家预算总额的9%~15%。许多公路路面在开始时是用砾石或火山渣铺成的，路况比较差，路面也比较窄，尤其在冬天公路被冰雪覆盖之后很难安全通行；后来冰岛才逐步铺设沥青路面，并提高公路的质量等级。在20世纪60年代末，冰岛公路总长度达到9000千米，2002年公路总长度为1.2995万千米，目前冰岛已经建成四通八达的公路网。在1968年5月26日之前，冰岛人在公路上开车依照英国的传统一律靠左侧行驶，在此之后才改为一律靠右侧行驶。

1971 年冰岛开始修建 1 号环岛公路。1974 年在冰岛庆祝人类移民冰岛 1100 周年之际，冰岛建成了国内当时最长的斯凯扎劳河大桥，该桥位于冰岛南部，全长 964 米。从此环冰岛公路全线贯通，全长约 1450 千米，人们可以驾车周游整个冰岛。冰岛修建的第一条公路海底隧道是华尔峡湾隧道。冰岛长途客运公司是最大的公路运输商，每日有班车从雷克雅未克开往全国各地。它发行两种巴士通票：一种是环岛旅游票，另一种是巴士周游券。去内陆高原则需专门的巴士票。

1965 年全国机动车保有量为 3.5 万辆，其中小轿车 2.84 万辆，其他是卡车和大客车。表 4－10 为 1995～2013 年部分年份冰岛登记机动车的数量情况。1995 年冰岛拥有小轿车 11.9 万辆，大客车 1295 辆。2004 年，冰岛全国拥有小轿车 17.5 万辆。2013 年，小轿车数量达到 21.3 万辆，大客车数量为 2179 辆。

冰岛的汽车全部依靠进口。2005 年冰岛汽车进口创历史纪录，比上年增加了 50%，共有 2.6 万辆私用和商务用新车及二手车进入冰岛。2004 年进口的新车是 1.2 万辆，2005 年是 1.81 万辆。2006 年汽车进口减少 27%，只有 1.9 万辆左右。2007 年进口约 1.5 万辆，2008 年进口约 1.4 万辆。

表 4－10 1995～2013 年部分年份冰岛登记机动车数量

单位：辆

年份	1995	2000	2004	2013
小轿车	119232	158936	175427	213113
大客车	1295	1673	1762	2179
载重汽车	14757	19432	23035	30757
摩托车	1881	2278	3105	10213
每千人拥有小汽车	445	562	598	658

资料来源：冰岛国家统计局。

冰岛优先致力于发展氢能经济。1999 年，壳牌公司在冰岛的控股公司、挪威海德鲁公司以及戴姆勒－克莱斯勒公司共同投资建立了冰岛新能源公司。该公司在评估了氢燃料电池在冰岛的使用情况后，在2000年末筹备启动生态城市运输系统工程。该项目在雷克雅未克实施，为期4年，测试3辆戴姆勒-克莱斯勒公司制造的氢燃料电池公共汽车。所用的氢是通过电解水得到的，在燃料电池中氢和空气中的氧通过电化学反应生成水并释放出电能，因此没有任何污染并且不排放二氧化碳。由于公共汽车是用电力驱动的，行驶起来噪声也很小。这个项目于2001年3月启动，这些公交车在城市街道上运行两年。这个工程和欧洲的CUTE工程同时运行，项目总成本约为670万欧元，欧盟出资280万欧元，其余部分来自贸易伙伴。

2003年4月23日没有污染的新型汽车燃料氢气在冰岛投入商业使用。冰岛壳牌汽油公司经营的氢燃料供应站正式开张，这是世界上第一座氢气加油站即加氢站。在冰岛街头行驶的3辆燃烧氢气的公交车在此加“油”，添加一次氢燃料足以维持公共汽车一天的行程。BBC等30多个世界主要媒体参加了开张仪式和随后举行的记者招待会。冰岛公众对氢燃料的支持率高达93%。

由于有庞大的可利用的清洁能源供应，冰岛可以直接用全国电网通过电解淡水来生产氢燃料。据测算，在冰岛建16个加氢站就可以满足全国的需要。2003年11月，冰岛与其他14个国家及欧盟委员会在美国共同签署协议，正式建立“氢能经济国际伙伴关系”（IPHE），旨在协调国际氢燃料研究及技术开发。

冰岛想让其他交通工具如汽车和船只都使用无污染的氢燃料。但氢技术仍有不完善之处，如成本高、不易储存和分配。美国和欧盟国家都在寻找方法，从而更广泛地利用氢燃料电池来为车辆提供电力。船只使用氢燃料的技术难题比公共汽车要大得多：公共汽车每天可以携带40公斤氢燃料；而一只装有500千瓦发动机的小型拖轮必须携带1吨氢燃料才能保证其在海上航行4~5天。

航空运输　1990年全国一共有民航飞机284架，其中双引擎飞机61架；到2002年共有民航飞机357架。国内航线由冰岛航空公司和天鹰航空公司经营；国际航空业务主要由冰岛航空公司、亚特兰大冰岛航空公司、泛美航空公司、北欧联合航空公司等经营。航运的运费比较低（不需要政府补贴），国内每个人都可以乘坐飞机。

冰岛有许多沙砾地区，有利于修建简易机场，因此全国主要城镇都建有简易机场，其中定期通航机场有 30 个。雷克雅未克以西的凯夫拉维克国际机场为主要航空港，2008 年运送旅客 202 万人次。其他大型机场还有雷克雅未克机场、北部的阿库雷里机场和塞道尔克罗屈尔机场、东部的埃伊尔斯塔济机场。2009 年冰岛全国共有民航飞机 406 架，年运送旅客 170 万人次。2013 年仅冰岛航空公司一家即运送旅客 225.7 万人次，较 2012 年同比增长 12%，旅客运送量再创历史新高。

冰岛于 1919 年拥有自己的第一架飞机，于 1928 年成立了第一家航空公司，但该航空公司仅运营几年之后即告歇业。1937 年航空业务恢复，冰岛成立了冰岛航空公司，当时称为冰岛阿库雷里航空公司，仅用一架水上飞机运营。1945 年该航空公司开通了第一条国际航线，从冰岛飞往英国的格拉斯哥，使用加固型凯特琳娜飞艇，随后又开通了到哥本哈根的航线。1946 年，该公司引进陆上飞机，用从苏格兰航空公司租赁的“解放者”轰炸机改装的客机运营普雷斯蒂克（位于英国格拉斯哥附近）和哥本哈根的航线。1948 年，公司购进了道格拉斯的 DC－4 型飞机。1950 年公司正式改名为冰岛航空公司，冰岛政府拥有该公司 13.2% 的股份。1957 年该公司购进了两架英国宇航公司的子爵号飞机，随后又引进了 DC－6型飞机。考虑到冰岛各个城市之间相隔很远并且人口都比较稀少，修建公路很不合算，再加上竞争对手洛夫特莱齐尔航空公司决定将其运力集中在国际航线上，冰岛航空公司因此决定建立一个由 13 个城市构成的国内航线网，最初使用的是 DC－3 型飞机，以后这些飞机逐步被福克 27 型飞机所取代。

洛夫特莱齐尔航空公司成立于 1944 年，最初只拥有一架水上飞机，并且只经营国内航线，但在二战后开始以低成本经营跨越大西洋的航线。1952 年该公司停止了国内业务，此时它已经开通到哥本哈根（1947 年）和纽约（1948 年）的航线，使用机型为 DC－4 型飞机，以后机型几次更新升级。

1973 年上述两家航空公司合并成立冰岛航空公司，但当时该公司只是作为这两家公司的控股公司。1979 年，这两家公司的经营业务也合并到一起。冰岛航空公司的航线网依旧为旅客提供跨越大西洋的服务，但由于国际航空运输协会（IATA）对航空公司经营管制的放宽，旅客们不必再选择经冰岛跨越大西洋的航线。目前，该公司与欧洲和北美几十个城市通航。与此同时，冰岛航空公司把国内航线网减少到 10 个城市。其最大的股东是冰岛的恰之航集团，该集团拥有 34% 的股份。

亚特兰大冰岛航空公司成立于 1986 年，是一个家族式私营公司，最初主要是为经营定期国际航班的航空公司（德国汉莎航空公司、西班牙航空公司、突尼斯航空公司等）提供湿租业务，1993 年开始经营包机业务。但由于冰岛人口少，各航空公司的运力过大，因此该公司的主要业务仍然是湿租业务。

天鹰航空公司是一家三类航空公司，其机队由小型飞机组成，适合为冰岛诸多小城市提供通航服务。冰岛亚特兰大航空公司、天鹰航空公司和英国从事包机业务的 Excel 公司在 2004 年合并，新成立 Avion 集团公司。该公司于 2005 年正式运营，年营业额达 10.03 亿美元。

冰岛快捷航空是冰岛新成立的航空公司，其飞往哥本哈根和伦敦的航线于 2003 年 2 月 27 日正式开通。这两条航线每天往返，上午飞哥本哈根，下午飞伦敦，票价十分低廉：到哥本哈根往返包括机场税为 14660 克朗（约合 175 美元）；到伦敦往返包括机场税为 14160 克朗（约合 170 美元）。而冰岛航空公司的正常票价为 4 万 ~6 万克朗。现在，冰岛航空公司不得不把昂贵的票价降下来。冰岛快捷航空的出现使得冰岛人摆脱了冰岛航空公司多年的高价垄断，受到冰岛各界的热烈欢迎。

冰岛航空公司在不断扩大经营规模并提高运营能力，以适应不断增长的旅游需求。2004 年，冰岛航空公司将其上市股份扩容了 40%，扩容的市值达到 1.17 亿美元，通过此项扩容所获得的资金将被用于购买新飞机、对现有飞机进行内部改造等。在扩充国内运力的同时，冰岛航空公司还不断地拓展其海外市场，如租赁以色列航空公司的飞机在以色列至美国的航线上运营，代理联合国管理科索沃机场等。

二 邮政通信

1997 年 1 月 1 日，冰岛政府决定将原来的冰岛邮电部改制成冰岛邮电有限责任公司。1998 年 1 月 1 日该公司又进一步划分成两个独立的实体：冰岛邮政公司和冰岛电信公司。后者具有绝对的竞争自由，而邮政在 5 年内不会放开到全面竞争的程度。这样的划分可以使原来就利润颇丰的电信事业独立发展，同时使不景气的邮政部门能够集中精力开展自己的业务。1999 年 4 月，冰岛邮电有限责任公司发布了该公司成立以来的第一个年度报告，宣布邮政亏损减少。虽然冰岛邮政公司的财务状况已经有了起色，但这主要得归功于大幅提高的邮政资费。主要的改革是取消了几十年来一直对邮寄出版物采用的邮资补贴，提高了挂号邮件的价格和挂号费，也大大增加了报刊的邮资。2005 年 7 月冰岛政府把国有冰岛电信公司的股权以 667 亿克朗（约合 10.3 亿美元）的价格出售给了银行及养老基金协会，对该公司实行民营化。在 2007 年年底之前，银行及养老基金协会向社会公众出售了冰岛电信公司超过 30% 的股份，并且该公司在证券交易所挂牌上市。

截至 1999 年 11 月，冰岛全国人口中移动电话拥有者的比例达到了 65%，超过芬兰 64% 的占比，跃居世界第一。而在 1997 年，冰岛的移动电话普及率仅为 24%，远远落后于芬兰 40% 的普及率。2000 年冰岛的手机普及率达到 78%，仍为世界第一。其他前十名的国家和地区是：奥地利（76%）、芬兰（75%）、中国台湾（73%）、中国香港（72%）、意大利（71%）、瑞典（71%）、挪威（71%）、以色列（69%）和瑞士（69%）。2001 年移动电话普及率最高的地区是卢森堡，普及率为 96.7%，其次为中国台湾（96.6%）、中国香港（84.44%）、意大利（83.9%），冰岛为 82%，排名第五。

20 世纪 90 年代末冰岛电信部门开始私有化进程。电信设施完全数字化。2006 年年底，在 16 ~ 75 岁的人口中，手机登记用户达 99%。2007

年，89%的家庭拥有电脑，84%的家庭接入了互联网（欧盟平均水平为48%）。2013年，每千人拥有电话630部、手机1010部，90%的家庭可上网。最大电信公司是冰岛电信（Siminn），该公司拥有80%的固话市场份额及约65%的手机市场份额。国际电信巨头沃达丰公司收购了冰岛两家私营电信公司，在冰岛手机市场占有一席之地。

第六节　服务业

一　概述

冰岛服务业发达，包括国家及地方行政与公共事业、金融保险业、商业、餐饮业、旅游业及其他服务行业。

在19世纪末之前，冰岛大部分商业都掌握在外国人手里。从20世纪初开始，这种情况发生变化，冰岛的商业逐步转移到冰岛人手里。冰岛最初的合作社组织成立于1882年，不久这类组织逐渐增多，并于1902年成立了冰岛合作社联合会，该联合会拥有并管理着大部分屠宰场、奶牛场以及许多冷冻厂。这个联合会曾经是冰岛最大的进口商（1962年占总进口量的15%），同时也是最大的出口商（1962年占总出口量的20%）。这个联合会中的公司在保险以及商业贸易各个方面都很活跃。外国的公司在冰岛没有分公司，它们的业务由冰岛的代理商来办理。80%～90%的批发企业以及一半以上的零售企业都集中在雷克雅未克。

在冰岛信用卡和借记卡的使用极为普遍。几乎90%以上的零售交易使用的是信用卡或借记卡。1999年，冰岛每人每年使用电子货币的平均次数高达225次，这远高于欧洲其他国家，排在第二位的挪威只有80次，第三位的英国约为70次，丹麦人均每年只使用5次信用卡。对2004年使用信用卡进行网上购物的调查结果显示，冰岛有32%的受访者进行过网上购物，这一比例仅次于英国的35%，而丹麦的这一比例为17%，德国、奥地利和芬兰分别为7.5%、7%和6%。

商标注册由冰岛工商部下属的商标局负责管理。申请注册商标的个人或公司，应委托冰岛商标专利代理协会会员作为代理人。商标注册申请书必须以书面形式向商标局提交，内容包括商标的设计图案，以及申请人的姓名或公司名称，申请书还应说明申请注册的商品或商品类别。如按正常程序审查未发现任何妨碍注册的事项，商标注册员将尽快发布申请公告，公告将在政府公报或政府出版的专门刊物上公布。如有人对商品注册有异议，要说明理由，并在公布之日起的两个月内以书面形式提出。如无异议，则商标注册申请将获批准，商标将在商标局注册，并予以公布。自申请被存档之日起，商标注册即获得保护，有效期为 10 年。申请重新注册必须在注册有效期期满之内，不得早于 1 年或迟于 6 个月办理。注册商标的商品共分 42 大类，商标注册的收费标准最低为 1.13 万冰岛克朗，最高为 8 万克朗。

专利批准由冰岛工商部下属的专利局管理。申请专利要以书面形式向专利局提交，内容包括发明的概述，如有必要也可包括图表以及专利寻求保护的明确阐述。

二 旅游业

在旅游业方面，冰岛以其得天独厚的地热喷泉、火山地貌和冰川雪景等旅游资源吸引着国外游客，被国际旅游界誉为“人间火星”，具有开展观光旅游、科学考察、体育探险、健身疗养等多种活动的有利条件。旅游业一直是冰岛政府积极扶植的支柱产业之一，目前是冰岛发展最快的经济部门之一，也是赚取外汇的重要部门之一。

1968～1971 年是冰岛旅游业发展最迅速的时期，前来冰岛旅游观光的人数每年以 50% 的速度递增。此后旅游人数逐年下降，1979 年为 7.69 万人次，1980 年下降到 6.59 万人次。从 1980 年起，冰岛政府采取一系列措施，大力发展旅游业，来冰岛旅游的人数又不断增多。1984 年恢复到 8.52 万人次，1986 年突破 11 万人次，1993 年为 15.73 万人次，旅游收入为 150 亿克朗。

1993～2000 年冰岛旅游业继续迅速发展。1997 年外国游客为 20.17

万人次，旅游收入为223.01亿克朗。2000年游客就比上年增长15%。但由于美国“9·11”事件的影响，2001年和2002年外国游客连续减少，到2003年才完全恢复，当年外国游客比上年增加15%，旅游业的外汇收入约占外汇总收入的13%，旅游业产值占国内生产总值的5.1%。2004年入境游客超过36.1万人次，旅游业外汇收入为6.614亿美元，占其外汇总收入的15%，旅游业就业人数占总就业人数的4.4%。外国游客主要来自美国、丹麦、英国、德国、瑞典、挪威和法国。

在2005年的旅游旺季，冰岛一共有328家大小旅馆、饭店开门营业，可以提供1.67万个床位。在游客较多的7月，全国旅馆平均入住率达到65%，首都地区的旅馆平均入住率为68%，8月达到近72%。每年的12月和次年的1月为旅游淡季，全国旅馆平均入住率为15%。2005年外国游客总数为36.95万人次，比上年增加2.4%。

2013年共有78.1万人次的外国游客通过凯夫拉维克国际机场进入冰岛，相当于冰岛总人口的2.4倍。2013年旅游业已取代渔业成为冰岛最大创汇产业，全年旅游收入为2750亿克朗（约24.5亿美元）。根据表4-11，2014年，冰岛的外国游客人数突破100万，达到110万人次。

冰岛的旅游项目主要有：野外旅行观赏自然美景，在地热温泉游泳池游泳，在雷克雅未克和阿库雷里等地滑雪，在瓦特纳冰原等处乘雪地摩托，在惠陶河、耶克尔索河等河流上乘筏漂流，海上观鲸，此外还有登山、骑马、狩猎、钓鱼等。

表4-11　1990~2014年部分年份冰岛游客人数

单位：万人

年　份	1990	2002	2005	2014
国内游客	—	10.2	—	—
国外游客	14.17	29.3	36.95	110
总　数	—	39.5	—	—

资料来源：冰岛国家统计局。

欧洲旅行商协会每年举行最佳旅游目的地国家评选活动，在2006年的评选中，冰岛排在克罗地亚和捷克之后名列第三。冰岛以其“具有欧洲最清新的空气”而得名，大多数人都认为冰岛是欧洲受工业污染最轻的国家，因此，冰岛良好的自然环境吸引了大批游客。此外，冰岛地理位置独特，每年推出的极昼游和极夜游是其他国家无法提供的旅游项目。良好的社会治安环境、优美的自然风光和与众不同的人文景观是其独有的旅游资源，为冰岛旅游业保持长期繁荣奠定了基础。

第七节　财政金融

一　财政税收

2002年冰岛全国财政预算总额为2390亿克朗。冰岛前财政和经济事务部长吉尔·哈尔德2003年10月向议会递交的2004年度财政预算称，2004年冰岛国家计划财政总收入为36.3亿美元，总支出为35.5亿美元，财政计划盈余8322万美元。由于经济营运增加，2004年冰岛计划增加税收1.8856亿美元，支出增加1.0663亿美元。2004～2005年，国家建设开支增加6502万美元，2007～2008年增加的数额相同。2005～2007年，税收降低2.6008亿美元。

1995年政府负债总额占国内生产总值的52.3%，2001年这一数字为40%，2005年已经下降到17.8%，政府净负债不到6%。这在经济合作与发展组织成员国中属于最低之列。

2006年和2007年冰岛公共财政实现盈余，盈余分别占GDP的6.3%和5.4%。2008年受金融危机等因素影响，国内需求下降，企业利润下滑，对失业补助的支出增加，政府财政入不敷出，财政收入状况不佳，财政支出却大幅增长，冰岛因此出现巨额财政赤字。2008年财政收入为6367亿克朗，财政支出为6539亿克朗，赤字为172亿克朗，占GDP的1.2%。2009年财政收入为6360.55亿克朗，财政支出为7730亿克朗，赤字猛增至1369.45亿克朗。2010年赤字为950亿克朗。2011年赤字为714

亿克朗。2012 年赤字为 714 亿克朗。

2013 年，冰岛政府财政赤字为 371 亿克朗（约合 3.03 亿美元），占全年 GDP 的 2.1%，较 2012 年 3.8% 的 GDP 占比有所降低。2013 年冰岛财政赤字的减少得益于财政收入的较快增长（同比增长 6.6%）及财政支出的增幅放缓（同比增长 2.6%）。2013 年，冰岛财政总收入占 GDP 的比重为 44.2%，在 2010 年和 2012 年这一比例分别为 41.8% 和 43.6%。2013 年，财政总开支占 GDP 的 46.3%，而 2012 年则为 47.4%。

冰岛政府的财政收入主要依靠税收。2009 年，总体税负占该年国内生产总值的 24.5%，在 2010 年这一比例达到 26%。与其他国家的税制相比，冰岛的税制相对简单有效。近年来，冰岛致力于进一步简化税制，降低税率，扩大税源及签订更多避免双重征税的协定，从而增强冰岛企业的竞争力和吸引外国投资者。冰岛的企业所得税为 20%，是经济合作与发展组织中税率最低的成员国之一。

冰岛的税种主要有五类。第一类是个人所得税。冰岛个人所得税的起征点（即年工薪收入免税额）在 2004 年为 32.9948 万克朗，2005 年为 33.9846 万克朗，2006 年为 34.8343 万克朗。免税额在配偶之间可以相互转让，即两人可以把免税额加在一起进行计算。第二类是公司所得税。20 世纪 90 年代的冰岛总理奥德松在任内推进一系列鼓励创业和吸引外资的政策，将企业税从 1989 年以前的 50% 大幅降低到 2002 年的 18%。第三类是资本税。它是对所有公司和纳税法人财产价值进行评估后而征收的国家价值税和临时价值税附加费，前者税率为 1.2%，后者为 0.25%，共计 1.45%。第四类是增值税，一般税率为 24.5%，但对食品等仅征收 14% 的税率。冰岛对所有进入流通领域的商品和服务都征收增值税。冰岛属于以增值税为主要商品税的国家，其标准税率为 25%，与爱尔兰、匈牙利等相同，都属于欧洲最高之列。第五类是商品税。按照冰岛的税则规定，冰岛对各种商品征收商品税，包括从国外进口的全新和二手商品，以及在冰岛生产、加工或包装的商品。

表 4－12 为 1991～2007 年冰岛个人所得税税率情况。

表 4－12 1991～2007 年冰岛个人所得税税率

单位：%

年份	中央政府	市镇政府	总税率	中央政府附加税
1991	32.80	6.99	39.79	
1992	32.80	7.05	39.85	
1993	34.30	7.04	41.34	
1994	33.15	8.69	41.84	5.00
1995	33.15	8.78	41.93	5.00
1996	33.15	8.79	41.94	5.00
1997 年 1～4 月	30.41	11.57	41.98	5.00
1997 年 5～12 月	29.31	11.57	40.88	5.00
1998	27.41	11.61	39.02	7.00
1999	26.41	11.96	38.37	7.00
2000	26.41	12.68	39.09	7.00
2001	26.08	12.79	38.87	7.00
2002	25.75	12.80	38.55	7.00
2003	25.75	12.83	38.58	7.00
2004	25.75	12.98	38.73	5.00
2005	24.75	12.98	37.73	4.00
2006	23.75	12.98	36.73	2.00
2007	21.75	12.98	34.73	0

资料来源：冰岛国家统计局。

从 1997 年开始，十年制义务教育学校的经费由中央政府拨款改为由市镇政府拨款，中央政府征收的个人所得税税率因此减少 2.84%，市镇政府征收的税率则相应增加 2.84%。从 2005 年开始，中央政府征收的个人所得税税率逐年下调，而市镇政府征收的税率则保持不变。2004 年，如果一位雇员年工薪收入超过 418.1686 万克朗或夫妻二人的年收入两倍于此，便应当于 2005 年向中央政府缴纳 4% 的附加税；如果 2005 年全年收入超过此数额，则须在 2006 年缴纳 2% 的附加税；到 2006 年年底这种附加税被取消。海员还额外享受特殊的税收减免，2004 年每天免税额 746 克朗，2005 年每天免税额 768 克朗。将市镇政府为低收入租户所提供的房租补贴计入个人所得征税的规定从 2002 年年初开始取消。

除个人所得税外，每人每年还须向中央政府缴纳老年建设基金，其统一数额为 5738 克朗。这个基金专门用于修建养老院和老年护理中心。16 岁以下和 70 岁以上者免缴，年收入低于 855231 克朗（2004 年）的人也免缴。雇员对养老基金的缴费可计入个人所得税免征额，一般占毛收入的 4%，雇主则为雇员的养老基金缴纳 6% ~7%，这部分可纳入营业费用，从而可减免企业税收。此外，雇员可自愿缴纳最高为其工资收入 4% 的补充养老储蓄，这部分同样减少应税所得。这种储蓄从 1999 年开始实行，当时雇员的储蓄额最高为 2%，雇主为 0.2%。从 2000 年 5 月起，其额度翻番，雇员最高为 4%，雇主为 0.4%。有些雇主还提高配套额度，例如中央政府对其雇员储蓄 4% 的配套额度 2001 年为 1%，2002 年起提高为 2%。这些举措的目的都是鼓励个人储蓄。这些缴费无论对于雇员还是雇主都不计入纳税所得，但是发放养老金时作为个人收入则要征收所得税。从 2004 年年初开始，冰岛取消了雇主在 0.4% 的配套额度与社会保障税之间进行选择的规定，因为这种配套额度在多数情况下已经成为工资协议的一部分，不需要再作为税收激励措施。

资本收入包括利息收入、股息、资本收益、房地产租金等。在 1997 年以前，冰岛对利息收入不征税，对其他资本收入则计入个人所得进行征税。从 1997 年开始冰岛进行了重大改革，对各种资本所得统一征收 10% 的资本收入税，从而消除了过去的混乱状况。无论对企业还是对个人都从源头预扣税款。个人对资本收入不再缴纳其他税，企业则根据公司正常收入预扣税款，抵销了公司所得税。由于有不少企业把以一定价格向员工出售的股票作为其薪酬的一部分，2001 年税法规定把这部分收入不再作为一般的个人收入征税，而是作为资本所得征税，税率为 10%。

冰岛曾设置净资产税，规定 2004 年年底时个人净资产达到 498.314 万克朗，2005 年便对该个人开始征税，税率为 0.6%。2005 年年底冰岛取消了这一税种。社会保障税由雇主在雇员的工资收入之外缴纳，其税率是 5.73%。在有些情况下，雇主要缴纳更高的社会保障税，例如对中央政府的雇员须缴纳 11.5% 的社会保障税，对飞行员及类似工作年限较短的职业缴纳的比例更高。

从2002年年初开始，冰岛把公司所得税税率从30%降至18%。2003年年初冰岛对各种税率进行了一次普遍调整，把社会保障税提高了0.5%，同时调低了公司所得税和净资产税。另外，冰岛不仅曾经征收个人净资产税，也征收公司净资产税，税率在2005年也是0.6%。到2005年年底，该税种被取消。从1999年3月起，对办公地点设在冰岛而专门经营冰岛以外商品及服务贸易的国际贸易公司征收5%的公司所得税。2003年12月冰岛通过了一项法律，规定从2008年年初取消针对国际贸易公司征收的所得税。

除了有免税的规定之外，冰岛对在本国出售的各种商品及劳务一般都征收增值税，其普通税率为24.5%，对出口商品及劳务的增值税为零。冰岛对下述商品征收14%的低税率：大多数食品、报纸、杂志、书籍、广播和电视的收费、地热水、电、取暖用燃油、旅馆房间租金。免征增值税的项目主要是医疗服务、社会服务、教育事业、图书馆和艺术馆、体育、客运交通、邮政服务、房地产及停车场的租金、保险业和银行业服务。

经济合作与发展组织（以下简称“经合组织”）中绝大多数成员国在过去的几十年内，经常运用财政赤字政策调节经济，促进经济增长。截至1998年，经合组织中的意大利、比利时和希腊的政府债务占GDP的比重超过100%，冰岛、挪威等占40%左右。2000年，经合组织成员国未加权平均的直接税收收入占税收收入的比重为68.4%。其中冰岛为55%，远低于比重超过80%的美国、日本和瑞士。1985~2000年，经合组织成员国的直接税收收入占税收收入的比重从66.5%上升到68.4%，上升了1.9个百分点，冰岛属于直接税收收入比重上升的国家。

1985~2000年，经合组织成员国的所得税收入占税收收入的比重从36.9%下降到36%，下降了0.9个百分点；社会保障税收入占税收收入的比重从22.4%上升到24.8%，上升了2.4个百分点；财产税收入占税收收入的比重从5.2%上升到5.4%，上升了0.2个百分点；商品和劳务税收入占税收收入的比重从33.5%下降到31.6%，下降了1.9个百分点。从分税种来看，冰岛属于个人所得税、社会保障税比重上升的国家，而商品和劳务税、财产税的比重则下降。

二　金融

1. 银行业

冰岛的银行和其他金融机构业务发达。冰岛国民银行创建于1886年，在很长时期内为国有银行，也曾长期是冰岛最大的商业银行，当时发行一种特种冰岛货币，该货币和丹麦克朗等值。该银行也是为农业和渔业服务的专业银行，在1961年之前还履行中央银行职能。1904年外国资本（主要是丹麦资本）成立了冰岛银行，该银行还获得在冰岛发行货币的特许权，主要为购买拖网渔轮进行融资，以满足当时渔业迅速发展的需要，1930年该银行更名为冰岛渔业银行。

冰岛中央银行成立于1961年，接替冰岛国民银行行使外汇管理、货币发行、金融监管等中央银行的职能。1986年冰岛对中央银行法进行修订之后，中央银行的独立性不断增强，现已单独执行货币政策而无须征得财政部长的同意，并推动实行了利率市场化。货币政策以稳定币值为首要目标，同时提高金融市场的效率，维护金融市场的稳定，保证外汇储备和有效清偿力。1990年中央银行取消了对长期资本流动的限制；从1992年起，中央银行不再向国库和其他公共机构提供贷款；20世纪90年代中期，中央银行取消了对短期资本流动的限制。

冰岛的货币是冰岛克朗，其主辅币制是1克朗等于100奥拉。国际标准化组织（ISO）为冰岛克朗规定的货币符号是ISK。已经发行并流通的货币面额有10、25、50、100、1000、2000、5000克朗纸币，1、5、10、50、100克朗和5、10、50奥拉的硬币。面额为100克朗的纸币正面是19世纪冰岛画家居纳尔松的头像，背面是一群冰岛绵羊；面额为2000克朗的纸币正面是20世纪冰岛著名画家基亚瓦尔的头像。

冰岛克朗的汇率根据贸易加权的一篮子货币决定。冰岛没有有组织的外汇市场，中央银行授权每日公布克朗汇率，此汇率对一天所有的外汇交易均有约束力。冰岛的主要贸易货币是美元，冰岛克朗对其他货币的汇率则是按美元的官方汇率以及在国际市场上美元对有关货币的汇率而定。冰岛允许银行同业间进行外汇交易并在外国市场从事套汇，对外汇买卖既不征税也不补贴。

冰岛工商部与中央银行磋商配合，对进口及外汇管理事务负有首要责任，而出口则由外交外贸部主管。中央银行负责管理外汇交易及外汇管制，包括资本管制。中央银行还负责保证居民来自商业交易所得的一切外汇收入缴售给指定银行以及此项外汇按规定使用。所有外汇收入都必须以可兑换货币收取。非居民可以在冰岛国内银行开立冰岛克朗账户，其余额可以不受限制地转移到国外，非居民也可以自由地开立外币账户。个人银行必须向中央银行通报所有非居民账户开立情况。自 1993 年 1 月 1 日新的外汇条例和外汇管理规定生效以来，外汇兑换、往来支付不受任何限制。支付与贸易有关的货物和劳务也是完全自由的，包括出国旅游费、利息、红利以及其他形式的支出。

截至 1990 年，冰岛有 7 家商业银行，其中 3 家为国家所有。1990 年商业银行的数目减为 3 个。当时排名第一的商业银行是冰岛国民银行，该银行原为国有银行，1998 年实行股份改制。排名第二的是冰岛银行，它是于 1990 年在原冰岛渔业银行基础上，与冰岛工业银行（其主要股份属国家所有）、冰岛商业银行以及大众银行合并而成的，2000 年它又与 1998 年年初才成立的冰岛投资银行实行了合并。排名第三的是冰岛农业银行，它成立于 1930 年，1998 年实行股份化改制并在证券交易所上市。这些商业银行的分支机构遍布全国。此外冰岛还有 42 家储蓄银行，其他金融机构有投资信贷基金、保险公司等。冰岛法律规定不允许外国银行在冰岛开设分支机构。对于外资银行参股，法律规定最高限额为股本的 49%。1994 年冰岛加入欧洲经济区，其金融系统监管的基础也随之改变。根据欧洲经济区协议，冰岛要修改各项相关法律，银行、保险公司、证券公司等都要按照欧洲经济区的标准发展，并接受欧洲经济区对金融的指令性规定。

进入 21 世纪以来，冰岛的银行业急速发展变化，最为引人注目的考普兴银行跃升为冰岛乃至北欧第一大商业银行。该银行的前身是成立于 1982 年的考普廷证券公司，随着 20 世纪 90 年代冰岛金融管制的放松和金融体制的改革，该公司脱颖而出，在冰岛率先建立管理基金和共同基金。1997 年它成为投资银行，2000 年 10 月在冰岛证券交易所挂牌上市。从 1996 年以来，该银行每年扩大一倍，2002 年 1 月正式成为商业银行，2003 年 5 月兼并冰岛农业银行，并继续向海外扩张。该银行当时年仅 34 岁的首席执行官海德尔·马尔·西德森决定于 2004 年 6 月投入 11.5 亿美元收购丹麦 FIH 投资银行，这是冰岛企业最大的兼并交易，并使得冰岛银行进入了丹麦的公司贷款市场。该银行又于 2005 年投入 6.45 亿美元成功收购英国 Singer & Friedlander 银行，拓展其在英国的业务，并且在英国的服装零售商 Karen Miller 公司拥有股份。2004 年，冰岛的考普兴银行、冰岛国民银行和冰岛银行均跻身北欧地区前 10 大银行，排名依次为第 8、第 9 及第 10。自 2004 年开始，考普兴银行的经营规模已位列北欧之首，在短短一年内该银行股票就上涨了 73%。该行资金雄厚，在国内却无法施展拳脚，因为许多冰岛公司都有大量的资产。2001 ~ 2005 年，这些在雷克雅未克证券交易所上市的公司的新资本增加了 70 亿美元，大约为冰岛国内生产总值的 50%。

2006 年 3 月，冰岛银行正式更名为格里特纳银行，同时启用新的银行标记和品牌。这个新名称来自于北欧神话，在神话中它是正义之神福赛蒂的城堡，意味着友好协商精神。该银行已经在 5 个国家（卢森堡、英国、丹麦、加拿大及中国）建立了广泛的业务，从冰岛国内的银行发展成为名副其实的国际银行，更名是为适应该银行业务发展的需要。

自 2004 年开始，冰岛政府积极发展金融业，实行高利率、低管制的开放性金融政策，吸引了欧洲诸多国家的资本，金融业在短期内成为冰岛的主导产业。金融业过度扩张使其虚拟经济规模超过实体经济规模，冰岛高度依赖国际信贷，缺乏自身国力予以支撑。一旦国际借贷利率上升，资本流动性骤减，冰岛首当其冲成为国际链条中最脆弱的国家之一。2001 ~ 2007 年冰岛银行业过度运用资金杠杆，资产在 6 年内增长了数十倍，所欠外债高达 1383 亿美元。到 2008 年 9 月，银行系统的资产及流动资金总值达 GDP 的 8 倍。冰岛银行超过半数的资产都掌握在外国公司手中，尤其是北欧国家的公司。2008 年，随着国际金融危机深度蔓延，很多欧洲国家都受到程度不等的影响，冰岛受到的冲击尤为严重，国家陷入深度的金融和经济危机，国民经济和对外贸易受到严重影响。三大商业银行考普兴、格里特纳和冰岛国民银行因盲目扩张和受国际金融危机的影响全部破产，欠下的债务总额高达850亿美元，三大商业银行先后被冰岛政府接管。

2008年10月7日，冰岛第二大银行冰岛国民银行被政府接管后，隶属于该行的冰岛储蓄银行（Icesave）在欧洲开设的支行冻结了储户的存款，这在欧盟成员国，特别是英国和荷兰引起巨大反响。10月9日，英国援引反恐法案冻结了冰岛储蓄银行在英国的资产，以保护英国储户。英荷两国政府不得不分别拿出36亿和17亿美元救助本国储户，并随后要求冰岛政府赔偿这些损失。11月17日，冰岛政府迫于压力，同意按照欧盟储蓄保障决议，以每个储户最高20877欧元的标准向英国和荷兰的冰岛储蓄银行储户进行赔偿。11月19日，冰岛政府接受国际货币基金组织苛刻的贷款条件，获得总额相当于14亿特别提款权（约合21亿美元）的贷款援助。

2009年年底，冰岛政府与英荷两国政府通过谈判达成赔偿协议，冰岛议会随即批准了赔偿议案，但总统格里姆松拒绝签署议案。在2010年3月的全民公决中，议案遭到否决。经过重新谈判，三国政府于2010年12月达成新的赔偿协议。2011年2月16日冰岛议会通过此赔偿议案。但由于总统格里姆松再度拒绝签署这项议案，冰岛政府被迫宣布再次举行全民公决。在国内外舆论压力下，冰岛总统格里姆松于2012年4月12日公开承诺，冰岛将向英国和荷兰偿还债务。他同时表示，如果出售冰岛国民银行目前所拥有的资产，出售所得将可用于偿还债务。

格里特纳银行于2008年金融危机前在卢森堡央行办理的抵押贷款被发放给一些冰岛大公司。该行2008年破产后欠下债务。为避免卢森堡央行接管这些贷款，格里特纳银行与其签署协议，允许格里特纳银行在5年内偿还1730亿克朗债务（约合10亿欧元）。该协议给予这些借款的冰岛公司走出困境的缓冲期，避免卢森堡央行接管债务后将其出售给要求即刻收回贷款的潜在投资者。2011年11月格里特纳银行偿还了对卢森堡中央银行的全部债务，这比原计划提前两年。

为应对金融危机，冰岛政府在优先保障银行储户的条件下，让考普兴、格里特纳和冰岛国民银行这三大银行破产，并将国内资产及存款转移至2009年7月由政府出资创建的三家新银行——Arion银行（Arionbanki）、冰岛银行（Islandsbanki）和冰岛国民银行（Landsbanki），它们承担了旧银行的偿还角色。不过，旧银行的一切国际业务却按照破产程序清盘。政府拒绝为银行债权人买单，保住了主权信贷的能力，令国家名义上不致破产，但货币大幅贬值对债权人来说与破产无异，政府的债务却因此得以大减。

官方为避免资金大量流失，双管齐下实行资本管制及汇率操控，央行连串措施成功阻止43亿克朗流至境外。然而，货币大幅贬值，经济触底，国民收入大减18%，失业率由危机前的1%暴升至2012年的近10%。不过，货币贬值使竞争力大升，冰岛一度成为外国游客的购物天堂，例如在机场免税店购买国际大品牌的化妆品等，价格只相当于欧洲其他国家同样产品的60%。出口增长惊人，贸易赤字迅速逆转成盈余。在出口、旅游业和国内消费推动之下，冰岛经济迅速反弹，财政收支状况转好，冰岛不断提前偿还贷款，较快走出债务危机阴影。2012年2月和3月冰岛两次提前偿还国际货币基金组织9亿多美元贷款，6月又提前偿还约3.19亿特别提款权（约合4.8亿美元），使冰岛所欠国际货币基金组织的债务余额降至约6.52亿特别提款权（约合9.87亿美元）。这部分剩余贷款在2016年前分期归还。

2014年冰岛三大银行冰岛国民银行、Arion银行和冰岛银行共盈利800亿克朗（约合6亿美元）。自2008年金融危机以来，三大银行已累计盈利3700亿克朗（约合28亿美元）。其中，冰岛政府拥有大部分股权的冰岛国民银行盈利最多，2014年净利达288亿克朗，自2009年1月以来累计盈利1420亿克朗。2013年和2014年，冰岛国民银行分别向冰岛政府上缴利润200亿克朗、240亿克朗。

2015年6月8日冰岛政府宣布解除资本账户管制的政策纲要，督促冰岛破产银行在年底前与债权人达成符合“稳定条件”的债务重整协议，否则冰岛政府将对债务资产征收39%的“稳定税”。政府提出的综合方案涉及债务资产总额约12000亿冰岛克朗（约合90亿美元）。这主要由三部分组成：一是冰岛破产银行名下的克朗资产，约5000亿克朗（约合37.5亿美元）；二是冰岛居民（企业和个人）背负的外币债务，约合4000亿克朗（约合30亿美元）；三是非冰岛居民持有的离岸克朗，约3000亿克朗（约合22.5亿美元）。

2016年1月11日冰岛央行批准一项资本管制豁免许可，允许破产银行冰岛国民银行清盘委员会向海外债权人偿还2106亿冰岛克朗（约合15亿欧元）的优先债权，其中大部分用于清偿英国、荷兰两国的冰岛储蓄银行客户的损失。“冰储银行案”至此正式完结。

2016年1月国际金融评级机构标准普尔将冰岛长期本外币主权债务评级由BBB上调至BBB+，维持短期本外币主权债务评级为A-2，对冰岛主权信用评级前景展望为“稳定”。标准普尔表示，此次上调评级是基于对冰岛政府解除资本管制进展的乐观看法，2015年披露的债务重整方案得到3家破产银行债权人的支持，降低了解除资本管制的不确定因素，未来4年冰岛政府还将进一步削减债务规模及利息支出。

2. 证券业

冰岛证券交易所成立于1985年，从一开始就采用电子交易。1986年该交易所开始进行国债交易。1990年住房债上市交易，这是一种由国家担保的抵押债券，该债券很快成为长期投资者所追捧的主要证券。同年第一批股票上市交易。1992~1996年，每年有大约6家股份公司挂牌上市，到1996年年底上市公司数目达到32家；1997年和1998年分别又有19家和16家公司挂牌上市；1999年年底，上市公司的总数达到75家。从2000年开始，冰岛不断出现公司兼并或收购，2001年年底上市公司已经减为71家，2002年年底减为64家，2003年又减少16家，到2004年年底还只有34家公司挂牌上市。

北欧各国的证券交易所在20世纪90年代相继进行公司化改制。继斯德哥尔摩证券交易所、赫尔辛基证券交易所、哥本哈根证券交易所分别于1993年、1995年和1996年相继改制之后，冰岛证券交易所也于1999年实行公司化改制。世界著名的金融交易技术供应商、瑞典的欧姆集团已经促成斯德哥尔摩证交所、哥本哈根证交所、冰岛证交所和奥斯陆证交所等结成北欧证券交易所联盟，该联盟涵盖了北欧地区证券交易总量的80%。由于欧姆交易系统的使用和共同交易规则，这些交易所已连成一体，使跨国界证券交易变得快捷便利。任何一家企业只要在联盟中的一家证交所上市，就有了广阔的融资渠道，而不必将企业分拆，在不同地方挂牌上市。这提高了企业的融资能力，也给投资者提供了更多的选择机会。2007 年 4 月，冰岛证券交易所并入北欧交易所集团（OMX Nordic Exchange），交易品种有所扩大，主要包括股票、可转换债券、期权认购交易等，交易地点也有所增加，人们可在冰岛本国及斯德哥尔摩、哥本哈根、里加等地同时交易。

经济危机发生后，冰岛证券市场十分低迷，股指从 2007 年 7 月的9000 点跌至 2008 年 11 月的 650 点左右，商业银行及金融投资类股票摘牌或停牌，投资者损失惨重。目前，只有冰岛航空集团、奥索假肢、马瑞奥等为数不多的几家企业仍上市交易。2014 年 3 月冰岛股市收盘指数在1290～1345 点运行。目前有越来越多的外国投资者在冰岛证券交易市场购买股票。但除了在能源密集型工业领域的投资外，他们购进的冰岛克朗股票对冰岛经济的发展均未产生大的推动作用。主要原因一是股票价值量小，二是股票市场也小。以冰岛克朗上市的股票不仅盘子小，知名度也不够。为此，有些公司已经考虑以外币形式发行股票。

第八节　对外经贸关系

一　对外贸易

对外贸易对冰岛国民经济具有十分重要的意义。由于冰岛的传统经济以渔业为主，经济结构比较单一，而且国内市场狭小，加之其特殊的地理位置和气候以及缺乏许多自然资源，因此多种生活必需品以及发展生产所需的许多原材料和设备等都要依靠进口，外贸依存度始终很高，冰岛是典型的小型外向型经济国家。就人均对外贸易流转额来说，冰岛是居于世界前列的国家之一。

19 世纪末，冰岛大约 2/3 的进口商品来自丹麦，1/3 的出口商品被运往丹麦。此后，冰岛的外贸关系发生了很大变化。在两次世界大战期间，冰岛与西班牙、意大利、希腊等国的贸易十分活跃，主要出口商品是咸鱼干。自从大规模生产速冻鱼以后，冰岛和许多以往没有贸易关系的国家开始了贸易往来，向许多国家出口渔产品。

在 20 世纪 60 年代中期以前，渔产品出口占出口总额的 90% 左右，其余是农牧产品。之后，随着冰岛引进外资，建立了电解铝厂、硅铁厂、滤净剂厂等，自 70 年代以来，出口商品结构发生了变化。出口商品中水产品和农牧产品的比重下降，而工业制成品的比重上升，制成品中铝锭、硅铁、化肥、水泥、毛纺织品的比重增加幅度较大。不过冰岛仍有 96% 以上的鲜鱼和鱼制品、畜产品要依靠国外市场。

进口商品种类繁多，其中多数是冰岛无法制造的。大约一半的进口商品是各种燃料，过去的燃料主要是煤，后来主要是燃料油。冰岛几乎所有的石油和石油制品、机械和电器、交通运输设备、谷物、木材和一些日用消费品都必须进口。冰岛现在每年进口石油制品 60 万 ~ 65 万吨、谷物 16500 吨、木材 5 万吨左右。

冰岛十分重视加强与世界各国的经济贸易合作关系，积极参加各种经济贸易组织。冰岛于 1968 年加入关贸总协定，1970 年 3 月加入欧洲自由贸易联盟，1973 年与欧洲经济共同体签订特惠贸易协定。从 1980 年 1 月 1 日起，冰岛和欧洲自由贸易联盟其他成员国一道，与欧洲经济共同体各成员国之间相互免除关税。1993 年 1 月 12 日，冰岛议会批准了欧洲经济区协定，冰岛从 1994 年起加入欧洲经济区，1995 年年初成为世界贸易组织创始成员国。这些都促进了冰岛对外贸易的发展。2004 年冰岛与欧洲经济区的贸易额占其对外贸易额的 83%。但是由于担心其领海的渔业资源受欧盟控制，冰岛历届政府多次表示不准备加入欧盟。不过，冰岛通过欧洲经济区协议以及与欧盟签署的自由贸易协议，在欧洲地区内实现了货物、服务、资本和劳务的零关税流动。此外，冰岛已与欧盟以外的 35 个国家和地区签署了 26 个自由贸易协定。冰岛于 1945 年成为国际货币基金组织（IMF）成员国，2008 年国际金融危机爆发时向 IMF 申请援助贷款，总金额约 22.5 亿美元。2012 年 3 月和 6 月，冰岛开始提前向 IMF 偿还贷款，共计偿还了贷款总额的 53%。

冰岛目前与 100 多个国家和地区有贸易往来。进口商品的主要供应国有德国、丹麦、瑞典、荷兰、英国、挪威、俄罗斯、美国和日本；出口商品的主要对象国是美国、英国、德国、葡萄牙、法国、日本、丹麦和西班牙。其 85% 左右的对外贸易是在经济合作与发展组织成员国的市场上进行的。冰岛自二战以来多年的贸易差额部分是通过从凯夫拉维克美国军事基地赚来的美元而取得平衡的。表 4－13 和表 4－14 为 1983～2009 年部分年份冰岛外贸进出口地区构成情况。

表 4－13　1983～2009 年部分年份冰岛外贸进口地区构成情况

单位：%

年份	1983	1987	1990	1997	2003	2009
德国	11.8	15.2	12.6	11.8	11.8	
英国	8.8	8.2	8.1	10.1	7.4	4.1
丹麦	9.7	9.2	8.6		8.0	
荷兰	7.3	8.1	10.4		6.2	
瑞典	8.3	8.2	7.6		6.5	
挪威	8.0	8.3		11.5	6.9	
欧共体/欧盟	45.1	52.1		58.1		46.1
欧自联	22.8	20.6				
欧洲经济区					63.8	25
美国	7.9	7.1	14.4	9.4	7.4	6.2
日本					3.8	3.1
俄罗斯	10.4	4.2				0.6

注：1. “德国”在 1990 年以前为联邦德国的数字。

2. “俄罗斯”在 1991 年之前为苏联的数字。

3. 西班牙和葡萄牙于 1986 年加入欧共体。

4. 欧洲经济区成立于 1994 年。

资料来源：冰岛国家统计局。

表 4-14　1983~2009 年部分年份冰岛外贸出口地区构成情况

单位：%

年份	1983	1987	1990	1997	2003	2009
英国	11.8	19.4	25.3	18.9	17.5	12.8
德国	9.7	10.0	12.7	13.1	17.4	
葡萄牙	6.1	9.4			3.8	
西班牙	3.3	3.0			6.3	
瑞士	5.7	2.7				
法国	3.7	5.4	9.0		4.0	
丹麦			5.0		5.1	
欧共体/欧盟	34.7	57.4		60.6	72.0	77.7
欧自联	14.9	8.2			4.5	
欧洲经济区					76.5	59
美国	28.3	18.3	9.9	13.9	9.3	3.9
日本			6.0	6.6	3.2	1.9
俄罗斯	7.4	3.6				1.2

注：1. “德国”在 1990 年以前为联邦德国的数字。
2. “俄罗斯”在 1991 年之前为苏联的数字。
3. 西班牙和葡萄牙于 1986 年加入欧共体。
4. 欧洲经济区成立于 1994 年。
资料来源：冰岛国家统计局。

冰岛大多数的出口贸易是由工厂主控制的销售公司掌握的；进口贸易的一部分由国家掌握，但大部分由私人和合作批发公司掌握。2000 年对外贸易额（含服务贸易）约占国内生产总值的 76%，其中与欧洲经济区的贸易额约占 70% 左右。

近些年来，冰岛产品出口结构发生变化，海产品出口比例逐年下降，电解铝和高科技工业产品出口比例不断提高。由于冰岛新建和扩建铝厂，铝产品出口迅猛增长。2008 年冰岛铝产品出口突破 10 亿美元，铝产品出口额接近出口总额的 50%。此外，冰岛目前拥有一批优秀的信息技术人才，在信息技术应用方面排名世界第三，今后冰岛高技术产品出口额还会继续增长。可见，能源密集型产业和高科技产业已成为冰岛经济发展的支柱型产业。

冰岛和其他北欧国家一样都认识到，在经济全球化的大趋势之下，扩大出口市场不仅能够推动本国经济稳定发展，而且符合其长远利益。过去，北欧各国过于依赖与西欧各国的贸易，而西欧国家近些年经济发展缓慢，市场趋于饱和，对西欧的出口难以扩大。而亚洲，尤其是中国的经济高速发展，使冰岛看到了进一步扩大其出口的希望，因而愈加重视与亚洲，特别是与中国的经济贸易合作。

1990 年冰岛的外贸总额为 32.46 亿美元，其中出口额 15.91 亿美元，进口额 16.55 亿美元。2004 年出口总额为 2024 亿克朗，其中水产品为 1217 亿克朗，工业品为 711 亿克朗，农产品为 43 亿克朗；进口总额为 2402 亿克朗，其中工业品为 610 亿克朗，资本品为 528 亿克朗，消费品为 433 亿克朗，交通运输设备为 400 亿克朗，燃油及润滑油为 219 亿克朗。2005 年，冰岛进出口贸易总额为 81.97 亿美元，其中进口额 50.62 亿美元，出口额 31.35 亿美元。进出口总额和进口额分别比 2004 年增长了 8.94% 和 11.1%，而出口额则比 2004 年下降了 3.05%，贸易逆差达 19.27 亿美元。

根据海关关税手册的规定，货物清关应分为进口申报和出口申报。从冰岛出口货物通常是免税的，1990 年冰岛政府颁布法令，废除有关出口收费的规定，对出口货物既不征税也不缴纳出口费。在所有进口货物关税表后面都标有大写的 A 和 E：A 表示从欧洲经济区协定以外的国家进口货物的关税率；E 表示从欧洲经济区协定国家内进口货物的关税率或无关税。

由于冰岛经济单一，本国生产的产品有限，冰岛对进口商品的非关税限制不多，但也对少数几类商品实行配额进口，如乳制品、肉类。尽管冰岛生产的乳制品和肉类可以自给自足，但因为冰岛是欧洲经济区成员，对上述两类产品也象征性地发放许可，允许少量进口。冰岛对蔬菜采取季节性配额进口。冰岛以前对烟酒执行国家专营，发放许可，配额进口，现在已经放开经营。为了保护刚兴起的弱小的民族工业，如电子工业等，凡是在冰岛有生产的产品，冰岛就对其采取保护措施。

冰岛的经贸机构有：

冰岛贸易委员会 该委员会成立于1986年，是冰岛主要的出口咨询机构，目的是促进冰岛对外出口和增强冰岛企业的出口意识。该委员会由公营企业、私人企业和政府机构合资组成，日常事务由10名常务董事负责，其中8名由选举确定，2名由政府指定。该委员会共有16名工作人员，其主要职能为：向外国公司提供有关冰岛商务环境方面的信息，并协助其在冰岛寻找合作伙伴；协助外国公司与冰岛出口商建立联系；向冰岛政府提供有关对外贸易政策咨询；向冰岛出口商提供综合服务和咨询以增加货物和服务出口；协助冰岛生产商和出口商进行市场营销和市场调研。

冰岛投资局 冰岛投资局系由冰岛工商部、贸易管理委员会和国家电力公司联合组成的机构，下设两个相对独立的部门，即能源销售部和一般投资部。能源销售部成立于1988年，为外资对冰岛电力工业的投资服务；一般投资部成立于1995年，与冰岛贸易委员会合作为外资对电力工业以外的领域的投资服务。该机构为所有投资者提供免费和可信任的服务，如安排与有关机构、公司联系和实地考察等。

冰中贸易促进会 冰中贸易促进会于1995年10月27日正式成立，其成员包括近100家企业，涉及的行业主要包括工业、服务业（旅馆和旅游公司）和进出口行业。该促进会的宗旨是鼓励和促进冰岛与中国之间贸易关系的发展，为冰岛企业建立和发展与中国企业的贸易关系提供咨询和服务。

冰岛商会 冰岛商会成立于1917年，由冰岛从事各种行业的商业团体和企业组成。该商会同时也是欧洲商会的成员，与北欧商会、欧洲经济区咨询委员会有合作关系，并负责国际商会全国委员会下属六个双边商会（美国、英国、法国、德国、西班牙、瑞典）的工作。该商会的宗旨是改进总体贸易环境，促进所有行业自由、平等交易。

冰岛渔船船东协会 该协会成立于1939年，宗旨是代表并维护所有冰岛渔船船东的利益。其主要职能是代表船东加强与国家立法机构（议会）和政府有关部门的联系，推动冰岛渔业的发展，同工会谈判工资待遇并关注船东的经济、法律、技术和社会等方面的利益。该协会代表450位船东，下设11个地区组织，每年召开一次全体会议，选举出15位董事会成员，并由董事会指定5位执行董事，协助董事会主席工作。

二　水产品贸易

在20世纪，水产品始终是冰岛最主要的出口商品，但是它所占的比重十分不稳定，波动很大，这主要是受产量以及国际市场需求变动的多重影响。水产品占出口总额比重最高的年份是1965年，高达94.5%；而1983年水产品出口额仅占68%，当年工业制成品出口额占出口总值的29.3%，农产品占1.1%，其他商品占1.6%。1986年水产品出口总额进一步降至65.5%，为比重最低的年份。1990年水产品出口总额的比重为75.5%，工业品出口总额的比重为20.4%。1969~1983年，水产品出口总额平均占出口总额的76%，占国内生产总值的比重平均为32%。

2008年冰岛渔业产值占国内生产总值的比重下降至5.5%，捕鱼总量为139.6万吨，主要鱼种有鳕鱼、毛鳞鱼和黑线鳕。绝大部分渔产品用于出口，出口额占冰岛外贸出口总额的41.6%。2013年冰岛捕鱼总量为136.7万吨，产值占国内生产总值的7.7%，出口额占外贸出口总额的36%。

三　国际收支

二战结束以后，冰岛多数年份在有形贸易方面是进口大于出口，无形贸易的收入一般也难以弥补外贸缺口，因而其国际收支经常项目不时出现逆差。20世纪60年代国际收支经常项目有顺差的年份是3年，在70年代是2年，在80年代只有1年。1982年国际收支出现困难，冰岛于1983年采取有效措施，1985年和1986年国际收支状况大有改善。1991年经常项目逆差为3.21亿美元，是战后以来逆差最高的年份。1992年累计长期外债达39.5636亿美元，人均1.5万美元。

1983年，冰岛的外汇储备、在国际货币基金组织的普通提款权和特别提款权为1.49亿美元，黄金储备为4.9万盎司。1987年，外汇和黄金储备为3.14亿美元，累计外债达23.35亿美元，占国民生产总值的41.2%。1990年外汇和黄金储备为4.36亿美元，累积外债达1751亿克朗，相当于当年国内生产总值的53.1%。1997年年底，外汇和黄金储备为3.863亿美元，外债总额为33亿美元，相当于当年国内生产总值的44.6%。2005年，冰岛的外债从2001年的占国内生产总值的26%下降为不到9%。

冰岛曾实行限制外国资本投资经营的政策。但是从20世纪60年代中后期起，由于政府特许批准建立电解铝厂等若干外国投资企业，这个政策已经改变。外国资本主要来自美国、瑞士、挪威、丹麦、日本等国，主要投资项目为铝厂、硅铁厂和滤净剂厂。1995~1997年外国在冰岛投资总额为240亿克朗（约合3.6亿美元）。在北欧5国当中，冰岛是唯一的资本净流入国，也是直接资本和间接资本净输入国。

1991年冰岛政府实施投资法的基本原则是允许非本国居民在冰岛直接投资贸易企业。除投资一些特殊产业外，在冰岛直接投资通常不需要特别许可，只有涉及国家利益的敏感产业，如捕鱼、渔业加工和航空领域才实行限制，这些限制有：首先，禁止非本国居民直接投资捕鱼和渔业加工业，但允许间接投资，最高限额为企业总投资的33%；其次，根据欧洲经济区协定，如果欧洲经济区以外的居民投资航空公司，允许其占不超过49%的股份。为进一步鼓励外商直接投资，冰岛政府努力创造良好的投资环境，为投资者提供以下优惠条件：第一，对投资企业征收较低的公司所得税和股息税；第二，与许多国家签订互免双重征税协定；第三，简化管理程序，特设冰岛投资局，所有有关投资事宜均可在此办理。

外国投资者在冰岛可设立独资公司或购买冰岛公司的股份。成立有限公司时，投资者必须准备一份有限公司备忘录，包括有限公司起草的章程、名称、发起人地址、股票认购价、认购期限和认购资金的支付。公司章程必须包括公司名称、合法办公场所、目的、董事会组成、审计师和会计年度等内容。有限公司的章程要由第一次股东大会通过。有限公司分公司要在有限公司登记处注册并缴纳注册费。向冰岛有关部门提交的文件要附有准确的冰岛文译文。

进入21世纪，冰岛政府通过一系列税收减免措施，使其经济环境更能吸引国外直接投资。公司所得税在1989年为50%，2002年已经降到18%，属欧洲最低之列。对于像国际贸易公司这样在冰岛注册并从事出口活动的公司，冰岛对其征收的公司所得税率是5%。

尽管冰岛的经济规模很小，但是它对外国直接投资具有潜在吸引力，这在联合国贸易与发展会议潜力指数排名中可以看出。其吸引直接投资业绩指数1988～1999年为0.3，在全世界排名第104位，1998～2000年为0.4，排名第98位；但是其潜力指数1988～1999年为0.516，排名第12位，1998～2000年为0.604，排名第9位。

2008年金融危机爆发，冰岛当年吸收外资水平大幅下降至1216亿克朗（约合13.8亿美元），外资出逃现象明显。对此冰岛政府采取的临时外汇管制措施有效阻止了资金外逃，但也限制了外资流入。2009年冰岛吸收外资不足1亿美元，为近年最低水平。2010年为300亿克朗（约合2.5亿美元）。2011年冰岛吸收外资为1284亿克朗（约合11.1亿美元），主要来源国为卢森堡（66%）、瑞士（20.7%）、美国（5.9%）。2012年冰岛吸收外资为839.2亿克朗，卢森堡、瑞士和新加坡为主要外资来源国。联合国贸易与发展会议发布的2013年《世界投资报告》显示，2012年冰岛吸收外资流量为5.1亿美元，截至2012年年底，冰岛吸收外资存量为123.8亿美元。

和其他发达国家相比，冰岛由于是小国，其对外投资不多。20世纪末和21世纪初期冰岛经济增长强劲，但国内市场太小，投资需求有限，于是资金雄厚的冰岛企业便向欧洲的高新技术、电信、金融和零售等领域进行投资或实施兼并，通过跨国并购来增加其对外投资，并向全世界扩展，被誉为“欧洲并购的生力军”。截至2005年上半年，冰岛企业在英国投资的资产价值已达2000亿克朗（约合32.26亿美元）。2000～2005年，冰岛已在国外投资6000亿克朗（约合96.77亿美元）。

两个冰岛商业集团是其他欧洲企业的积极购买者。鲍格集团是冰岛一个国际财团的一个分支。它在2004年早期以8600万美元购买了哥本哈根的大百货商店MagasinduNord公司。它还购买了几家英国的玩具公司和食品公司。伯达拉斯集团共有20亿美元的资产，它的兼并目标主要是小型和中型的互联网、电信和金融公司。

四　对外援助

和其他北欧国家一样，冰岛重视对发展中国家，尤其是最不发达国家的经济技术援助和人道主义援助。冰岛政府承认联合国规定的发达国家提供的发展援助要达到国内生产总值0.7%的目标，并在2015年之前履行了自己的扶贫承诺。负责发展合作的机构是冰岛国际开发署，该机构挂靠于冰岛外交部。该机构成立于1981年，其前身是成立于20世纪70年代初的冰岛对发展中国家援助办公室。冰岛与其他北欧国家等一道，于1996年开始在世界银行发展委员会中推动对重债穷国债务的减免，冰岛政府为此提供约2亿冰岛克朗。冰岛还通过北欧开发基金，与其他北欧国家共同对最不发达国家提供优惠贷款等援助。

冰岛政府所提供的双边和多边官方援助总和1995年为4.89亿冰岛克朗，占当年国内生产总值的0.11%；1998年为5.117亿冰岛克朗，约相当于国内生产总值的0.09%；2002年达到国内生产总值的0.15%；2003年增加到16.45亿冰岛克朗，占国内生产总值的0.19%；冰岛政府在2008~2009年把比例提高到占国内生产总值的0.35%。

冰岛的多边发展援助主要用于向世界银行集团及联合国大学设在冰岛的地热培训项目、渔业培训项目等提供赠款。1979~2006年，联合国大学冰岛国际地热培训班有300多位学员毕业，从1998年开始的渔业培训项目至2005年年初也有103位学员毕业。在双边援助方面，由于冰岛财力有限，为了使援助达到一定效果，冰岛便把有关援助主要集中于少数几个急需某些方面援助的国家，包括马拉维、莫桑比克、纳米比亚、乌干达、佛得角群岛等。冰岛国际开发署与乌干达签订了合作协议，在乌干达首都坎帕拉设立了办事处并派遣一名工作人员常驻。冰岛政府于2001年成立了“危机应急单位”，先后派专业人员赴波黑、科索沃、斯里兰卡、阿富汗、伊拉克等参与战后维和行动。冰岛参与了东帝汶的重建工作，主要是建设一座渔港。2012 年冰岛时任外长奥叙尔·斯卡费丁松宣布冰岛将参与世界银行主导的东非地热开发国际项目，为东非大裂谷周边 13 个国家提供地热发电，包括吉布提、埃塞俄比亚、乌干达、厄立特里亚、肯尼亚、南苏丹、坦桑尼亚、马拉维、莫桑比克、布隆迪、卢旺达、赞比亚和索马里，项目总金额达 5 亿美元。2013 年冰岛对外援助金额约占 GDP 的 0.21%，主要用于冰岛国际开发署向非洲国家提供援助以及参与联合国儿童基金项目、联合国妇女发展项目、世界粮食计划署等国际援助项目。

第五章

社　　会

第一节　社会保障

相对于西欧国家来说，北欧国家在社会福利方面起步较晚，这主要是因为其经济发展滞后，工业化晚于欧洲其他国家，而冰岛在北欧国家中又是发展最晚的。但是冰岛以及北欧其他国家却后来居上，目前已经成为全世界社会保障和社会福利制度最为完善、福利水平最高的国家。

19 世纪 80 年代至 20 世纪初是欧洲社会保障立法的起步阶段。继德国首倡劳工保险立法之后，一批欧洲国家以及少数美洲和大洋洲国家开始社会保障立法。冰岛于 1903 年创立了由国家担保的工伤保险基金，于 1909 年制定了工伤保险法，但是直到 1936 年才在当时社会民主党的努力和工会的压力之下对社会保障制度进行了全面立法。依据这些法律，冰岛有大约一半人口开始享受由国家组织的医疗卫生计划，这同时为普遍的基本养老金、补充养老金、残疾人补贴、产妇补贴、遗孀补贴、失业金等社会保障和社会福利项目奠定了基础，城市居民还可享受住房补贴和低收入困难补贴。但由于冰岛于 1944 年才正式独立，因此其社会保障制度的建立和其他北欧国家不同步。

自第二次世界大战结束以来，冰岛努力向其他北欧国家学习和看齐，社会保障和福利制度迅速发展，这也包括医疗卫生和教育领域，同时受益者扩展到所有冰岛人。冰岛在二战后与其他北欧国家相同，宣称本国是“福利国家”，但是其社会福利支出的比例在北欧国家中却始终最低。

1950 年冰岛的社会福利支出总额仅占国内生产总值的 6.3%，而挪威为 6.5%，瑞典最高，占比达到 8.3%。1987 年冰岛社会福利支出比例虽然上升到 17%，但其他北欧国家已经达到 26% ~36%。只有在医疗卫生服务方面冰岛接近北欧的平均水平，而在其他各方面都是最低的。1992 年冰岛福利支出总额占国内生产总值的比例为 18.9%，而其他北欧国家已经达到 30% 以上。这与冰岛人口的年龄结构有一定关系：由于年轻人口比例较大，养老金支出便比较少。此外这也与冰岛就业率很高、失业率比较低有关，即失业金的支出不多。冰岛和挪威一样，没有规定领取养老金的最低年龄，而其他 3 个北欧国家则有规定。

2011 年 1 月 1 日，冰岛政府正式成立福利部，主管社会事务、卫生和社会保障。冰岛的社会保障体系主要包括社会保险、失业金以及养老金。

在社会保险中，雇员社会保险金的一部分与个人所得税一同缴纳，另一部分由雇主缴纳。法律规定，所有雇主必须在发放雇员工资时一同缴纳社会保险费（即工资税）。这一税种同样适用于个体经营者的营运收入。2010 年的社会保险费统一为 8.65%，海员工资还须额外加收 0.65% 作为社会保险费。社会保险费收入纳入政府预算管理，分拨给失业保险基金、职业安全保险、产假基金、标准委员会、商业程序和电子商务委员会、卫生局和社会保险局。从结构上看，冰岛卫生保健体系与其他北欧国家的卫生保健体系相当，在很大程度上由中央和地方政府负责，所有居民均享有公共医疗保险，包括医院免费治疗和其他低廉的卫生保健服务。人们在冰岛拥有居住权即可享有医疗保健。从外国移民到冰岛 6 个月以上的人士可完全享有；从其他北欧国家或欧洲经济区国家移居冰岛的人士，只要向冰岛社会保险部门提供相关证明文件，还可提前享有医疗保健。

失业者在劳工局登记审核，失业金与失业者之前的工资部分挂钩，由专门的失业保险基金支付。失业保险基金由社会保险局负责管理。失业保险基金来源于对所有工资和薪金所征收的 5.34% 的工资税，基金占工资税的 3.81%。失业者每月可领取近 15 万冰岛克朗（按 2010 年年均汇率约合 1200 美元）的失业金，其不足 18 周岁的孩子还可领取每人每天 276

克朗（约合 2.21 美元）的补助。失业者最多每月可获 242636 克朗（约合 1900 美元），但领取最高失业金不得超过 3 个月。失业金与失业者拥有的财产没有关系。如失业者 3 次拒绝就业管理办公室提供的就业岗位，将被从失业名单中注销。为促进就业，冰岛政府部门还专门设立就业培训中心，为失业者提供免费的技能培训。

冰岛过去所实行的养老金制度称为“国民养老型”。雇员不必缴纳养老费，而由雇主缴纳雇员工资额的 2% 作为养老金。全体国民都可以获得同样数额的养老金，每月为 9577 克朗。如果雇员在 72 岁以后才退休，领取的养老金为 16001 克朗。

目前冰岛养老金制度主要有三大支柱。其中职业养老金在 1969 年得到普及，在 1974 年以立法形式固定下来。每个工会建立自己的养老基金，保险费缴纳的比例由工会、雇主联合会和政府三方在进行一般工资谈判时加以确定。在民营企业供职的员工每月工资的至少 10% 须缴入职业养老基金，其中至少一半由雇主承担。在缴纳职业养老基金 40 年后，员工退休时至少可以获得相当于工资 56% 的养老金。如果发放的职业养老金低于这个比例，缴纳保险费的比例就要被提高。在国营部门供职的人员在缴纳养老基金 32 年后，退休时即可享受同等待遇，法律规定聘用方应把工资的 4% 缴纳给职业养老基金。

职业养老基金所发放的养老金最高可以达到在职时收入的 70%，如果加上社会保障养老金，则一共可以达到 80%。职业养老基金的数目近 20 年来不断减少，1991 年一共有 88 家，1996 年下降到 66 家，2000 年为 56 家，到 2004 年年底为 48 家。减少的原因主要是工会在不断合并，所以基金也要合并。各个职业养老基金的规模悬殊，其中两家最大的基金资产占了职业养老基金全部资产的 2/3。2004 年年底，每个基金的平均净资产约为 205 亿冰岛克朗（约合 2.45 亿欧元），其中最大的一家净资产为 1800 亿克朗（约合 22 亿欧元）。基金均由中央政府和市镇政府做担保。

法律规定所有 16～70 岁的工资领取者和自营业主都必须参加一个职业养老基金。目前规定的最低缴纳金额为工资的 10%。在 2004 年以前，4% 出自个人，6% 出自雇主；从 2005 年开始雇主缴费的比例提高至 7%；

从2007年开始再提高至8%。政府雇员养老基金是最大的公共部门养老基金，从1997年开始分为旧养老金部（B部）和新养老金部（A部）。1997年年初以后担任政府雇员的人只能参加新养老金部，1997年年初以前担任政府雇员的人则可以自行选择参加A部还是B部。新养老金部的累计缴费总额在2005年已经达到全体参保人员工资收入的15.5%。

在民营部门供职的员工一般从67岁开始领取职业养老基金，而公共部门人员一般从65岁开始领取。民营部门的员工可以从65岁开始领取养老金，但是其金额要减少，而如果从70岁才开始领取，其养老金数额就要增加。从1999年1月1日开始，冰岛所有16~70岁的从业者都有权建立个人退休账户。

冰岛的养老保险还有另外两个支柱：一个是由税收所支持，依据收入调查而确定给付数额的现收现付式社会保障体系；另一种是带有税收激励机制的个人自愿账户计划。但前者的地位在下降，因为它是以最低工资收入为基准的。后者于1999年才正式生效，截至2005年下半年，大约有52%的工资收入者已经向个人账户缴费，其资产总额约占养老保险资产的10%。

截至2004年年底，所有养老基金的国内外资产总额已经达到国内生产总值的110%。社会保障体系所支付的基本养老金从员工67岁开始发放，员工在退休后还可依据资产调查情况领取补充养老金。如果一位员工在退休时没有任何其他收入，他可以从社会保障体系领取到的养老金相当于非熟练工人平均收入的45%。

表5-1为2010年冰岛社会保障支出情况。

表5-1　2010年冰岛社会保障支出

项目	金额（亿克朗）	占比（%）
总支出	3768.93	100
医疗保险	1316.51	34.9
残疾人	530.63	14.1
老年	782.39	20.8

续表

项目	金额(亿克朗)	占比(%)
遗属	89.01	2.4
家庭和儿童	480.64	12.8
失业	253.00	6.7
住房	162.55	4.3
社会排斥	114.85	3.0
其他社会保障支出	39.35	1.0

资料来源：冰岛国家统计局。

第二节 国民生活

一 就业及工作时间

冰岛实行每周 5 天工作制。虽然其他西方国家每周工作时间已经在 40 小时以下，但是冰岛平均每周工作时间仍然超过 40 小时或将近 40 小时，男性周工作时间甚至超过 45 小时（参见表 5－2）。冰岛人超时工作的主要原因有：第一，人口少造成劳动力短缺，许多工作要待人去做；第二，通货膨胀率高导致实际收入减少，这也迫使人们去寻找第二职业；第三，许多冰岛人追求更高的生活水平。这些因素都使得冰岛人愿意全力以赴地工作。

不仅一般冰岛人工作时间长，而且在冰岛连产妇休假也只有 3 个月，夏天则几乎所有中学生都参加工作。尽管如此，劳动力仍然不足，于是冰岛每年都招募外籍工人前往冰岛工作。在医疗、治安、电信和其他公共部门，为使工作正常运转，超时工作在所难免。工会运动本来应当把缩短工作时间作为自己的主要要求之一，但是在冰岛却不是这样，因为雇员往往把工资看得比工时更加重要，他们主要的要求是增加工资。

表 5-2　2005~2014 年冰岛人周平均工作时间

单位：小时

年份	平均周工作时间	男性 周工作时间	女性 周工作时间
2005	42.4	48.0	35.7
2006	42.5	47.6	36.0
2007	42.0	47.0	35.7
2008	41.6	46.2	35.9
2009	39.7	43.8	35.0
2010	39.6	43.7	34.9
2011	40.0	44.1	35.4
2012	39.8	43.9	35.2
2013	39.8	44.0	35.1
2014	39.8	43.9	35.2

资料来源：冰岛国家统计局。

冰岛经常发生劳务争端，其解决的难度列经济合作与发展组织（OECD）成员国之首。国际上通常以每年每千人由于劳务争端而不能正常工作的天数作为劳务争端严重程度和解决难度的指标。冰岛每年每千人因劳务争端而不工作的天数为 581 天，远高于 OECD 国家的平均值 50 天，列第二位的西班牙仅为 200 天。冰岛的这一数字意味着平均每个冰岛雇员每年有 2 天时间是在罢工。2001 年 3 月冰岛全国渔业工人举行罢工，直到 5 月劳企双方仍未达成任何协议。由于担心罢工对国家经济造成太大损害，冰岛议会于 5 月 17 日夜通过法律强行结束罢工。

OECD 组织 2014 年的数据显示，在 OECD 组织成员国中，冰岛平均就业年龄最高，15~24 岁和 55~64 岁年龄段的就业人数比例最高，25~54 岁年龄段中的就业人数比例也位居所有成员国中的第 3 位。根据 OECD 组织成员国就业年龄平均值计算，在 15~24 岁年龄段，就业人数不超过 36.9%，在 55~64 岁年龄段，就业人数不超过 56.9%，而冰岛这两个年龄段的就业人数比例分别达到 70.1% 和 82.1%。冰岛的法定男女退休年龄均为 67 岁。

在 2009 年爆发的欧债危机中，冰岛经济受到较大冲击，国家甚至宣布破产。这一冲击直接导致冰岛就业状况恶化，失业率与危机之前相比大幅度上升。根据表 5 – 3，失业率在 2014 年达到 5%，16 ~ 24 岁这一年龄段的劳动力受到的影响最为严重。

表 5 – 3　2014 年就业率和失业率的性别及年龄结构

类别	劳动力数目(人)	就业率(%)	登记失业率(%)
总数	186900	81.5	5
16 ~ 24 岁	31800	77.5	10
25 ~ 54 岁	113800	89.6	4.3
55 ~ 74 岁	41300	67.2	2.8
男性总数	97700	84.7	5.1
16 ~ 24 岁	16100	76.6	13.1
25 ~ 54 岁	59100	92.9	3.8
55 ~ 74 岁	22500	73.3	2.7
女性总数	89200	78.2	4.9
16 ~ 24 岁	15700	78.4	6.9
25 ~ 54 岁	54700	86.3	5
55 ~ 74 岁	18800	61.2	2.9

资料来源：冰岛国家统计局。

表 5 – 4 和表 5 – 5 分别介绍了近年来冰岛的就业率变化情况及 2014 年冰岛各行业的就业比例。

表 5 – 4　2006 ~ 2014 年冰岛就业率变化情况

单位：%

年份	总就业率	女性就业率	年份	总就业率	女性就业率
2006	83.2	78.6	2011	80.5	77.1
2007	83.4	78.8	2012	80.5	77.7
2008	82.8	78.2	2013	81.4	78.5
2009	81.1	77.3	2014	81.5	78.2
2010	81.1	77.8			

资料来源：冰岛国家统计局。

表 5-5　2014 年冰岛各行业就业比例

单位：%

行业	劳动力总人口	男性	女性
农业	4	7	2
农牧业	2	3	2
渔业	2	4	0
工业	19	28	9
渔产品加工业	3	3	3
制造业	9	13	5
供水供电业	1	1	0
建筑业	6	11	1
服务业	76	65	88
批发零售修理业	13	14	12
旅馆餐饮业	6	5	7
交通通讯业	8	9	5
金融业	4	3	5
房地产业	11	14	8
公共行政	4	4	4
教育	12	5	20
医疗卫生、社会工作	11	4	20
其他	7	7	7

资料来源：冰岛国家统计局。

冰岛人的年收入在欧洲属于最高收入之列，其工资收入比欧洲其他国家平均高出 37%。由于冰岛绝大部分雇员都加入到各种工会当中，工会的力量相当强大，经常采用罢工方式提出增加工资等要求，所以冰岛雇员收入的增长速度比较快，幅度也较大，例如从 1999 年第三季度到 2000 年第三季度的一年中，冰岛雇员的工资平均增长 8.3%，而同期消费指数只上升了 3.5%。在冰岛，建筑工人的收入很高，比欧洲其他国家的工人收入高出 63%。然而另一方面，冰岛的工资虽高，但是工作时间较长，而且冰岛的物价也很高。冰岛没有最低工资制度，其工资和工作时数都由劳企双方集体谈判来决定。

在冰岛，雇主在雇用外国雇员之前，要填写申请表，向工会征求意见，工会要在14天内对雇主做出肯定或否定的答复。如答复是肯定的，将由雇主向移民局提交申请；移民局给予外国人居住许可后，雇主再向社会事务部提交申请；社会事务部同意后，将通知雇主及外国人，并交给移民局一份通知副本；移民局向外国人签发证件，并表明已同意他在冰岛工作及居住；最后由雇主到移民局领取证件，交付500冰岛克朗的手续费。冰岛欢迎从其他欧洲国家来的移民，而亚洲移民则不那么容易被批准，但是冰岛现在也有不少来自越南和菲律宾等国的劳务移民。

从2006年5月1日起，冰岛允许欧盟新成员国爱沙尼亚、拉脱维亚、立陶宛、波兰、斯洛伐克、斯洛文尼亚、捷克和匈牙利的劳务人员自由进入冰岛工作。与此同时，社会事务部长任命一个联合工作小组评估冰岛劳务市场上外国劳工的情况，冰岛雇主联盟对此表示欢迎。

二 日常生活及消费

冰岛人的食物构成中，有57%是植物性食品，43%为动物性食品，每人日均摄入能量为3361大卡，是联合国规定摄入量的126%。由于冰岛人大量食用有益于健康长寿的鱼虾，冰岛早已成为寿星之国，男女的平均寿命居世界之冠。

1995～2004年这10年中冰岛食品消费变化情况如下：各种肉类消费明显上升，1995年人均消费为68.2公斤，2004年增至83.8公斤；鱼类年消费量仅略有增加，从46.7公斤增至47.9公斤；马铃薯的年消费量有所下降，从47.0公斤降至40.4公斤；牛奶的年消费量也有所下降，从194.9升下降至181.2升；与此相反，软饮料的年消费量则大幅上升，从125.7升猛增至173.6升。

冰岛的人均酒精饮料消费量从20世纪下半期开始增长较快。根据表5－6，1995～2007年仅10多年间，年人均啤酒消费量从40.48升上升至79.08升，增长了95%；葡萄酒年人均消费量从6.79升猛增至16.27升，增长了约1.4倍；年人均烈性酒（即白酒类）消费量有所下降，从4.98升下降至3.86升。冰岛及其他北欧国家对酒类的管理比较严格。鉴于欧盟其他国家对酒类管理的规定较松，私人跨国购酒给北欧国家酒类管理政策的执行带来了不少困难，冰岛等5个北欧国家的卫生大臣或部长于2004年10月在哥本哈根开会时宣布，他们将共同促使欧盟出台更为严格的酒类管理政策。

表5－6　1995～2007年部分年份冰岛酒类年人均消费

单位：升

年份	1995	2000	2005	2007
啤　酒	40.48	60.51	73.95	79.08
葡萄酒	6.79	11.76	15.46	16.27
白酒类	4.98	4.54	3.50	3.86

注：统计对象为15岁以上者。

资料来源：冰岛国家统计局。

1963年，冰岛每千人平均拥有电话机260部、小轿车103辆。1992年每千人平均拥有小轿车458辆、电视机337台、电话机534部。2002年每千人平均拥有小轿车569辆、电视机390台、固定电话623部。2005年每千人平均拥有小轿车约600辆，即私人汽车拥有率为60%，这在OECD组织中是最高的。

手机在冰岛普及率很高，在2000年即已达到78%，位居当年世界第一，2005年达到88.3%。同年，超过80%的冰岛人使用互联网，在16～74岁的人当中约有85%的人经常上互联网。根据表5－7，到2014年，冰岛人使用电脑和互联网的比例已接近100%，而在受高等教育的学生群体中，二者的比例均为100%。这样高的普及率在世界处于领先地位。

表5－7　2014年冰岛个人使用电脑及上网统计

单位：%

类别	使用电脑	上网
男性	98.4	98.3
女性	98.0	98.0
首都地区	98.6	98.6

续表

类别	使用电脑	上网
其他地区	97.6	97.4
1～10 年级学生	96.4	96.4
高级中学学生	98.3	98.1
高等院校学生	100.0	100.0

资料来源：冰岛国家统计局。

冰岛人普遍采用透支消费即借款消费。截至 2005 年 10 月底，冰岛家庭透支消费总计 750 亿克朗（约合 12.1 亿美元），这一数额已经创历史纪录，每个冰岛人平均透支 25 万克朗（约合 4032 美元）。2006 年上半年，家庭透支消费又上升了 40%，这些透支的贷款利率是 20%。个人消费的上涨速度迅速超过了消费者购买能力，导致人们寻求各种贷款，包括信用卡透支。冰岛家庭累计已欠金融机构 5310 亿克朗（约合 85.65 亿美元），但大部分是通货膨胀指数债务，总计 3990 亿克朗（约合 64.35 亿美元）。2005 年，冰岛家庭欠金融机构的通货膨胀指数债务已增加了 2000 亿克朗（约合 32.26 亿美元），或者说增加了 100%。如此巨大的债务增长从金融机构不断增长的抵押贷款以及银行的储蓄和贷款情况可以反映出来。如此高额的贷款和冰岛人透支消费的习惯导致冰岛在 2008 年开始的次贷危机和 2009 年开始的欧债危机中受到极大的冲击，冰岛金融业外债一度超过 1383 亿美元，而冰岛当时的国内生产总值仅为 193.7 亿美元。冰岛从最宜居国家变成负债最重的国家之一，平均每个人负债 37 万美元，国家一度濒临破产。

三 社会治安

冰岛的社会治安情况良好，刑事犯罪率很低。冰岛在总统府、议会大厦及政府各个部门都不设警卫人员。普通公民可以毫无阻拦地出入各个国家机关，包括总统府和总理办公室，也可以直接和政府各级官员乃至最高领导人接触。总统和总理都是自己开车上班及购物。但是自 2003

年瑞典女外交部长遇害之后，冰岛警察总监宣布要加强部长以上领导人的安全保卫工作。

冰岛民风淳朴，民宅前后大多没有栅栏，学校没有围墙，教室和办公室没有锁，参观者可以自由进出，偷窃事件极少发生。这既是因为冰岛民众普遍富裕以及文化素质较高，也是因为冰岛人口少，许多人彼此相识，如果偷窃事情败露便毫无脸面。盗车事件更是闻所未闻，因为冰岛四面环海，即便偷了车也无法将车开出去。

尽管如此，冰岛依然不时有刑事案件发生，不过这些案件大多是小型案件。在 20 世纪 90 年代前半期，雷克雅未克的治安状况有所恶化，为此警方从 1997 年起改进警力间协调配合的方法，大大改善了治安效果。在 1998 年的前 3 个月，首都雷克雅未克的治安状况明显好转，入室行窃大大减少。与 1997 年同期比较，案件发生率下降 33.5%，从 388 起减至 258 起。2005 年对欧洲 25 国零售商在防盗防窃方面的一项调查显示，由于加强了保安和闭路电视监测措施，外来人入店偷盗现象普遍下降，但是雇员监守自盗所造成的损失却没有减少，以冰岛的情况最为严重。

2004 年，冰岛全国有 673 人被判决为触犯刑律，其中女性有 93 位，有 187 人被判监禁，87 人被判罚款，399 人被判为缓期处刑。1995 年 9 月 1 日公布的“世界各国监狱人口总数”显示，西欧主要国家英国、法国、德国、意大利、瑞士、荷兰的监禁率分别为每 10 万居民中有 100 人、95 人、85 人、85 人、80 人、60 人；北欧国家的监禁率更低，瑞典和丹麦各为 65 人，荷兰 60 人，挪威 55 人，冰岛才 40 人。根据表 5－8，进入 21 世纪以来，冰岛的监禁率基本维持在 40 人左右，2005 年曾下降至约 33 人。

总部位于澳大利亚悉尼的经济与和平研究所从 2007 年起每年发布《全球和平指数》（Global Peace Index）。在该报告中，冰岛始终名列前茅。该报告以各国治安犯罪率、国防开支、邻居间关系、人权状况等为主要审核目标，2015 年的报告覆盖全球 162 个独立国家和 99.6% 的全球民众，为游客提供有关相对安全国家的信息作为参考。该报告认为世界和平

表 5 – 8　2005 ~ 2013 年部分年份冰岛刑事犯人统计

单位：人

年份	2005	2010	2013
在押犯人数	97	134	135
其中女性犯人数	6	4	5
每 10 万居民中的人犯数	32. 8	42. 2	41. 6

资料来源：冰岛国家统计局。

状况近些年来有恶化的趋势。在 2010 年的报告中冰岛排名第二，仅次于新西兰，而在 2011 ~2015 年的历年报告中，冰岛以其较低的政治不稳定性和谋杀率等都名列第一。

透明与公开是北欧国家政府的主要原则之一。冰岛的公共部门一切公开，公共机构对社会透明，所有档案都对公众开放，接受市民和媒体的监督。正因如此，冰岛一直以“世界上政府官员最清廉的国家之一”而著称。自 1918 年以来，冰岛只有 4 名政府高官任期未满中途辞职。在 20 世纪 80 年代末，一名最高法院的法官因为用公款买酒而被迫辞职。2005 年 10 月，“透明国际”公布对 159 个国家和地区的调查结果，冰岛超过了得分皆为 9. 6 分的芬兰和新西兰，以 9. 7 分被评为全球最清廉国家。从 2012 年起，清廉指数改为以百分制的形式发布。最近几年，冰岛在这一指数的全球排名有所下滑，2013 年以 78 分与德国并列排行榜第 12 位。

四　医疗卫生

在中世纪时，冰岛没有医生和其他医护人员，人们深受各种疾病之苦，至少有一半儿童夭折。到 1760 年冰岛才有了第一位乡村医生，并开始在本地培养医生。到 1800 年全国划分为 4 个医疗区，1875 年医疗区增加到 8 个，但是医生仍然十分短缺。1876 年冰岛成立了医科学校，旨在培养更多医护人员。到 1900 年医生数量增加了 4 倍，自此情况才得到根本改变。根据表 5 – 9，截至 2013 年冰岛的医护人员数量已接近 4500 人。

表 5-9 2011~2013 年冰岛医护人员数量

单位：人

年份	2011	2012	2013
内外科医生	1121	1141	1174
护士	2765	2909	3025
牙医	283	270	272

资料来源：冰岛国家统计局。

冰岛福利基金雄厚，医疗保险和社会福利制度完善，全国实行国民医疗保险计划，全体公民都被纳入该计划。冰岛的医疗服务基本上由中央政府提供财政支持，其中 85% 依靠税收，15% 依靠服务费。全国划分为不同的医疗区域，各有专门的基础医疗护理中心，其中部分医疗中心是与当地社区医院合办的。这些医疗护理中心负责提供常规的治疗、检查和家庭护理，并开展计划生育、妇女保健、儿童保健、学校卫生等工作。冰岛医院分为专业教学医院、普通医院和社区医院三个等级，医院所提供的医疗服务是免费的，独立开业诊所的医疗服务价格也不高。专业教学医院负责各医疗领域大部分的手术。冰岛国家医院是唯一的大型综合医院，总体医疗救护水平较高。

据世界卫生组织统计，冰岛 2007 年医疗卫生总支出为 937.82 亿美元，全国医疗卫生总支出占国内生产总值的 7.25%。2009 年冰岛全国医疗卫生总支出占国内生产总值的 8.2%，人均医疗健康支出 3095 美元。2000~2010 年全国平均每万人拥有医生 39 名、护理和助产人员 165 人、牙医和药师 12 人、医院床位 583 张。

2001 年，冰岛的艾滋病病毒感染者中成年人的感染率为 0.2%。2002 年年底，艾滋病病毒携带者有 162 例，其中 52 人被确诊为艾滋病，一共有 36 名患者死于艾滋病。大多数患者都是同性恋者。截至 2004 年 12 月 1 日，冰岛共有 183 人感染艾滋病病毒，其中男性 141 人，女性 42 人。25~29 岁的人为感染高峰人群，共 40 人，其次为 40~49 岁人群，有33人，两个年龄段的男性患者均多于女性患者。年龄最小的感染者为一名4岁儿童。2013年新增11人被确认感染艾滋病病毒。最普遍的感染途径依次为不洁同性性行为、不洁异性性行为及吸毒者共用针头吸管。

冰岛实行医药分业管理，看病与售药严格分离：医疗机构主要负责看病，住院部药房的药品只供住院病人使用，不得对外销售；社会药店只负责售药，不负责看病。冰岛的医疗机构有医院和独立开业诊所两种。病人看病一般先到独立诊所找医生，诊所如果不能解决再将病人转到医院去治疗。经医生诊断后，如果不需要住院治疗，病人可持医生处方到社会药房去买药；如果病情严重需要住院治疗，病人住院期间所需药品可由医院药房提供，药品费用包含在整个治疗费用中。

非处方药费由病人自行承担；门诊病人的医疗费用由病人每年承担一定限额，超过限额部分由保险基金报销（医保目录之外的药品费用除外）；住院病人的医疗费用则全部由保险基金或政府财政承担。冰岛对药品报销的类别和比例有严格规定：医院住院用药全部报销；在社会药店购买的处方药品的平均报销率为63%，其中胰岛素类全部报销，而抗生素类不报销。

2012年1月1日以来，在冰岛就医和处方药的价格上涨。对于有保险的个人，挂号费由5000克朗涨至5300克朗，专家医师诊疗费由3900克朗涨至4200克朗。处方药价格则上涨5%。为外国游客和无冰岛医疗保险者（含在冰岛居住少于6个月者）提供救护车运送服务的价格也大幅上涨。2012年，为无冰岛医疗保险者提供救护车服务的价格为8800克朗/小时（约合55欧元/小时），2013年这一价格涨至35000克朗/小时。此外，另需支付的660克朗/千米的驾驶费也涨至2000克朗/千米。这意味着无保险者至少须为救护车服务支付65000克朗，而有保险的当地居民则仅需支付5500克朗。因此，建议游客去冰岛前购买包含医疗费用的旅行保险。

北欧5国的社会保障和社会福利制度目前面临很多困难，不少人认为，只有全面改革由国家大包大揽的福利制度，北欧才能走出困境。

第三节　妇女和家庭

一　婚姻和家庭

1940 年，冰岛有近 1/4 的 45 ~ 54 岁女性一直保持独身。二战结束以后，这种情况发生根本转变，大多数成年女性都进入了婚姻状态或结过婚。20 世纪 90 年代，独身率低于 10%，1993 年仅为 7.4%。从 1945 年到 60 年代末，结婚年龄普遍比较低；从 70 年代开始，结婚年龄有所提高。

在冰岛过去的传统社会中，婚姻的稳定性比较高。但是二战结束以后，离婚率急剧上升，离婚现象十分普遍。1956 年，每百对婚姻平均只有 7.6 对走向破裂；1970 年这一数字便翻了一番，达到 15.5 对；1980 年再翻一番，达到 33.8 对；1989 年达到 44.2 对。进入 21 世纪，离婚率已高达 50%，夫妻往往稍有不和就要离婚。青年人中则兴起了“未婚同居热”。

由于人口稀少，国家鼓励生育，16 岁以上生育就是合法的，未婚同居生子也是合法的。家庭不仅包括结婚而组成的家庭，也包括未婚同居组成的家庭以及单亲家庭。1946 年，相对于 100 名婚生子女，平均有 35.8 名非婚生子女；1966 年，这一数字超过 40 名，为 40.5 名；此后这一数字逐年上升，尤其是自 20 世纪 80 年代以来迅速攀升，1980 年为 66.5 名，1984 年达到 89.1 名，1985 年为 92.1 名，1986 年达到 103.3 名，即非婚生子女的数目超过了婚生子女的数目；此后仍逐年上升，1993 年达到 139.8 名。和其他北欧国家一样，婚外同居和婚外生育在冰岛已经成为一种常态，婚生子女和非婚生子女在各个方面都完全平等。

2005 年的一项调查显示，冰岛非婚姻家庭的婴儿出生率居欧洲首位。2004 年，冰岛 64% 的婴儿来自同居或单亲家庭，而欧洲的此项比例是 31.6%。居欧洲第二位的是爱沙尼亚，比例为 60%；瑞典第三，比例为

55%；丹麦第四，比例为45.4%。南欧国家的此项比例较低，但两个天主教国家意大利和波兰的此项比例略高。似乎越是靠北的国家，非婚生婴儿出生率越高。

表5-10介绍了1980～2014年部分年份冰岛核心家庭构成情况。

表5-10 1980～2014年部分年份冰岛核心家庭构成情况

单位：%

年份	结婚无子女家庭	结婚有子女家庭	同居无子女家庭	同居有子女家庭	单亲父亲有子女	单亲母亲有子女
1980	31.30	51.12	1.61	5.29	0.62	10.07
1985	33.44	45.14	1.63	8.07	0.79	10.93
1990	34.58	38.71	3.27	10.75	0.89	11.79
1995	35.53	34.21	4.46	13.77	0.77	11.26
2000	35.02	33.04	4.59	12.86	1.05	13.43
2010	36.33	30.87	3.96	12.27	1.43	15.15
2014	38.38	28.57	4.28	12.59	1.44	14.74

资料来源：冰岛国家统计局。

丹麦于1989年10月成为第一个认可同性结合、允许同性伴侣进行婚姻登记的国家（这并不等于立法承认同性婚姻）。随后，其他几个北欧国家相继这样做。冰岛继挪威（1993年）、瑞典（1994年）之后，于1996年6月12日通过了《伴侣登记法》，并于同年6月27日开始实施。该法律认可同性伴侣的结合并允许其登记，赋予其传统家庭所享有的大部分权利，但该法律并不允许同性伴侣"结婚"，只将他们的关系称为"民事伴侣"关系。2010年6月12日冰岛议会一致通过允许同性婚姻存在的法案，该法案于6月27日正式生效。冰岛时任女总理西于尔扎多蒂和莱兹多蒂当天便成为这项法案生效后冰岛首对结婚的同性恋伴侣。

二 女性地位崇高

世界经济论坛于2006年发表的第一部性别平等调查报告《全球性别

差距报告》，以同工同酬、进入劳工市场就业、女性的政治代表、受教育状况以及接受健康护理方面等5个范畴，衡量每个国家的性别差距水平，对全世界58个国家的情况进行评估，其中30个是经合组织成员国，28个是发展中国家。在妇女社会地位排行榜中，北欧5国名列前5名，获得两性平等最高评分，冰岛排在瑞典、挪威之后，位列第3。北欧的妇女享有与男性同工同酬及就业平等的机会最高，男女经济差距最小，为其他国家提供了榜样。2006年年初的一项统计表明，冰岛妇女在国会中的地位在世界上排在第13位，在63名冰岛国会议员中有21名为女性，占到1/3。

冰岛女性地位崇高并非始于今天。根据传统，冰岛的已婚女性从来不冠以夫姓，而拥有自己的独立身份。自我介绍时只道出自己的名字及是谁家的女儿，而不提丈夫的姓氏。过去冰岛居民有相当一部分是渔民，渔夫在大部分时间需要出海捕鱼，他们出门之后要依赖妇女处理一切事务，因此渔民对妇女格外尊重。女子当家和积极参与社会政治活动的传统得以形成，今天的冰岛仍保留着以妇女为尊的古老观念。冰岛曾经成立妇女联盟，该政党曾在国会占有议席，并发挥了重要的政治影响力，在欧洲开创先河。

由于冰岛妇女势力大，因此在该国出现了一些与别国不同的政策及社会要求。例如，妇女联盟认为大部分女性需要自力更生，因此冰岛必须要建立更完善的托儿制度。北欧妇女不仅参政领域较全面，女性高层官员较多，而且从政妇女与权力的结合也很紧密，能够参与实质性决策过程，在反映妇女的整体利益方面代表性较强。在遗产继承方面，早在1850年，冰岛议会便制定了法律，其中有男女同样享有继承权的条款，这在欧洲国家是最早的。

在2000~2004年联合国发表的年度《人类发展报告》中，冰岛和挪威在“全球最适宜女性生活的国家”排行榜上均位列第1或第2，这两个国家的女性可以享受平等的社会地位，具有独立的经济基础，享受着较好的社会健康保险待遇，并且拥有着和睦美满的幸福家庭，因此这两个国家被称为“女性的天堂”。

妇女享有许多特殊福利，如孕妇的工作量可以减少，带薪产假曾经长达一年，以后还可以再请假一年，发给80%的工资等。

冰岛妇女注重团结的力量。1975年是联合国确定的妇女年，10月24日是妇女日，冰岛全国妇女在这一天完全不工作，并且有2.5万名妇女在首都举行了声势浩大的集会，这是冰岛有史以来规模最大的罢工，影响之大远远超出本国范围。后来每年在这一天全国妇女都举行罢工和游行，将这一天当作争取平等权利的纪念日。1986年10月24日，首都几千名妇女在累科杰托尔哥广场举行“给丈夫们一点颜色看”的大示威。冰岛女人为了显示自己在社会上的重要地位，实行48小时罢工。结果全国瘫痪，可怜的男士们只得依靠电台的紧急指示，煮速冻食物来应付这场危机。最后，政府总理不得不出面调解，并连夜召开议会，宣布保证妇女享有与男人同样的权利，要求丈夫们在家也要做家务。

冰岛的女性甚至通过裸体游行的方式来表达自己的意愿。一年一度的“微狄大游行”的参与者全是女性，年纪一般在40岁以下，而且大部分为全裸或者半裸。抗议人们用动物皮毛做衣服，是冰岛女性裸体游行的主题之一。游行一般一年两次，仲夏节和极夜各一次。包括妙龄少女和年过半百的老人在内的女性近乎全裸地站在街头呼吁。但奇怪的是，法律却禁止冰岛人在自己家中裸体。

第四节　环境保护与治理

冰岛政府于1990年成立了环境部，随后出台了一系列保护环境的法律法规，把环境保护纳入法制化轨道。这些法律有《限制野外用火法》（1992年）、《野生动物保护及狩猎法》（1994年）、《有机农业法》（1994年）、《对治理城市污水予以财政支持法案》（1995年）、《农村造林法》（1995年）、《转基因生物法》（1996年）、《合理利用渔业资源法》（1996年）、《公共卫生与污染控制法》（1998年）、《自然保护法》（1999年）、《环境影响评估法》（2000年）等。

冰岛政府于1996年成立了自然保护局。截至2004年年底，冰岛一共辟有自然保护区90处，总面积为9353平方千米：4处国家公园的总面积为5331平方千米，另有自然遗址33处，自然保护地39处，乡村公园14处。冰岛与其他北欧国家一道，于1989年实施了统一的北欧环境标志，包括住宅在内的环保产品都须经过专项认证。北欧国家在建材方面制定了严格的标准，以推动和发展绿色建材。

冰岛重视垃圾废物的处理和回收，尽可能减少对环境的污染和破坏。2004年，全国垃圾总量为48.8万吨（不包括有害垃圾）：回收的数量为13.8万吨，其中再生利用12.2万吨，有1.3万吨通过焚烧而制造能源，有0.3万吨用于制作堆肥；对34.6万吨实行填埋；另有0.4万吨在倾倒场被露天焚烧。

在联合国教科文组织于2003年3月发布的关于世界122个国家和地区的饮用水，尤其是地下水质量的报告中，冰岛排名为第19位。由于冰岛火山遍布，水的含硫量较高，因此排名受到影响。不过其首都地区的饮用水来自万年冰川，所以水质十分清洁。2005年1月评估世界各国及地区环境质量的“环境可持续指数”（ESI）在瑞士达沃斯正式发布，在此次评估的全球144个国家和地区中，芬兰位居首位，列第2~5位的国家分别是挪威、乌拉圭、瑞典和冰岛。

据冰岛国家统计局2006年2月公布的数据，在1990~2005年这15年间，冰岛的温室气体排放量增加了11%，其中二氧化碳排放量增加最为明显，达到将近33%。这主要是因为重工业项目的发展，同时也与过去20年中冰岛人均能源消费急剧上升有关。

世界野生动植物基金会2005年在题为《水坝建还是不建？——写在世界水坝委员会成立五年后》的报告中点名批评了全球6大水坝工程，其中包括在冰岛东部为电解铝厂建设的卡拉纽卡大型水电站工程。冰岛本国的环境保护人士及左翼绿色运动对此也始终持批评态度，并多次组织示威抗议活动。不过，发展经济与保护环境往往是相互矛盾的，很难完全兼顾、两全其美。

2010年1月由美国耶鲁大学和哥伦比亚大学联合推出的“年度全球环境绩效指数”排名出炉，冰岛名列榜首。这个排名是根据各国环境卫生、环境保护、削减温室气体排放量、减少空气污染和浪费等5个方面的表现综合评判的。按照得分高低，排名前10位的国家分别是：冰岛、瑞士、哥斯达黎加、瑞典、挪威、毛里求斯、法国、奥地利、古巴以及哥伦比亚。冰岛使用的所有能源都是可再生能源，包括水力发电和地热能。其他以绿色能源闻名的欧洲国家也都名列前茅，如瑞士、瑞典、挪威以及芬兰等。

第六章

文　化

第一节　教育

一　概况

由于受宗教和家族的深刻影响，直到19世纪后期，冰岛的教育基本上以家庭教育为基础，国内只有极少数教会学校，教育因而水平不高且不规范。从19世纪末到第一次世界大战前夕，冰岛开始建立起全国统一的公共教育体系，但由于冰岛当时仍隶属于丹麦，其民族教育事业的发展仍受阻碍。冰岛于1944年完全独立后，其教育事业获得新的生机。从这时开始，冰岛注重吸收欧美各国先进的教育思想，并设立了专门的教育研究机构，积极改革本国教育体制，使教育事业向现代化迈进。经过几十年的努力，冰岛目前的教育水平已经有了很大提高。

冰岛的教育体制分为四个阶段。第一阶段是对6岁以前的儿童实行的学前教育，所依据的是1994年颁布的《学前教育法》，主要是通过游戏向孩子们传授一些简单的知识。第二阶段是对6~15岁的儿童和青少年实行的十年制义务教育，包括小学和初中，所依据的是1995年颁布的《义务教育法》，该法和以往相比最大的变化是规定了完全由市镇政府负责管理义务教育阶段的学校，在义务教育阶段免收学杂费和教材费。在冰岛，十年制义务教育通常在同一所学校中实行，即十年制学校；但是一些较小市镇只有七年制学校即小学，另在较大的市镇设有8~10年级的学校即初中，以接纳周围地区七年制学校毕业的学生。虽然国家规定对6~15岁的儿童和青少年实行十年制义务教育，但是地方教育当局可以把义务教育年龄提高到16岁或降低到14岁，这主要根据当地对教育的要求和就业状况而定。第三阶段是高中阶段，学生从16岁到20岁，学制为4年，所依据的是1996年颁布的《高级中学法》。各类文理高级中学通常是独立的学校。属于这个阶段的还有职业学校和特种专业学校，学制为3~5年，学制的长短主要根据学校的类型而定。第四阶段是高等学校，这些学校主要招收20岁以上文理中学的毕业生，所依据的是1997年颁布的《高等教育法》。

冰岛的教育历来属于公共部门，虽然冰岛有少数私立教育机构，但是它们也都得到公共部门的资助。学前教育和义务教育主要是由地方政府负责的，高中教育及高等教育则由中央政府负责。除了少数特种学校，整个教育系统几乎都是由冰岛中央政府的教育、科研及文化部负责管理的。该部为义务教育和高中教育阶段制订全国课程大纲，由该部资助的全国教材中心为全国义务教育和高中教育编写统一教材，并且向义务教育阶段的学生免费发放。冰岛还设有教育考试院，这是一个由国家资助的独立机构，负责组织全国性的各种考试和考核。

冰岛高中免收学费，但学生须缴纳杂费和教材费，数额由学校董事会决定，但杂费一学年不得超过6000克朗，教材费一学期不得超过12500克朗。目前大约有90%的学生在接受十年制义务教育后直接进入高中学习，但是其比例逐年下降。冰岛高中的规模大小不一，规模最大的有1500名学生，最小的还不到50人。高中有4种类型，即文理高中、普通职业高中、综合性高中、特种职业高中。综合性高中结合了前两种高中的特点，其中一些还为成年人举办夜校班。特种职业高中在冰岛经济社会发展中的作用十分显著。这类学校是根据冰岛的特殊自然状况及经济生活需要而创办的，包括航海学校、工程学校、通讯学校、服务学校、农业学校、园艺学校、家政学校等，此外，还有盲人学校、聋哑学校、残疾人学校等。冰岛对艺术教育也十分重视，政府专门创建了工艺美术学校、戏剧学校、舞蹈学校、音乐学校等。

冰岛每年约有 1200 名学生到国外留学，其中有一半的学生在国外高等院校深造。此外，每年有大约 350 名外国留学生到冰岛的大学学习。目前在国外的冰岛留学生总数大约有 4000 人。近年来，随着冰岛高等教育质量的逐步上升，到冰岛学习的外国留学生人数呈增长趋势，他们已占学生总数的 5%，大多来自德国、丹麦、挪威、瑞典、英国、法国和美国等国，中国留学生的数目也有较快增加。

据冰岛国家统计局 2015 年 3 月公布的资料，2013 ~ 2014 学年冰岛在校学生达到 107825 人，约占冰岛总人口的 1/3。这一数字包括从幼儿园至大学的各阶段学生，其中接受义务教育的中小学生为 42734 人，在各类高级中学就读的学生为 24711 人，高等院校学生为 20667 人。另外有 2000 多人在国外大学学习。高中女生比例为 49.3%，大学女生比例为 64.9%。截至 2013 年，冰岛全国一共有 256 所幼儿园、169 所十年制义务教育学校、38 所公立高级中学（包括各种职业高中等）、38 所民办高级中学（包括各种职业学校等）、84 所音乐学校和 8 所高等教育机构（其中 5 所是公立院校、3 所是民办院校）。

2010 年冰岛教育经费约占政府开支的 8.3%。冰岛国家统计局相关数据显示，2014 年冰岛教育领域从业人员占全国就业人口的近 12%。

二　高等教育

冰岛唯一的综合性大学是冰岛大学。该大学创建于 1911 年，位于首都雷克雅未克。当时冰岛议会为纪念民族英雄约恩·西居尔兹松，决定在国立神学堂（1847 年创办）、医士学校（1876 年开办）和法科学校（1908 年开办）的基础上，于 1911 年 6 月 17 日正式成立冰岛大学，这一天是约恩·西居尔兹松诞辰一百周年纪念日。大学成立之初没有自己的校舍，便借用议会大厦的一些房间充当教室，大学校舍到 1940 年才建起。第一届学生只有 45 人，到 20 世纪 70 年代已经有在校生 1500 人，目前全校学生总数已超过 13000 人，约占全国人口的 4%。每年该校招收新生约 1200 人，学生和教师的比例大约是 10∶1。

冰岛大学目前主要设有 4 个学院，分别是经济和商业管理学院、人文学院（文学系、神学系、社会科学系、法律系）、医学院（医学系、牙科系、护理系、药学系）和理工学院（自然科学系、工业工程系），共有30多个学科，数百个专业。国立医院、国家图书馆和国家博物馆也归属冰岛大学管理。冰岛大学还设有40多个不同学科的研究所。冰岛大学附设的研究所有病理研究所、细菌研究所、解剖研究所、卫生研究所、生理研究所、药物研究所、牙科研究所、自然科学研究所。自然科学研究所是冰岛大学最大的研究所之一，设有物理、化学、应用数学、计算机科学、地球科学、地球物理等研究室，另有30多个研究小组（实验室），职员有100多人，其中教授49人，其他中高级研究人员57人。

冰岛大学的经费来源主要有二：一是国家拨款；二是彩票收入，彩票收入为校舍修建专用。2004年国家拨款约合8315万美元。各研究所的研究经费来源于不同渠道，包括国家拨款、国家科学基金、大学科学基金、公司及国际组织的资助。多数研究所的经费由国家直拨，不经过大学，故其财务独立；而各个系则由大学直接领导，无财权。2005年，自然科学研究所的总经费为750万美元（人均7万美元），其中国家拨款为4.144亿克朗（约合660万美元）。

冰岛大学除个别学科（牙科、工商管理等）一律不收学费，学生每学期只需交纳500美元的注册费，但其余费用（教材、食宿等）一律自理，无任何资助。不过，政府可根据学生的学习成绩提供低息贷款，帮助学生顺利完成学业。除外语专业外，大多数学科均用冰岛语教学。目前除艺术系和地质系的一些专业可授博士学位外，其余学科均只授予学士和硕士或相当级别的学位，但大学鼓励条件成熟的学科设博士学位课程。想到冰岛大学读书获得任何学位的外国留学生，只有学两年以上的冰岛语并通过考试才能进入正规专业学习（短期进修者不需学冰岛语）。外国人须在每年2月底之前填好入学申请书送（寄）到冰岛大学国际部。冰岛大学6月初发放录取通知单，9月初开学。

冰岛师范大学一度是冰岛规模第二大的大学，成立于1908年，位于首都雷克雅未克，当时被称为冰岛师范学院。20世纪70年代，学院升格为大学。1997年，该大学重新改制，分为本科生部和研究生部。2008

年 7 月，冰岛师范大学并入冰岛大学，成为现在的教育学院。目前已有 2300 名左右的学生在该学院注册，其中超过半数的学生接受远程教育。

冰岛农业大学成立于 2005 年 1 月 1 日，是一所年轻的国立大学。学校位于博加内斯市，距雷克雅未克市一个半小时的车程。它有三个学院：土地和动物资源学院、环境科学学院、职业和继续教育学院。

雷克雅未克大学是冰岛国内最大的私立大学，有超过 3000 名在校学生，现有 5 个学院：法学院、商学院、科技与工程学院、学校卫生与教育学院、计算机科学学院。

冰岛艺术学院也位于雷克雅未克市，是冰岛唯一的一所艺术类高等院校，学校授予本科和硕士学位，共设有 4 个系：视觉艺术系、戏剧系、建筑设计系和音乐系。

位于阿库雷里市的阿库雷里大学成立于 1987 年，经过近 30 年的发展，现有人文和社会科学学院、卫生学院及商学院。该校于 2006 年 1 月 23 日正式开设中文课程，是目前冰岛唯一一所开设中文课程的高校，冰方专门聘请了来自中国的汉语言文学教授进行授课。对于所开的三门课学生均报名踊跃，学员已全部招满。这三门课分别是中国文化、基础汉语和中国商务基础。由于中冰经贸及文化往来日益密切，想学习中文或拟到中国留学的冰岛学生急剧增多。

比弗罗斯特大学成立于 1918 年，是冰岛历史最久的高等学府之一。学校创立伊始只是一个商学院（比弗罗斯特商学院），其校名的意思是“彩虹桥”，该词原本指的是北欧神话中充当通往瓦尔哈拉殿堂的桥梁的彩虹。2005 年 5 月 19 日，比弗罗斯特商学院与中国的上海大学在上海签署合作协议，正在上海访问的冰岛总统格里姆松出席签字仪式，并发表了演讲。2006 年学校由比弗罗斯特商学院更名为比弗罗斯特大学。作为一所民办的非营利性大学，比弗罗斯特大学以培养工商管理人才、企业家为目标。截至 2007 年，学校有 560 名本地学生攻读本科或硕士学位，700 多名外地学生在这里就读。

冰岛作为欧洲委员会的成员国之一，从一开始就参加了泛欧洲高等教育交流及一体化的进程。1953 年，冰岛参加了欧洲委员会在巴黎召开的欧洲高等教育交流大会，有31个成员国政府参加了大会，签订了《关于进入异国大学学习时文凭等值的欧洲协定》，为日后欧洲学分制的产生奠定了基础。此后，冰岛又加入了1956年由欧洲委员会组织、由联合国教科文组织推动而制订的《关于大学学业期限等值的欧洲协定》，以及1959年的《关于大学学历证书学术承认的欧洲协定》，此后又参加了于1959年召开的第一届欧洲大学校长会议。

欧洲各国可以自行决定如何落实欧洲学分互换系统（ECTS），冰岛采用的是“双轨制”的办法，即在课程成绩排列时同时列出本学校的学分和欧洲学分系统的学分。冰岛大学的1个学分等同于欧洲学分系统的2个学分；不满1个学分的课程，如果超过0.5个学分，则算作1个欧洲学分，如果低于0.5个本校学分，则算作0个欧洲学分。但是，并不是冰岛大学的所有学分都可以进行转换，少数课程只有冰岛大学的学分而没有欧洲学分，也有课程直接采用欧洲学分系统的学分标准。冰岛还参加了促进欧洲各国学生和教师流动的“苏格拉底-伊拉斯谟计划”。

1999年6月，冰岛出席了在意大利博洛尼亚召开的欧洲29国教育部长会议，会议讨论并通过了《博洛尼亚宣言》，提出在2010年建立“欧洲高等教育区”的目标，以促进欧洲的人员流动、就业，以及增强欧洲的国际竞争力，由此全面启动促进欧洲高等教育一体化进程的“博洛尼亚进程”。2001年，冰岛参加了在布拉格举行的32个欧洲国家教育部长会议，推动“博洛尼亚进程”进一步发展。2003年，33个欧洲国家的教育部长在柏林召开会议，总结“博洛尼亚进程”的实施和进展情况，强调建设“欧洲高等教育区”和“欧洲科技共同体”之间的联系和合作，设定在质量评估和两阶段学位领域加强合作的2005年中期目标。2005年5月，博洛尼亚部长会议在挪威卑尔根召开，共有45个欧洲国家加入“博洛尼亚进程”，标志着欧洲高等教育区初步形成。2007年5月在伦敦举行了欧洲高等教育部长级会议，发表了《伦敦公报》，“博洛尼亚进程”更加重视高等教育的社会维度，即高等教育的社会参与。

第二节　科学技术

一　概况

冰岛科技研发费用占国内生产总值的比重在 1990 年为 1.1%，1995 年下降为 1.01%，2000 年又迅速上升为 2.3%，2001 年、2002 年均达到 3%，冰岛已经提前实现欧盟所提出的在 2010 年要达到的目标，超过欧盟 15 个成员国 1.9% 的平均水平和经济合作与发展组织（以下简称“经合组织”）成员国 2.26% 的平均水平，在世界上属于水平最高行列。2000 ~ 2001 年政府研发预算增加了 5.1%，但是由于民营部门研发领域的快速增长，公共资金所占的比例却在降低。冰岛政府 2001 年决定在未来的 3 年中，每年追加 1 亿克朗科研费用，以促进大学的科学研究。同时，它还决定在未来的 3 年中向科学基金会和研究生培训基金会投入 5000 万克朗，以增强大学在支撑知识社会方面所起的作用。2003 年国家预算为教育、科技和文化部，以及渔业部和工业部一共拨付研发及行政经费 8 亿克朗，其中有约 7 亿克朗是拨付给教育、科技和文化部的。2004 年的国家预算又增加了约 4 亿克朗，其中有约 2 亿克朗被用于资助工业部的科研基金，约 1 亿克朗被用于资助渔业部提高渔业附加值的科研项目。2005 年国家预算对这 3 个部再增加 2.5 亿克朗，2006 年则增加约 2 亿克朗。

人均研发支出费用也是衡量一个国家研发投入强度的重要指标。2001 年，经合组织内的瑞典、芬兰、冰岛和日本的研发支出占 GDP 的比例均超过 3%。2002 年，日本、瑞士、瑞典和美国人均研发经费都超过或接近 1000 美元，冰岛以人均 752.9 美元名列第 6，仅次于芬兰的人均 774.7 美元，高于丹麦的 680.5 美元。当然，由于冰岛是个小国，其研发经费仅占经合组织总研发经费的 0.03%。

欧盟统计局 2006 年公布的统计数字显示，冰岛和芬兰科研人员及研发部门雇员的比例最高，这项统计包括了当时的欧盟成员国及冰岛、挪威、土耳其、俄罗斯和日本等国。2003 年，冰岛所有从业人员中有

2.24%是科研人员，而欧盟25国科研人员的平均占比为1.44%。冰岛企业中研发部门的雇员占0.81%，而欧盟国家的相应数字为0.35%。

作为小国，北欧各国无力涉及所有的高科技领域，只能是紧跟世界科技发展的趋势，依据国力和自身的科技优势，有所为也有所不为。它们集中力量发展能够带动国民经济整体增长的尖端技术领域，如信息科学、生物技术、环境保护研究等。此外，北欧各国还根据国情，开发传统产业优势项目，诸如瑞典的生命科学、芬兰的林业和机械、挪威的水力发电和海洋开发技术、丹麦的医药以及冰岛的地热技术与基因工程。20世纪80年代，经济实力雄厚的瑞士、美国、日本等19个国家处于全球新药研究开发的核心圈；90年代，冰岛等国加入这一核心圈。欧洲专利局发布的相关数据显示，2014年冰岛申请有效专利50件，较2013年的54件下降了7.4%，排名第56位。

冰岛虽小，却是个海洋大国，渔业资源丰富，海洋捕捞、养殖条件很好。尽管如此，冰岛仍把海洋可持续发展放在重要位置，并开展可持续发展的研究。冰岛海洋研究所每年对渔业资源情况进行分析预测，为国家渔业管理委员会确定捕捞控制方案提供决策依据。联合国大学在冰岛大学的项目基地承担海洋渔业可持续发展的研究，为确定每年鳕鱼合理的捕捞量提出科学的分析方法。

冰岛是火山喷发和地震的高发区，因此冰岛十分重视对火山和地震的观测和研究。在雷克雅未克市设有“北欧火山学研究中心”。该中心发明了通过测定地热水中化学物质的变化来预报地震的方法，并通过2002年9月发生在冰岛旅游城市胡萨维克市附近的5.8级地震验证了其理论。

对北极的大规模科学考察，开始于1957年的国际地球物理年。当时12个国家的1000多名科学家在北极和南极进行了大规模、多学科的考察与研究，在北冰洋沿岸建成了54个陆基综合考察站，还在北冰洋中建立了许多浮冰漂流站和无人浮标站。

冰岛作为北冰洋沿岸国家之一，于1988年参加了在列宁格勒（今圣彼得堡）举行的北冰洋沿岸国家科学家会议。与会科学家共同协商了北极科学研究计划，并建议成立非政府性的“国际北极科学委员会”

(IASC)。该委员会于1990年8月正式宣告成立，其秘书处设在挪威首都奥斯陆。1991年1月，该委员会在挪威奥斯陆召开了第一次会议，并接纳法国、德国、日本、荷兰、英国等国为其正式成员国。至此，人类在北极地区的国际科学合作迈出了有历史意义的一步。1996年4月23日，国际北极科学委员会通过决议，接受已在北极地区开展过实质性科学考察的中国为其第16个成员国，中国极地研究中心主任杨惠根于2012年当选该委员会副主席。

1985年5月欧共体旨在加强西欧各国企业和科研机构在高科技领域合作的“尤里卡计划”正式启动。1986年6月底在伦敦举行的第三次部长会议决定把冰岛作为第19个成员国吸收进来。

冰岛和其他北欧国家一道于2005年成立了“北欧能源研究机构”，通过生物制氢系统分析，提高生产生物氢的能力。美国于2003年11月与14个国家的部长及欧盟委员会签署协议，正式建立“氢能经济国际伙伴关系”（IPHE）。冰岛也加入了该协议。

二 重要科研机构

冰岛技术研究所（IceTec）是一家技术研发与教育机构，位于首都雷克雅未克，已深入其本国市场并取得了很大成功，同时为有特殊需求的国际客户提供服务。该研究所旨在通过发展、创新和增强生产力促进冰岛经济发展，强调符合单个客户需求的方案的首创性和灵活性。冰岛技术研究所的核心客户是中小型企业，该所能够为公司提供有关技术和管理方面的咨询服务，帮助其改进产品并提高生产质量，促进管理的自动化、经济性。在与产业界保持密切联系的同时，研究所把重点放在研发方面。很多情况下，研究成果具体表现为成品或技术方案。该所的主要业务领域是：在生物技术、材料、生产技术、食品技术和环境保护方面的应用研究，技术观测和技术转化，服务企业和企业家，教育和再培训，技术、教育和管理方面的专业咨询服务，在环境事务和信息技术方面提供服务，参与国际项目。

1987年冰岛标准化委员会（STRI）成立，隶属于冰岛技术研究所董事会，有三个技术行业标准化组织即建筑、信息技术和电子技术行业在STRI的领导下工作。1988年，STRI成为欧洲标准化局的成员，并参加了北欧间标准化合作组织。作为欧洲标准化局的成员，STRI的作用是参照欧洲标准制定冰岛标准，并代表冰岛参加国际和区域性标准化团体。

冰岛对海洋资源的开发研究十分重视。成立于1965年的国家海洋研究所是冰岛海洋资源科学研究的中心，其主要任务是开展海洋研究，对冰岛周围海域的鱼类资源和其他生物资源进行评估和研究，为合理利用这些资源提出建议和意见，包括每年向渔业主管部门提出有关鱼类种群年度可捕量的建议。该研究所现有工作人员约150名，其中有研究人员和助理研究人员100名，拥有3艘海洋调研船。冰岛渔业研究所成立于1964年，其主要任务是检测渔船所捕获的原条鱼的质量以及鱼品加工厂的产品质量，此外还负责对工业企业提供技术和实验方面的支持，并给企业的技术人员提供培训课程。

生物技术是冰岛重要的高新技术领域，曾经处于领先地位的公司是“基因解码”公司（deCode Genetics）。该公司总部设在雷克雅未克市，是由曾在美国哈佛大学医学院工作的美籍冰岛人卡利·斯蒂芬森教授于1996年回国后创立的。该公司通过对冰岛的人口资源进行研究，探索可遗传常见病的致病基因，并针对病因开发新药。公司拥有世界最先进的实验室，其经营目标是与国际著名制药企业和医疗保健机构进行合作，通过科研识别致病基因，以便治疗并预防疾病。冰岛独特的地理和历史条件使得冰岛人口组成较为单纯且同宗同源，冰岛所拥有的详尽文献资料可确定所有当代冰岛人的族谱。此外，冰岛的医疗保健体系也为研究提供了十分完备的个人健康档案。这些均为公司开展研究提供了便利。“基因解码”公司曾在美国纳斯达克证券交易所上市，其总裁斯蒂芬森教授入选2007年《时代》杂志“全球最有影响力百人”。

“基因解码”公司建立了基因数据库，截至2005年已经收集到61万已故的和健在的冰岛人的基因数据和各种档案，包括教会记录、人口普查资料等，能查到10多万冰岛人的基因状况、健康档案和家谱。这个基因数据库包括遗传基因数据库和通用数据库。前者可以用来识别遗传病，而后者可以用来开发一些诊断疾病的软件。仅这两项就为该公司带来巨额利润。一方面，冰岛人如果要诊断和治疗与基因相关的疾病，就必须到“基因解码”公司做检查和治疗，寻找导致心脏病、糖尿病、哮喘及其他常见病的基因。在这个领域中，该公司已经申请了多项基因专利技术，主要是利用基因诊断和治疗的技术，5 年内可获得 6 亿美元的收入。另一方面，利用其控制的冰岛人巨大的基因库，“基因解码”公司可以与世界上任何研究机构、公司等进行合作和交易。该公司已经与美国一家生物技术公司和另一家实验室签署了共同进行心血管、神经系统、代谢和心理等方面的 12 种疾病的研究协议，5 年内另可获利 5 亿美元。

“基因解码”公司以每年 100 万美元向政府购买全体国民的医疗、族谱记录，然后转售给进行有关研究的国家，这又带来新的收入。冰岛政府在 2003 年和该公司合作，将自愿参与的冰岛居民的 DNA、医疗记录及族谱输入资料库中，供科学家研究。这项行动的法律依据是《建立全国性健康资料库法案》，此法案在冰岛国会中获得 3/4 议员的赞同，但也有人权团体抗议政府将国民资料卖给私人机构。

冰岛已经有约 11 万成年人将其 DNA 样品提供给“基因解码”公司，这使遗传学研究在冰岛成为一项全国的科学行动。老百姓与公司的合作，以及公司在“基因数据”软件和 DNA 阅读技术上的投资，使“基因解码”公司成为能够寻找并获得基因资源的先导者。公司拥有的数据有助于开发包括心脏病在内的多种疾病的治疗方法。经过数年努力，该公司已经进入收获期，已研发多种新药，其中包括治疗动脉粥样硬化的一种新药。新药的成功试验表明，基于基因操控的新一代治疗手段正在出现。

2008 年，“基因解码”公司为了应对金融危机带来的影响曾进行重组，并出售了一部分资产以求自保。2009 年 11 月，“基因解码”公司在美国申请破产保护。2010 年 1 月，一家名为“传奇投资”（Saga Investments）的公司出价收购“基因解码”公司的药物项目和其在冰岛的生物制药企业的 100% 股权，这家生物制药企业从事“基因解码”公司的研发和遗传测试服务。纽约纳斯达克证券交易所于 2009 年 11 月宣布“基因解码”公司的股票于 11 月 30 日起停止交易。2013 年 12 月，总部位于加利福尼亚州千橡市的美国安进公司（Amgen）耗资4.15亿美元收购该公司，表明药物开发商们准备再次将资金投入到遗传资料中，以期能从中找到药物的治疗靶点。

第三节　文学艺术

一　文学

冰岛有着悠久的文化传统，冰岛古代文学在世界文学史中占有重要地位。公元874年挪威人开始移居冰岛时，冰岛的语言和文化受挪威的影响很深，但是在以后几百年的发展过程中，冰岛人逐渐形成了自己独特的民族文化和文学。冰岛是北欧文学的集中地，有着“文学之岛”的称号。

冰岛古代诗歌有“埃达”和吟唱诗。那些从挪威带来的神话、传说最初只是通过口头方式广为流传，直到1150年左右冰岛人才使用拉丁文将其记录下来，从此产生了叙事诗体裁的最早作品，被收集在神话诗集《旧埃达》和《新埃达》中，流传至今。“埃达”一词在古斯堪的纳维亚语中为“神的启示”或“运用智慧”的意思，后来引申为“诗作”或“写作”。“埃达”的韵律简单，诗句很短，语言风格活泼质朴。

《旧埃达》也称为《诗体埃达》，是在13世纪之前由佚名的行吟诗人根据民间流传的诗歌写成的，包括神话诗和英雄史诗，一共有38篇。神话诗包含有关北欧多神教诸神（奥丁神、托尔神、弗雷神等）以及关于世界的起源、毁灭和再生的传说；英雄史诗主要是叙述4~6世纪欧洲民族大迁徙时哥特人、匈奴人、法兰克人的故事。

《新埃达》是学者、诗人兼政治家的斯诺里·斯图鲁松（1179~1241）于1222~1225年完成的，他把《旧埃达》的神话故事和英雄传说用散文的形式叙述出来，并对《旧埃达》的内容做了一些评述。《新埃达》一直是研究古代北欧文学和历史的重要资料。斯图鲁松还撰写了属于“国外萨迦”的巨著《海姆斯克林格拉》（《挪威国王列传》），详细记述了从远古到1177年挪威历代国王的经历和王室历史。该著作既有文学价值，又有重要史料价值。

吟唱诗源自挪威，后来流行于冰岛。它在语言形式和主题思想上跟“埃达”迥然不同，吟唱诗诗句较长，讲究押韵（有内韵和尾韵），较多使用特殊的形象比喻即隐喻式，如把船称为“海马”，把大海称为“鲸鱼之路”等。吟唱诗主要是歌颂当时的国王和知名人士，也描述当时发生的一些事件。吟唱诗人埃伊特·斯卡特拉·格里姆松（约 910～990）是第一个采用尾韵的北欧诗人。他在其著名的诗作《赎头》中，介绍和模仿了古英文诗和拉丁诗的韵律。吟唱诗韵律复杂，因而诗人的想象力和灵感无形中受到限制，相应地诗的内容也就比较贫乏。

13 世纪，冰岛成为残留的海盗文化的遗存地和巨大宝库。源于对古代北欧历史传统的深厚感情，冰岛人记载下一个个有关北欧海盗英雄的动人传奇故事。

冰岛古代的“萨迦”，即英雄传说，是散文叙事体文学。“萨迦”一词源于德语，本义为“故事”和“传说”。13 世纪前后，挪威人和冰岛人把过去叙述祖先英雄业绩的口头创作用文字记载下来，并加工整理成“萨迦”，包括神话和英雄传奇，此种文学具有比较浓厚的浪漫主义色彩。“萨迦”中所涉及的历史事件大多发生在 9 世纪中叶至 11 世纪中叶。冰岛人此时生活在氏族社会制度之下，“萨迦”反映了氏族社会的生活习俗、宗教信仰和精神面貌，兼有人物传记、族谱和地方志的特点，同时也表现出作者进行文字加工的艺术技巧。它在故事题材和创作风格上对北欧文学的影响颇深，因而是有历史价值的文学著作。

流传至今的“萨迦”不下于 150 种，大致可分为“史传萨迦”和“神话萨迦”两大类。“史传萨迦”也称“家族萨迦”，主要作品有《得土记》和《冰岛人萨迦》。前者含有 930 年前移居冰岛的名人年表和许多关于宗教、法律、习俗的有价值的资料。后者记述 950～1130 年冰岛著名人物的生平、成就和他们的家世，一共有 30 多篇，分为长篇和短篇。短篇中最著名的首推《贡恩劳格萨迦》，该作品文笔简洁，主题突出，写的是诗人贡恩劳格和美人海尔嘉之间缠绵悱恻的爱情悲剧。长篇中的名著有很多。《尼雅尔萨迦》描绘复仇心理和法治观念之间的矛盾。主人公尼雅尔是个贤德的人，但在崇尚仇杀的氏族社会里，他不可能实现自己的法治理想，最终被仇人烧死。这部作品中有善和恶的斗争，也有阴谋和爱情的冲突，结构复杂，人物性格刻画得非常鲜明。《拉克斯峡谷萨迦》描写爱情、嫉妒和仇杀，情节曲折，与德国中世纪的英雄叙事诗《尼伯龙人之歌》有相似之处。以诗人埃吉尔·斯卡拉格里姆松的名字命名的《埃吉尔萨迦》描绘挪威9世纪和10世纪的社会政治状况，有些地方反映了自由和专制的矛盾。《格雷蒂尔萨迦》叙述一个智勇双全的英雄同敌人的优势兵力作战，结果惨遭杀害的故事。《红色埃里克萨迦》讲的是9世纪80年代冰岛人驾驶原始的木船穿过浩瀚大洋，在发现格陵兰岛之后还远到美洲东海岸的故事。“家族萨迦”还包括“王室萨迦”，其中《斯德龙萨迦》是叙述12～13世纪冰岛政治斗争的故事，其中许多篇目是斯诺里·斯图鲁松的侄子斯图拉·多尔塔尔松以具体历史事件为线索撰写而成的。以上这些“萨迦”把讲史和想象性创作结合起来，因而既是珍贵的历史文献，同时也是优秀的古代文学作品。

此外还有“宗教萨迦”。11世纪中叶，基督教传入冰岛后，教徒们利用“萨迦”的形式宣扬基督教教义，颂赞有名的主教或教士，如《劳伦蒂斯萨迦》。“神话萨迦”则包括属于神话一类的古代英雄传说，有些是根据原有的神话传说改编而成的，如《伏尔松萨迦》、《奇数箭萨迦》和《弗里蒂萨迦》等。冰岛古诗使得日耳曼各民族在基督教传入之前的神话及英雄史诗和传奇得以保存至今。它们并不是冰岛一国的文化遗产，而是北欧乃至欧洲各国共同的文化珍宝。

从14世纪中期开始，“萨迦”创作艺术逐步衰落，继之而起的是编年史作品和骑士小说。冰岛的散文体叙事文学从此逐渐失色，韵文成为主要的文学体裁，有宗教诗和用各类浪漫主义题材编写的半民间诗体故事，其中最为独特的是《关于斯基迪的韵文诗》，它记述了浪人斯基迪进入神宫的故事。这一时期重要的文学家是担任霍拉教区主教的约恩·阿拉松（1484～1550）。

14世纪至18世纪中叶的文学作品，同古典文学相比较，不论在主题思想还是艺术价值方面都大为逊色。印刷术和纸张虽于16世纪已传到冰岛，但直到18世纪仍为教会所垄断，普通人不得不用手抄写世俗的书籍，包括古代的“萨迦”。他们整理了黄金时代的古典文学，使它得以流传。

作为丹麦的附属国，冰岛在艰苦的环境中为保卫民族文化进行斗争。冰岛人民坚持不懈地从事诗歌创作，出现了一些有影响的诗人，以哈尔格里米尔·彼得松（1614～1674）和约恩·维达林（1666～1720）为其代表。彼得松是教士出身，以写宗教赞美诗见长，他的作品以《耶稣受难赞美歌》最为著名，冰岛人举行葬礼时都采用这首歌。他的《圣歌五十首》在冰岛再版60多次，并被译成包括汉语在内的许多种文字。维达林的《启示》在冰岛也是家喻户晓。

18世纪启蒙运动时期，埃吉尔特·奥拉夫松（1726～1768）从事冰岛自然史和地理的研究，他崇拜冰岛古典文化，同时也是著名诗人，发表过大量诗篇，以诗集《农民阶层》最为著名。他最先用诗歌描写冰岛优美的自然风光，把冰岛比喻为“高山妇人”，冰岛的诗歌和绘画艺术至今仍不断借鉴这一比喻。诗人约恩·索尔劳克松（1744～1819）、贝尼迪克·格伦达尔（1762～1825）等除了写诗之外，还翻译了英国诗人蒲伯的诗作、弥尔顿的《失乐园》等，对冰岛诗歌创作产生一定影响。西格纳多·彼得森（1759～1827）是冰岛第一位剧作家，写了两部莫里哀－霍尔堡式的喜剧《克劳尔福尔》和《纳尔费》。作家约恩·斯坦恩格里姆松（1728～1791）发表了一部自传体小说，生动描写了自己的生活历程，而且故事本身也是同时代人生活的真实写照，该小说深受读者欢迎。

19世纪初，浪漫主义文学的崛起以及“萨迦”等古代文学传统的恢复，促使冰岛文学有了进一步的发展，也激起了冰岛民族复兴的希望。冰岛人民开展了争取民族独立的斗争，要求摆脱丹麦的统治。1816年“冰岛文学社”宣告成立。许多诗人写诗唤醒人民对祖国及古代文化的热爱，鼓舞他们进行斗争。这时的诗歌创作已更加注意语言的纯洁性，而不是简单地模仿古代语言。其中有几位重要的诗人对冰岛文学的发展做出了贡献。民族主义者比亚尔尼·索拉伦森（1786～1841）最先把浪漫主义文学介绍到冰岛，也创作了不少有浪漫主义色彩的抒情诗。他的诗继承了冰岛古诗的风格，同时也受到外国文学的影响，其代表作是《回忆冰岛》

一诗。约纳斯·哈尔格里姆松（1807～1845）既是自然科学家，也是冰岛浪漫主义文学最重要的诗人，他的诗描写冰岛的自然风光，激发人民的爱国热情。他于1835年在哥本哈根创办《菲约尔尼》杂志，发表民族主义诗歌等。斯文比约恩·埃伊尔松（1791～1852）是一位优秀的诗人，他给古代吟唱诗和“埃达”做过注释，还把荷马史诗译成散文体冰岛文。

19世纪中期以后，诗人格里姆·托姆森（1820～1896）的诗作富有鲜明的民族特色，同时他也是北欧负有盛名的文艺批评家，并从事古希腊诗歌的翻译工作。马蒂亚斯·约胡姆松（1835～1920）是冰岛国歌的词作者，他写的赞美歌、挽歌和以历史为题材的诗歌比较著名，他还写有冰岛第一部经典性的剧作《流放记》。他也是著名的翻译家，翻译过莎士比亚和易卜生的剧作及拜伦等人的诗。在1880年前后形成的冰岛现实主义文学中，代表作家之一是杰斯蒂尔·保尔松（1852～1891）。出版商索尔斯坦·埃尔林格松（1858～1914）是冰岛诗歌界的第一个社会主义者，他在年轻时宣传自由思想和社会主义。他擅长创作尖锐而机智的讽刺诗，并称自己的诗为“尖刺”。他对同时代作家和文学爱好者有很大影响。同时代的另一位著名爱国诗人是律师艾纳尔·贝内迪克松（1864～1940）。冰岛著名诗人霍伊塔达尔的斯坦芬·西古德松（1887～1933）和达维兹·斯特凡松（1895～1964）对现代诗歌的发展做出了贡献。前者发表诗集《流浪者之歌》和《神圣的教堂》，后者最重要的诗集是《黑色的羽毛》、《诗集》、《致意》和《新诗集》。这些诗作成为冰岛诗歌的转折点，歌颂青春、爱情和自由，语言朴素自然。

第二次世界大战后，冰岛出现了现代派诗人。他们的诗不大讲究传统诗歌的韵律，表现方式比较自由，语言精练，想象丰富，自20世纪50年代以来在冰岛诗坛居于主导地位。最重要的现代主义诗人是斯坦恩·斯坦纳尔（1908～1958），他积极推动冰岛诗歌改革，提倡现代主义，对50年代的“原子诗人”产生很大影响，他的代表作是诗集《时光与水》。1946～1953年，斯坦芬·霍尔德尔·格里姆松等5位诗人相继发表处女诗作，由于当时处于原子时代，因此他们被称为“原子诗人”。沃尔的约恩·约恩松（1917～　）也是一个重要的现代派诗人，在作品《渔村》

中，他用现代手法描述了冰岛西部一个地道小渔村里人们的生活与命运，诗作的风格明显受到法国超现实主义的影响。他们的作品反映了第二次世界大战后冰岛的现实生活。斯诺里·雅尔塔尔松（1906～1986）原来是画家，居住在挪威。他的第一部作品是用挪威语创作的长篇小说《高高飞翔的渡鸦》，描写一位艺术家在爱情和事业上的困境。他于1936年回到冰岛，在首都市立图书馆工作，1943年任馆长。他一共发表过4部诗集，分别是《诗》、《在格尼塔海兹》、《叶子和星星》和《秋天的黑暗笼罩着我》。最后一部诗集于1981年获得北欧理事会文学奖。他试图把新的诗歌手法和古老的传统结合在一起。诗人汉纳斯·彼得松则以一种十分个人化的方式，使冰岛诗歌从斯坦恩·斯坦纳尔的阶段又跨进了一步。

冰岛文化受诗体“萨迦”的影响很深，文学作品的体裁主要局限于诗歌。18世纪中叶外国小说开始被介绍到冰岛。19世纪中叶，冰岛作家开始创作小说，1900年后小说创作日益繁荣，小说逐步取代了几世纪以来一直处于领先地位的诗歌。被誉为冰岛小说鼻祖的约恩·托罗德森（1818～1868）于1850年发表了冰岛第一部长篇小说《少男少女》。作者受到古代“萨迦”以及英国作家司各特和狄更斯的影响，以生动幽默的笔触描绘人物和事件。另一部长篇小说《丈夫和妻子》在他死后于1871年才出版，这部作品描写18、19世纪冰岛的农村生活。盖斯图尔·波尔松（1852～1891）是现实主义作家、早期的社会主义者。他的作品讽刺权贵，对被欺侮的大众寄予同情。短篇小说《他的摇篮》反映了雷克雅未克劳动者的生活。19世纪80年代，冰岛出现了历史小说，90年代出现了历史剧。

哈尔多尔·基里扬·拉克斯内斯（1902～1998）是20世纪冰岛和欧洲最著名、最受尊重的小说家和文学家之一。他十分多产，一生写有60多部书，作品先后被译为英法中俄等43种语言，出版次数超过600版，他已有9部小说被搬上银幕，其中最著名的是《独立的人们》。对拉克斯内斯前文已有详细介绍，此处不再赘述。

贡纳尔·贡纳尔松（1889～1975）也是20世纪冰岛著名的作家。1897～1939年，他居住在丹麦，用丹麦语创作了40多部作品，内容都与冰岛有关。他主要写有多部长篇巨著，大多是对往昔的回顾以及历史题材小说，很少涉及冰岛国内当代政治情况。他的第一部长篇小说《鲍里家族史话》（1912～1915）是四部曲，主要描写冰岛的工业化进程与农民的陈旧观念之间的冲突，揭露了丹麦对冰岛在经济上的残酷压榨，反映了冰岛人民摆脱丹麦统治和争取民族独立的强烈愿望。他的第二部长篇小说是6卷本《山上的教堂》（1923～1928），该书是自传体，描写一个名叫乌吉·格雷帕松的农家子弟成长为作家的生活道路。1929年，贡纳尔松发表了他最重要的作品《黑鸟》，展示了19世纪初暴力与情欲、命运与罪孽交织的场面。此外，他还发表了许多历史题材小说，其中《登陆》描写870年挪威人首次在冰岛登陆定居的故事，他原计划写12卷，最终从1912年至1952年出版了7卷。1939年贡纳尔松回到冰岛居住后出版了长篇小说《荒野的悲哀》和《安魂弥撒》，这两部作品都是描写贫苦农民在农村现代化社会变革过程中遇到的困难。《海边奏鸣曲》是描写人与自然关系的长篇小说。贡纳尔松还另写有诗集、论文和9部短篇小说，最有名的短篇小说集是《基督降临节》。

20世纪60年代，冰岛出现了两位杰出的女作家：雅科比娜·西古尔查多蒂尔和斯瓦瓦·雅科布斯多蒂尔。西古尔查多蒂尔（1918～ ）是讽刺小说家，作品有《圈套》和《活水》。雅科布斯多蒂尔（1930～ ）是出色的短篇小说家和剧作家，1969年出版了她的第一部社会讽刺小说《食客》。1992年3月3日北欧理事会在赫尔辛基举行1992年度北欧理事会文学和音乐奖颁奖仪式，冰岛女作家弗丽达·西古达多蒂尔（1941～ ）和瑞典作曲家安德斯·埃利亚松分别获奖。西古达多蒂尔因1989年创作的长篇小说《夜幕中》而获文学奖，评奖委员会认为这是一部勇于创新并富有诗意的作品。这部小说此前曾获得冰岛全国文学奖。

埃纳尔·卡拉松（1955～ ）是冰岛当代最受欢迎的作家之一，1988～1992年曾任冰岛作家协会主席。他的三部曲《在魔鬼岛屿出现的地方》、《金岛》和《希望之乡》（1983～1989）以20世纪50年代雷克雅未克的一个家庭为中心，通过描写冰岛的农牧民及渔民文化与美国文化之间的矛盾和冲突，生动反映了战后冰岛的巨大变化。

艾纳·马尔·古德芒德松（1954～ ）的三部曲《旋转楼梯上的骑士》、《房顶上有翅膀在拍击》和《雨点的尾声》记述了雷克雅未克从一个小村庄发展成一座大都市及一代新人发展成长的过程。他的长篇小说《宇宙天使》获得1995年北欧理事会文学奖，该小说还被改编成电影。小说的主人公是个精神病患者。由于小说是以精神病患者的视角所写，所以外面的正常世界反而显得处处古怪滑稽。该书已被译成中文出版。

北欧理事会文学奖评委会2005年2月23日在赫尔辛基把2005年度北欧文学奖授予冰岛作家雄（1962～ ），他以小说《幽灵》获此殊荣。雄16岁时出版了第一部诗集，25岁时出版了第一部小说。《幽灵》是他于2003年出版的第五部小说，该小说把冰岛19世纪浪漫的民间传说写成一个迷人的故事，着重强调现代伦理道德观念。

2011年冰岛作家吉迪尔·埃利亚松（1961～ ）凭借其作品《树之间》（短篇小说集）再度获得北欧理事会文学奖。埃利亚松出生在雷克雅未克，是冰岛著名作家、翻译家。他在大学期间就开始创作诗歌，第一本著作是诗集《黑白吊带》，出版于1983年。同时，他也致力于将外国文学作品译成冰岛语，他认为“将一只手放在翻译上是冰岛作家的职责”。目前埃利亚松已经翻译了美国小说家理查德·布劳提根的4本书，写了10部诗集以及5本散文集。他的作品特征被概括为“高度个人化”。

二 戏剧

冰岛的民族戏剧发展得比较晚，其戏剧活动最早出现于1720年左右，当时教会为传播宗教教义而用拉丁语演出一些短小的宗教剧。从1784年起，教会的拉丁语学校开始在首都雷克雅未克演出一些欧洲剧作家的剧目，其中大多是丹麦剧作家路德维格·霍尔堡和法国剧作家莫里哀的喜剧。1791年，雷克雅未克附近的斯考尔霍特拉丁语学校首次上演了由冰岛人自己创作的剧目，标志着冰岛民族戏剧开始有所发展。1888年，冰岛建起了第一座固定剧院，为冰岛戏剧的发展创造了良好的条件。1897年冰岛戏剧协会成立，该协会当时主要由学校和宗教团体负责，进行一些业余性质的演出。直到1930年，冰岛才开始有了职业剧团。1950年国家剧院的建立标志着冰岛戏剧的发展进入新的历史阶段，从此冰岛戏剧日益走向成熟，其导演、表演艺术和舞台美术的水平都有了提高。

冰岛第一位民族剧作家是西格纳多·彼得森（1759～1827），在剧本中，他常常采用讽刺小品的形式来反映当时的社会现象。诗人马蒂亚斯·约胡姆松（1835～1920）于1861年创作了冰岛第一部经典性剧作《流放记》，剧中描写绿林好汉的故事，人物形象生动逼真。剧作家因德里齐·埃纳尔松（1851～1939）是一位很有影响的剧作家，他于1871年发表处女作《除夕》，受到观众的欢迎。他曾经建议成立国家剧院，写有问题剧和历史剧，也翻译过莎士比亚和易卜生的剧本。他以冰岛民间传说为题材的作品，开冰岛浪漫主义戏剧的先河。约翰·西古尔永松（1880～1919）是冰岛戏剧史上的先驱者之一，他原在丹麦学习兽医学，后来从事戏剧创作，曾用冰岛文、丹麦文写了5部话剧，以创作悲剧闻名于欧洲。1911～1912年西古尔永松以冰岛民间传说为素材创作的优秀剧作《山间的埃维恩杜尔》，描写了饮食与情欲这两种人类本能之间的矛盾和冲突。他的悲剧《加尔达拉罗夫杜尔》描写了人的愿望和用智慧同黑暗势力展开的搏斗，被誉为冰岛“浮士德”式的作品。另外他还写有《他的妻子》。

1897年冰岛戏剧协会成立，这标志着冰岛戏剧开始向专业化方向迈进。戏剧协会拥有自己的剧场和一批导演和演员，有一套经常轮换上演的保留剧目。在这一时期涌现了一批优秀剧作家和剧作，其中以大卫·史蒂文森（1895～1964）及其剧作《金门》、西格纳多·诺达尔（1886～?）及其剧作《复活》等尤为著名。这两部剧作曾在北欧各国和英国公演，轰动一时，它们预示了冰岛戏剧发展的两个方向——传统的乡土戏剧和创新的实验戏剧。

传统的乡土戏剧主要取材于民间传说，乡土气息比较浓厚，体现出朴实自然的风格，这类作品大多属于幽默喜剧。而创新的实验戏剧主要以现实的社会问题为内容，多为易卜生式的社会问题剧，反映家庭关系、伦理道德、个人价值观念与宗教信仰等的变化。这类作品在很大程度上受路伊吉·皮兰德娄现代主义戏剧的影响，形式多样新颖，以机智的对话取胜。阿格纳·托尔达松（1917～　）的闹剧《原子和妇人》，把西方社会现代化的繁荣假象和冰岛乡村的古老道德观念进行了对比。诺贝尔文学奖获得者哈尔多尔·基里杨·拉克斯内斯创作了一系列“社会喜剧”，他把传统的闹剧、讽刺剧乃至宗教剧的技巧和现代的易卜生式问题剧、布莱希特史诗剧等手法融合在一起，创作了《冰岛之钟》、《银月》和《鸽子宴》等代表作品，获得较高声誉。他的《出卖了的摇篮》曾经在欧洲许多国家上演。

20 世纪 50 ~ 60 年代出现的剧作家既有继承乡土戏剧传统的剧作家约库特·雅各布松（1933 ~ ）和艾纳·帕尔森（1925 ~ ）等，也有发扬实验戏剧精神的厄杜尔·比约恩松（1932 ~ ）、约纳斯·奥尔纳松（1923 ~ ）等。热衷于实验戏剧的“面具剧团”上演布莱希特和尤内斯库等人的作品，也培养了一批本国的剧作家，包括艾尔林格·哈尔道森（1930 ~ ）、古德蒙德·斯坦森（1925 ~ ）和麦格纳斯·琼森（1938 ~ ）等。

20 世纪 70 年代以后，冰岛还出现了两位引人注目的年轻女剧作家斯瓦瓦·雅科布斯多蒂尔（1930 ~ ）和尼娜·阿纳多德（1941 ~ ）。1974 年，冰岛话剧演员前往欧洲其他国家、拉丁美洲多国和美国演出短剧《伊努克》，曾轰动一时。

2004 年戏剧《月神》获得该年度冰岛戏剧奖中的“最佳编舞奖”和“最佳舞蹈奖”两个舞蹈最高奖项。《月神》于 2004 年 2 月 27 日在雷克雅未克城市剧院首演，是一部关于探索、渴望、挣扎、爱情、友谊的作品。

冰岛戏剧艺术家对中国古典戏剧抱有浓厚兴趣。早在 1954 年冬，冰岛一个著名剧团在雷克雅未克国家剧院上演了中国古典戏剧《琵琶记》，并连续上演了 4 个月，座无虚席。随后该剧团又上演了另一部古典戏剧《珍珠记》。

三 电影

冰岛电影虽然早在 1906 年就已经诞生，但十几年之后才真正开始发展。1919 年一个丹麦摄制组在冰岛拍摄了根据冰岛畅销小说改编的影片《博格一家的故事》，片中所展示的冰岛美丽风光使人们开始领略到电影的独特魅力。1944 年冰岛获得完全独立之后，民族电影业焕发出蓬勃的生命力：导演奥斯卡·吉斯拉松于 20 世纪 50 年代拍摄了一批具有纪录风格的影片；加布埃尔·阿克塞尔把冰岛英雄传说《红披风》（1967）搬上银幕；雷尼尔·奥德松拍摄的《谋杀的故事》（1977）则开启了冰岛电影的一个新时代，影片中可以清晰地看到法国新浪潮电影的影响。

为了发展电影事业，冰岛政府于 20 世纪 70 年代末成立了电影基金会作为电影主管部门和资助机构，该基金会隶属于文化部。冰岛是北欧最晚成立电影基金会的国家。一批从国外学习归来的年轻导演与在电视台工作的一些志同道合的伙伴成为冰岛电影的中坚力量。他们拒绝好莱坞式的商业电影，立足于本国民族文化题材，除了继续把冰岛的英雄传奇搬上银幕之外，还将冰岛的美丽风光和人们现实生活中的故事结合起来，使冰岛电影在国际影坛声誉鹊起，例如毕业于英国国立电影学校的奥古斯特·古德门松的处女作《土地和儿子》（1980）、赫拉芬·京勒伊革松的《父亲与遗产》（1980）等。

20 世纪 80 年代以来，冰岛电影在经济上一直面临困境，但由于观众大力支持民族电影，冰岛仍能创作引人注目的电影作品，例如斯来恩·贝特尔松执导的《马格努斯》和索尔·弗里德里克松执导的《自然的孩子们》均获得欧洲电影奖提名，后者于 1991 年获得欧洲的“费力克斯”最佳音乐奖。电影《爱情的追忆》在 1991 年获蒙特利尔电影节最佳艺术贡献奖，于 1992 年获得奥斯卡最佳外语片提名。该片由冰岛、德国及挪威联合摄制，导演是弗里德里克·索尔·弗里德里克森。在第 21 届莫斯科电影节上，冰岛导演奥古斯特·古德门松被评为“最佳导演”。由冰岛和美国合拍的电影《飞向天堂》参加了 2006 年 6 月在上海举行的第九届上海国际电影节展映。

冰岛人几乎全都是热心的影迷，人数占总人口的 90% 以上。他们总是花更多的钱去看本国电影，而不是外国电影。为了维持必要的电影票房，不少观众甚至会反复买票去看同一部电影，从而维护了 20 世纪 80 年代每年只有两三部，甚至只有一部作品的本国电影业的生存。

冰岛电影制片公司是冰岛最大的电影制片公司，每年拍摄几部到十几部影片，有喜剧片、警匪片、鬼怪片，也有音乐片和儿童片，而电影均反映当地日常小事和平凡人的生活。

近些年来，越来越多的国际电影和广告片因冰岛独特的风光选择冰岛作为外景拍摄地，蓝湖、间歇喷泉、冰川及火山湖等都成为摄影的热点。“007 系列”电影《择日再死》、《蝙蝠侠：侠影之谜》和《古墓丽影》等许多著名影片都曾在冰岛取外景。

四　音乐

冰岛的民间音乐最早起源于移民时期挪威农民的音乐艺术，这些农民创造了反映航海者和渔民严酷生活的叙事故事，并用他们的乐器演奏。以后，随着基督教的传入及其在冰岛地位的确立，冰岛民间音乐便受到格里戈里教堂圣歌的很大影响。冰岛的民间音乐几乎完整地保存了古斯堪的纳维亚音乐的特点，包括音调全音阶的严格协调、古老的和声、不很精确的节拍结构、自由且不规则的韵律等。

作曲家托尔斯托松（1861～1938）是著名的冰岛民间音乐的收集者和研究者，他对冰岛民间音乐的继承和发展做出了重要贡献。此外，还有许多音乐家也对冰岛的传统民歌加以整理、改编，如希·赫尔加松（1848～1922）、加·赫尔加松（1839～1903）、克里斯基扬斯唐（1858～1939）、拉克斯达尔（1865～1928）、厄纳尔松（1877～1939）等。这些作曲家的作品成为 19 世纪末至 20 世纪初冰岛民间音乐创作的基础。现代冰岛音乐的创作受到现实主义风格，特别是欣德米特形式主义流派的影响。属于现实主义流派的作曲家有佐伊尔弗松、帕尔松等。

冰岛古代的音乐主要局限于民歌或歌谣，后来曾经出现过如今已不通用的一种被称为“langspil”的弦乐器。由于冰岛十分缺少乐器，所以歌唱就成为非常普遍的音乐表达方式。大约在 20 世纪初，由于冰岛的学校不能开设音乐教程，有一小部分人就到国外学习音乐。这些人回国后便开设音乐课程。

冰岛人尝试组建交响乐队的历史可以追溯到 1874 年，当时丹麦国王为庆祝人类定居冰岛1000周年到冰岛访问，冰岛人为此组建了一支乐队，为丹麦国王举办了音乐会。此后音乐在冰岛迅速普及。1930年冰岛为庆祝“阿耳庭”大会成立1000周年再度举办音乐会，很多丹麦音乐家应邀来到冰岛演出。同年冰岛国家广播电台开播，雷克雅未克学院成立，两年后雷克雅未克音乐家协会成立。在此后的20年间，冰岛交响乐业余爱好者举办了多场音乐会。但直到1950年，在冰岛政府、雷克雅未克市和国家广播事业局的大力资助下，冰岛才终于成立了冰岛交响乐团，当时该团由40名音乐家组成。但是一直到1982年冰岛议会才通过法律，认可乐团演奏合法。目前冰岛交响乐团拥有签约音乐家70多名。

在过去50多年里，冰岛首都音乐文化的进步尤为引人注目。在那里举行了很多交响音乐会、室内音乐会、歌舞剧、戏剧和合唱音乐会。各音乐学校也提供高质量的音乐培训。冰岛交响乐团每年冬季定期举办捐助音乐会，演奏冰岛以及外国作曲家的经典和现代的音乐作品。乐团还定期为国家广播公司录制作品，这些作品在冰岛和国外几家广播电台播放。

冰岛男高音克里斯蒂安·约翰逊被誉为“高音王子”。1998年9月在北京故宫太庙上演的歌剧《图兰朵》中和2002年9月在世纪剧院举行的歌剧精选音乐会上，他那富有穿透力、稳定和充满活力的演唱，倾倒了在场的中国乐迷。2003年9月，他在作为首届北京国际戏剧演出季的开幕演出、世界超大级景观歌剧《阿依达》中饰演拉达梅斯。

连续数年荣膺“雷克雅未克最佳音乐组合”桂冠的冰岛爵士乐队是全球第一支将冰岛传统民乐与爵士曲风相结合的乐队，并且在很短时间内将这一突破性的尝试扩展到整个北欧地区。该乐队作为冰岛流行乐界的杰出代言人到许多国家做过巡演，并曾与多位世界知名音乐家合作。该乐队曾于2004年10月到上海演出。

约瑟夫·冯（冯嘉祥）是冰岛籍世界著名华人吉他演奏家、作曲家、电脑音乐制作家。他年轻时在来自世界各地的考生中以第一名的成绩进入英国皇家音乐学院，师承世界吉他大师约翰·威廉斯，毕业后入该院研究院深造，后考入荷兰阿姆斯特丹音乐学院专攻作曲，再考入维也纳音乐与表演艺术大学研修吉他，毕业后受聘于冰岛音乐学院、香港中文大学等教授吉他。他与海内外一批音乐家于 1992 年 10 月在北京举办大型演奏会"现代国乐"，该演奏会是中国民乐界的一次盛举。他曾出任第二十五届国际电脑音乐节主席，是 2002 年联合国全球环境促进大会的特约作曲家，也是北京 2008 奥申委宣传片特约作曲家。

约瑟夫·冯为中国著名歌唱家彭丽媛于 2004 年推出的专辑《源媛流长》制作了电脑音乐，将中国音乐元素、世界音乐元素、国际当代先进电脑音乐元素做了完美的融合，赋予中国民歌以新的生命与魅力。在编配《小河淌水》时，由于约瑟夫·冯得知云南大理白族自治区的"大鸟"和"阿哥"是同音且同义，就用电脑制作出"大鸟展翅"和"大鸟拍翅"的音像来表现阿妹心目中的"阿哥"。这种创意同中国的象形文字不谋而合，堪称发生在录音室里的"象形音乐"。

五　美术

在基督教传入冰岛之前，冰岛的文化主要是北欧维京人的文化。维京人有着精湛的手工技艺，流传下来的属于这一时期的艺术品主要是墓室小型金银饰品，这些工艺精细的物品构成冰岛早期造型艺术的主要面貌。

自从基督教于 1000 年传入冰岛以后，冰岛文化在与欧洲大陆文化的频繁交往中逐渐成长起来。冰岛的早期基督教艺术可看作是维京艺术的延续。这个时期的宗教建筑主要是木构小型教堂，木窗和门楣上雕刻有简单的人物形象和植物图案。其中时间最早、艺术价值最高的是《最后的审判》木板线刻残片，时间在 1100 年前后。从 1263 年起，冰岛先后沦为挪威和丹麦的属地，这一时期的冰岛艺术被纳入斯堪的纳维亚和欧洲大陆的艺术发展轨道之中。

罗马式艺术和哥特式艺术于 13 世纪以后出现在冰岛。瓦尔西约夫萨塔迪尔教堂的大门浮雕《骑士与狮子》是这一时期的大型雕塑杰作之一。这个时期的绘画主要是手抄本插图和细密画。保存下来最早的手抄本插图是一部动物神话残篇，时间在 1200 年前后。到 14 世纪之后，有关北欧的英雄传说手抄本大量涌现，这类手抄本插图大致反映出当时教堂装饰绘画的面貌。与此同时，北欧哥特式细密画传到冰岛，现存的《冰岛圣经素描集》是这个时期的珍品。在这部素描集中绘有大量的圣经故事、使徒形象以及各类装饰图案。据考证，这些素描是专为教堂壁画和祭坛画设计的粉本。

15世纪中叶宗教改革之后，基督新教路德宗在北欧居统治地位，圣像破坏运动随之而来，冰岛美术在此后很长一段时间处于停滞甚至衰败的状态。这个阶段美术上的主要成就是民间艺术，其中艺术价值较高的属木雕、金银饰品和丝织图案。

冰岛第一批世俗的专业画家出现于1800年左右。19世纪下半叶以后，冰岛美术呈现出前所未有的活力，绘画和雕塑的发展尤为迅速，涌现出一批具有民族特色的画家和雕塑家，他们力图通过描绘家乡的自然景色和人民的日常生活来表达对家乡和人民的热爱。S. 古德门松是冰岛绘画的开拓者，早年就学于丹麦哥本哈根学院，以肖像画见长。索尔劳克松是冰岛第一位风景画家，作品展现了北国静谧与冷峻的特质。J. 斯特方松是浪漫主义画家。风景画家约恩松等优秀美术家为冰岛现代艺术的发展做出了积极的贡献。冰岛最著名的画家是约翰内斯·斯文松·基亚瓦尔，他受英国风景画家J. M. W. 特纳的影响，在绘画中融入冰岛民间艺术传统，在长达60多年的创作生涯中创作出大量色彩丰富、风格多样的冰岛风景画，火山、荒原、北极光、变幻无常的天气等大自然风光都进入了他的画作，他同时还努力探究生命和艺术的哲理。位于雷克雅未克的基亚瓦尔博物馆专门收藏了他的大量画作并常年展出。

较有名的画家还有：索尔斯坦松，写生画家埃弗尔斯、伊奥加涅松、斯库拉松、纽纳尔松，肖像画兼风景画家斯哲范松、伊昂斯多蒂尔，以及谢文、古德纳松、特里格瓦多蒂尔、马蒂亚斯多蒂尔、达维兹松、埃罗、拉鲁松、奥斯卡、索拉林多蒂尔、奥斯吉尔松、古德尼、西居尔兹松等。

雕塑家以埃纳尔·约恩松为代表。他的作品具有浓厚的北欧象征意味，许多作品被收藏在雷克雅未克博物馆。他还创作了许多纪念性雕塑，其中著名的有民族独立运动领袖约恩·西居尔兹松的铜像等。其他较著名的雕塑家有：斯文松、R. 约恩松、奥拉弗松、赫尔加多蒂尔、P. 古德门松等。

冰岛建筑艺术的高涨是从 18 世纪末期开始的，特别是进入 19 世纪后，冰岛相继出现了许多著名建筑，例如在雷克雅未克修建的议会大厦等。著名建筑设计师萨穆埃尔松设计了冰岛国家剧院等雷克雅未克的代表性建筑。在建筑风格方面，冰岛的建筑多偏向于新古典主义式样，这类建筑物主要集中于雷克雅未克市。

2004 年雷克雅未克的冰岛国家画廊举办了“冰岛的艺术：1980 ~ 2000”专题艺术展，展出 53 位艺术家的 317 件艺术作品，向观众提供全面了解冰岛艺术在这 20 年中的发展的机会。上海画家朱者赤先生的陶瓷作品《大地·母爱》被冰岛总统先生收藏，三幅瓷板作品《花季时节系列》分别被冰岛国家美术馆、冰岛雷克雅未克市政厅及北极中国黄河站收藏。

冰岛邮局发行的冰岛邮票获得 2001 年国际最漂亮的邮票比赛一等奖。在意大利举行的国际邮票展上，冰岛邮票在设计、美工、造型和环境和谐方面都获得专家的高度评价。从 2004 年开始，北欧的 8 个国家和地区——丹麦、芬兰、法罗群岛、格陵兰、冰岛、挪威、瑞典和奥兰群岛联合发行“北欧神话”系列邮票。“北欧神话”系列包括三组邮票，第一组“北欧诸神”在 2004 年发行，另外两组于 2006 年和 2008 年发行。

第四节　体育

在冰岛体育运动比较普及，许多冰岛人经常参加如慢跑等有氧健身运动及集体运动项目。足球是最受欢迎的体育运动，尽管冰岛国家队在国际比赛中没有取得过重大胜利。篮球越来越受欢迎，这和电视台大量播放美国职业篮球联赛有一定关联。由于冰岛全国各地都有使用地热水并且全年开放的露天游泳池，所以游泳在冰岛十分普及。钓鱼、徒步旅行、骑马的人数也在增多。

冰岛的体育运动有过较为辉煌的历史。在近代的田径比赛中，有记载的第一个男子跳远世界纪录是英国选手麦切尔在 1864 年创造的，成绩是

5.80 米；1868 年英国人苏埃尔以 6.40 米刷新了该纪录；1875 年，冰岛运动员劳尔以 7.04 米的成绩第一个突破 7 米大关。

冰岛奥林匹克委员会成立于 1921 年，总部设在首都，1935 年得到国际奥林匹克委员会的承认。第一任主席是 G. 哈多尔松，秘书长是 G. 奥拉夫松。冰岛参加过第 4 届、第 5 届夏季奥运会，均没有获得名次。自 1936 年以后冰岛参加了历届夏季奥运会。三级跳远运动员 V. 埃纳森在 1956 年举行的第 16 届夏季奥运会上以 16.25 米的成绩获得银牌；在 1984 年第 23 届奥运会上柔道选手 B. 弗里德松获得一枚铜牌；2004 年在雅典举行的夏季奥林匹克运动会上，冰岛获得一枚金牌，这是冰岛所获得的首枚奥运会金牌，最终冰岛在奖牌榜上排名第 54 位；同年举行的残疾人奥运会上，冰岛代表团以 1 金、3 银的成绩名列第 47 名；在 2008 年的北京奥运会上，冰岛收获 1 枚银牌；而在 2012 年的伦敦奥运会上冰岛未获奖牌。

1998 年年初冰岛运动员弗罗萨多蒂尔和捷克的巴尔托娃在短短的几天内上演了破室内女子撑竿跳高纪录大战，把原有纪录提高到了 4.56 米。2002 年 12 月 12 日在德国举行的欧洲游泳锦标赛上，冰岛运动员阿纳松以 1 分 54 秒的成绩获得 200 米仰泳金牌，这是他第 4 次获得欧洲 200 米仰泳冠军的称号。2003 年冰岛运动员获欧洲游泳锦标赛 100 米仰泳银牌，成绩是 51.74 秒。在 2003 年 8 月 4 日结束的丹麦马术锦标赛上，冰岛选手和选马通力合作，夺得总分、五步、四步和驯养等冠军。

冰岛国家手球队具有国际水准，在世界锦标赛上的最好成绩是第 6 名。在 2002 年于瑞典举行的欧洲手球锦标赛上，冰岛国家手球队以不败战绩进入半决赛，最后获得第 4 名。在 2008 年北京奥运会上，冰岛男子手球队在半决赛中以 36 比 30 击败西班牙手球队，史无前例地闯入奥运会手球决赛，可惜最后败给法国手球队，与金牌擦肩而过。

冰岛是世界上最热爱国际象棋的国家之一。1972 年，美国著名棋手鲍比·菲舍尔在雷克雅未克举行的世界冠军挑战赛上击败苏联棋手鲍利斯·斯帕斯基，获得世界冠军，冰岛人因此一直将菲舍尔当成冰岛的骄傲。1992 年，出于商业运作的原因，菲舍尔和斯帕斯基在南斯拉夫联盟圣斯特凡岛举行了一场“世界冠军回敬赛”。当时南联盟正值内战，美国对其实行经济制裁，禁止本国公民去从事商业活动。比赛之前菲舍尔收到美国政府的官方警告信件，但菲舍尔对此不屑一顾。这次比赛菲舍尔再次击败老对手，但随后被华盛顿一个大陪审团缺席宣判有罪，罪名是“与敌人进行贸易”，从此菲舍尔遭到美国通缉。后来美国宣布菲舍尔的签证过期，2004 年 7 月菲舍尔被日本当局扣留。在菲舍尔同日本当局进行了 9 个月的斗争之后，冰岛议会支持菲舍尔，破格给予菲舍尔冰岛国籍。冰岛一家私人电视台租用了一架客机，将菲舍尔从日本接到冰岛。在菲舍尔抵达雷克雅未克时，约有 200 人到机场欢迎他。

冰岛每年 6 月 23 ~ 26 日举行“冰岛午夜高尔夫公开赛”。虽然是午夜，但是太阳还会照射在球场上。这个巡回赛在雷克雅未克及其附近的一个球场举办，即雷克雅未克高尔夫俱乐部和位于海港市的凯里尔高尔夫俱乐部。冰岛每年 6 月 20 日举行朗格瓦格马拉松赛。朗格瓦格马拉松的整个跑程被公认为是冰岛自然风光最美的地带，是冰岛的自然保护区，此马拉松赛事全长 34 英里（55 千米）。每年 8 月 20 日冰岛举行雷克雅未克马拉松国际比赛，该比赛吸引来自世界各地的马拉松爱好者，有标准赛段、半段、10 英里以及 34 英里赛段，任由爱好者选择。

另外，“午夜太阳跑”是冰岛庆祝夏至的活动之一，在每年 6 月下旬举行，跑步爱好者可以报名参加 5 千米、10 千米或半程马拉松 3 种不同距离的比赛。2015 年第 23 届“2015 铃木午夜太阳跑”已成功举办，大约 3000 名长跑爱好者 23 日晚聚集在冰岛首都雷克雅未克，在亮白的夜空下参加一年一度的“午夜太阳跑”。冰岛本土选手卡尔松以 1 小时 12 分 48 秒的成绩夺得男子组半程马拉松冠军。

其他的赛事还有：3 月 13 日米湖的雪地摩托节、4 月 4 ~ 13 日（复活节期间）塞季斯峡湾的滑雪节、4 月 9 日徒步环绕米湖以及米湖的冰上高尔夫、6 月 18 日环米湖马拉松赛、6 月 23 ~ 26 日阿库雷里北极国际高尔夫锦标赛、11 月 19 ~ 21 日雷克雅未克冰岛冰球邀请赛等。

第五节　新闻出版和文化设施

一　大众传媒

冰岛没有统一管理全国新闻事业的机构。1930 年冰岛建立国家广播电台时，议会通过一项法令，规定国家对广播事业拥有垄断权，任何个人或团体不得开办广播电台。政府法令还规定，外国人在冰岛出版刊物，必须由冰岛人担保和负责。

冰岛没有官方通讯社，只有一家私人通讯社即博格索尔斯通讯社。该通讯社于 1976 年成立，只向外国新闻机构提供有关冰岛的消息，不向冰岛新闻界发消息。该社同北欧地区的几家通讯社有合作关系。冰岛国家广播电台成立于 1930 年，1930 年 12 月开始对公众广播。冰岛电视台成立于 1966 年，比欧洲其他国家电视台的成立时间晚一些。两者均为国家开办。广播电台和电视台总台长由冰岛总统任命，电台和电视台主任由文化部长任命。

1897 年，约恩·奥拉夫松（Jon Olafsson）创立冰岛记者联合会，旨在为诚实、负责任的记者提供支持，并加强记者间的交流与合作。联合会会员约有 450 人，其中部分会员为自由作家。这一行业的失业率约为 2.5%。冰岛记者有着各种各样的背景和教育经历。1990 年以前，大部分记者来自美国和斯堪的纳维亚。现在，冰岛大学为那些准备从事大众传媒行业的毕业生提供一年的高等教育机会。

在 1986 年之前，成立于 1930 年的冰岛广播事业局是冰岛唯一的广播事业机构，在广播电视领域处于垄断地位。从 1986 年开始，这种垄断地位被打破。现在，冰岛有 3 家电视台，其中两家是民营电视台。同时冰岛还有几家民办广播电台。公立的广电局不以营利为目的，主要为公众提供服务，传播民族文化、历史和传统，宣传民族的语言和价值观。为了保证电视台所用的语言是纯粹的冰岛语，电视台专门成立了由 5 名资深人士组成的语言审查小组，该小组的职责就是使电视语言更加民族化和本土化，不受不规范的外来词汇的污染。

广播理事会由议会选出，任期 4 年，由各党派代表组成。理事会负责对电台和电视台的节目制定政策进行监督。理事会主席由文化部长任命。冰岛广播电台在其他北欧国家和美、英、法等国派有兼职记者。该台每天播送一套冰岛语节目，大约 16 个半小时。1976 年，各种节目所占的时间比例大体是：新闻占 10.4%，古典音乐占 16.8%，其他音乐占 32.2%，广告和通知占 7.2%，天气预报、教育、儿童节目、戏剧等各占少量比例。该台没有外文广播。

冰岛的电台提供一种世界其他国家所没有的特殊服务，即在每个人去世时播报讣闻及其生平。因为冰岛人口少，许多人相互都认识，甚至有亲属关系，通过电台播报讣闻可以使那些来不及见最后一面的朋友们知道这个消息。

1966 年 9 月 30 日，冰岛观众首次收看到冰岛语节目。起初，冰岛国家电视台每周播出两晚，此后播放时间逐渐延长。接近一半的节目为冰岛本地节目。国外节目大多面向儿童，均有字幕，以美国节目居多，其次为英国节目。1986 年，在米哈伊尔·戈尔巴乔夫和罗纳德·里根于雷克雅未克进行重要会晤期间，冰岛国家电视台首次面临来自本国第一家私人电视台“第二频道”的竞争。第二频道迅速发展，但其大部分节目设有密码，主要面向那些按月申请解码器的观众。1980 年，电视台每天晚上播送一套节目，平时节目晚上 8 点开始，12 点以前结束，周末开始较早。每周节目时间共约 24 小时。节目内容以外国编制的为主，本国编制的较少。从节目内容来看，新闻所占的时间最多，其次是教育、体育、电影和音乐。

冰岛目前一共有约 120 种报纸和杂志。其主要报纸是《晨报》、《萌芽日报》等。《晨报》于 1913 年创刊，在雷克雅未克出版，是冰岛发行量最大且最具影响力的报纸，另就市场规模而言，该报是世界上地区读者覆盖面最广的报纸之一。目前该报每周出版 6 天，每天早上发行。它从 1929 年独立党成立伊始就支持其政策，为独立党成为冰岛第一大党起到了举足轻重的作用，但该党从来没有正式控制该报。进入 20 世纪 90 年代，该报不再像在冷战时期那样完全支持独立党的各项政策立场。其消息来源主要是路透社、美国之音、英国广播公司、北欧以及其他欧洲国家的广播公司。《晨报》日发行量多年来保持在5万份以上，平均约每5个冰岛人拥有一份《晨报》。

《萌芽日报》是日报，于1910年创刊，当时称为《萌芽报》，是冰岛最早创立的报纸，在1975年之前是冰岛唯一在下午出版的报纸。1975年，该报一位编辑脱离该报社，创立了《日报》与之竞争。经过一番较量之后，两家报纸于1981年合并，称为《萌芽日报》。该报从来没有依附于某个党派，宣称在政治上保持独立。目前其销量接近《晨报》。其消息来源过去主要是美联社，从20世纪50年代起主要是路透社、合众国际社和挪威通讯社。

工党（社会民主党）于1919年创立了《人民报》；进步党于1917年创办了《时报》，1918年创办了周刊《日子》。这些报刊的发行量都不大，长期依靠政府的补贴及本党成员的支持才得以维持。在经营压力之下，这三份报刊于1997年合并成为报纸《日子》。虽然不再依附于任何党派，但其倾向左翼。它和《萌芽日报》隶属于同一家出版社。除此之外，冰岛还有大量周末出版的报纸以及发行周期更长的报纸。

北欧国家人均报纸拥有量普遍居世界前列。以2002年平均每千人拥有报纸的数量看，结果如下：挪威是706份，位居全球之首；芬兰是544份，排名第3；瑞典543份，世界第4；冰岛是393份，列第6；丹麦是371份，与德国并列第8。以每千成年人拥有日报发行量看，2004年冰岛为700多份，挪威为680多份，日本为640多份，瑞典为590份，芬兰为524份，比利时为470多份，冰岛为世界第一。以每百万人口拥有日报种类数量看，在2003年英国为2.3种，蒙古为3.6种，巴基斯坦为4种，冰岛为14种，卢森堡为16种，挪威为21种。

冰岛一直被称为“新闻业的天堂”，在涉及新闻自由的世界排名中都是名列前茅。但受到多种原因的影响，冰岛在《全球新闻自由指数》中的排名从2007年的第1名下滑到2009年的第9名。这些波动使冰岛传媒人开始担心，并且提出必须遏制这种趋势。

2010年6月冰岛议会全票通过了《冰岛现代传媒倡议》，使得冰岛成为世界上最严格地维护新闻自由和保障自由新闻环境的国家之一。法案提出要强化信息透明度，“除非特殊理由无法公布，否则所有的信息都必须公开”。该法案适用于政府部门和所有非政府团体，甚至企业在何种程度上对内部信息进行封锁等亦将受到限制；与此同时，公众的一些特殊私人信息仍受到保护。某些当下不能被公开的特殊信息，将在公开豁免期结束后自动向公众公布。

二　出版业

冰岛现在有50多家出版社，有的出版社每年推出40多种新书。冰岛人均著书、出版及购买书籍的数量均为世界第一。自1980年以来，冰岛每年出版图书1000多种，2010年出版的图书已接近2000种，其中文学类图书有400~700种。由于冰岛人普遍酷爱读书，因此被戏称为“书虫民族”。其中大部分新书都是在年底圣诞节之前出版的，人们购买新书作为圣诞礼物相互赠送，成就一年一度的书籍盛宴。由于印制成本很高，许多图书因此在国外印刷。但不论是在国内还是在国外印刷，由于印数不多，图书定价均很高。

虽然冰岛出版物的数量在增加，但每类书的出版量或将有所下降，原因之一是冰岛期刊发行量的增加。外文图书，特别是英文书，还有期刊的销售量增长很快。长期以来，在冰岛的文化发展中，各类期刊扮演着重要的角色。虽然大多数期刊的经营都是短暂的，但也有部分生命力较强的，其中最著名的当属1827年发行的文化哲学类期刊Skirnir，该期刊每年发行两次。

三　图书馆和博物馆

冰岛十分重视图书馆和博物馆的建设，全国一共有57所图书馆，包括大学图书馆、公共图书馆，以及医院、老年公寓、监狱中的图书馆。2001年，全国图书馆总藏书量为2235658册，一共外借2441243册次，全国平均每人借书8.5册。

冰岛早在1818年就成立了国家图书馆，1909年国家图书馆有了专属场馆，当时馆藏图书4.5万册、手稿1.4万件，有全职员工30人。根据国家的《出版样本缴送法》，冰岛的每种出版物（印刷物及录音资料）应当缴送2件给国家图书馆。由几个部门图书馆合并而成的冰岛大学图书馆成立于1940年，坐落在冰岛大学主楼内，馆藏34万册书。根据《出版样本缴送法》，该图书馆可获得冰岛印刷型出版物每种1件。该图书馆有25名全职员工。此外冰岛大学还有16个分支图书馆。

1957年冰岛议会决定将国家图书馆与冰岛大学图书馆合并，但决议并没有马上付诸实施。1966年教育部任命了一个委员会，决定在大学附近建造一座新图书馆建筑。1970年冰岛议会决定图书馆新楼应在人类定居冰岛1100周年的1974年兴建。该工程于1978年破土动工，到1994年才竣工，图书馆于同年12月1日正式开馆。该建筑由冰岛建筑师设计，建筑物四周花园外边是粗糙的火山熔岩矮墙，紧贴着建筑物有一条不深的护城河。大楼地下有1层，地上有4层，建筑面积共1.3万平方米，可以容纳90万册图书和700位读者。4楼开架流通冰岛和国外图书、教学用书，还设有视听部门；3楼设不供外借的报纸、期刊和缩微品阅览及冰岛毕业论文专藏；2楼设流通台，该馆的参考书收藏也设在此；1楼的冰岛国内出版物仅供在阅览室阅览；手稿收藏在地下一层，经允许方能使用。

冰岛国家兼大学图书馆作为冰岛最大的学术图书馆，为学生、教员、研究机构和公众提供服务。虽然部分馆藏仅限于在馆内使用，但大部分国内外藏书对用户开放，并可以外借。作为国家图书馆，该图书馆的主要职能是保存冰岛的全部印刷品和录音制品，同时也收集国外出版的有关冰岛的资料，这些均供公众使用。该馆还开展馆际互借，是欧洲图书馆联盟和国际图书馆联合会成员。图书馆免费向17岁以上读者开放。如要外借，读者需持有冰岛身份证并有冰岛的永久性地址；侨居冰岛的外国人若想外借，可向图书馆管理部门提出外借申请。

该图书馆是独立于大学的机构，有自己的管理委员会并受教育、科学和文化部直接领导，教育、科学和文化部长有权对国家图书馆业务工作、管理职责以及图书馆委员会的章程和会议召集进行指导。教育、科学的文化部指定一个任期为4年的5人图书馆委员会。教育、科学和文化部长任命其中一人为主席，一人为副主席。该委员会决定图书馆政策，监督图书馆财务计划、工作进程及运作。图书馆总监、馆长和一名员工代表可以出席图书馆委员会的会议，并可发言和提出建议。委员会接受部长确定的报酬。国家图书馆馆长任期为5年，馆长是由委员会从申请人中按能力挑选出来的，可连任一届。

国家图书馆由财政部拨款，根据图书馆与大学之间的特殊安排，大学的部分年度预算可以分配给图书馆使用。运行、更新、维护、装备和设备的开支由财政部做专门预算。图书馆可以进行某些经营，如员工咖啡厅和面向公众的饭店，但主要业务与图书装订、图书修复及照相复制相关。

冰岛国家兼大学图书馆的手稿和地图收藏甚丰，其中有冰岛著名作家哈尔多尔·拉克斯内斯和约恩·斯文松的专藏和大量的医学史乃至棋谱，还有1200种语言版本的《圣经》。国家兼大学图书馆馆藏印刷资料约90万件，包括图书、期刊及其他资料。最重要的是藏书中的大量外国资料，此外还有手稿1.5万卷。

1971年4月，北欧历史上最古老的羊皮书被装在一批古色古香的箱子里，从丹麦哥本哈根大学图书馆启程运往冰岛，哥本哈根大学甚至为此而降半旗。这些古代羊皮书文献是18世纪冰岛学者奥德尼·马格努松（Arni Magnusson，1663－1730）花毕生精力从冰岛各地收集的。他年轻时到哥本哈根大学读书，成绩斐然，后来成为哥本哈根大学教授。在任教的同时他经常回冰岛旅行，从民间收集了大量羊皮书和羊皮碎片，并陆续带回哥本哈根供研究之用。这些羊皮书和羊皮碎片大都写作于数百年前，散落于民间。1722年他把收集到的35箱古羊皮书和手稿集中在一起，用一条帆船托运到哥本哈根，但这条船在途中沉没，35箱珍贵文献永远留在海底。但是他仍继续努力收集。1730年去世前在其遗嘱中，他把冰岛羊皮书和羊皮碎片全部捐献给哥本哈根大学图书馆。大学图书馆专门开辟一个区域收藏这些文献，统一称为“奥德尼·马格努松收藏”。丹麦政府在1956年成立研究机构专门研究这些文献。

早在1961年丹麦国会就开始讨论是否应该把这些羊皮书归还给冰岛，

这在丹麦人民中也引起巨大反响，辩论长达10年之久，最终丹麦最高法院做出判决，将真正和冰岛有关的羊皮书归还给冰岛。1971年4月21日，第一批羊皮书到达冰岛首都雷克雅未克，冰岛举国欢腾，像过节一样庆祝这些文化遗产的回归。一直到1997年，陆续的归还行动才宣告结束。在收藏品当中，一共有1666件羊皮书和碎片被归还给冰岛，但是哥本哈根大学仍留有1400件左右的羊皮文献。冰岛政府将这些无价之宝珍藏于国家文化中心，随后又成立专门研究所，收藏、整理和研究这些羊皮书。研究所坐落在冰岛大学校园内，名为“奥德尼·马格努松研究所”。

2010年，冰岛全国一共有158家博物馆，大多数规模都比较小。其中地区及市级的博物馆有26家，历史类博物馆有83家，艺术类博物馆有23家，艺术史类博物馆有26家。另外，冰岛还有2座动物园及水族馆。

冰岛最大的博物馆是位于雷克雅未克市的国家博物馆，馆中陈列着冰岛各个历史时期的大量珍贵文物，有石器、铁器、铜器，还有民族服饰、雕刻、绘画等。冰岛自然博物馆建于1889年，现在设有地质地理部、植物部和动物部。露天博物馆建于1957年，集聚了冰岛历史上各个时期各种建筑风格的民舍民居。旅游胜地莫斯菲尔城有一座羊毛博物馆，该馆展示了冰岛各种古老的剪羊毛工具的图片和羊毛加工工具，详细介绍了冰岛牧羊业和羊毛加工业的发展史。冰岛有一家私人的动物性器官博物馆，收藏有143具雄性动物的生殖器，从杀人鲸到北极熊一应俱全。这家博物馆收藏冰岛本土各类哺乳类动物的性器官，仍在继续征集标本，不论尺寸大小，只要是雄性的就可以。自博物馆开放以来，参观者络绎不绝。

第七章

外　交

第一节　外交政策概述

冰岛从自身的地理位置、人口以及经济力量和特点出发，通过参加地区性组织以及一系列全球性国际组织，来保障自己的民族独立、国家安全和经济社会发展。冰岛于1946年11月19日加入联合国，1949年加入北约，1952年加入北欧理事会，并且参加了欧洲委员会、经济合作与发展组织、欧洲自由贸易联盟、欧洲经济区、联合国粮农组织等许多国际组织。同美国的特殊关系和与欧洲其他国家的紧密合作是冰岛对外关系的两大支柱，作为北约成员与美国进行防务合作并保持与大西洋两岸国家的良好关系构成冰岛外交政策的核心。冷战结束后，为顺应国际形势的变化，冰岛除继续重点保持与美国等西方国家的伙伴关系之外，还注意加强与亚洲等其他地区国家的关系，并通过联合国等国际组织积极参与各种国际事务。

1999年，冰岛同117个国家建立有外交关系。由于冰岛人口少，外交官及经费也少，当时只在11个国家设有大使馆和派有大使，每个大使馆同时兼管冰岛在其他若干国家的事务。截至2014年，冰岛已经同139个国家和地区建立了外交关系，在18个国家和地区开设了大使馆，分别是挪威、丹麦、瑞典、芬兰、英国、法国、德国、奥地利、美国、加拿大、日本、俄罗斯、中国、印度、南非、比利时、法罗群岛、瑞士；同时冰岛在联合国、欧盟、北约等重要国际组织派有常驻使团。此外，冰岛还在3个国家设有总领馆，在7个城市设有常驻使团。

冰岛驻法国大使兼任联合国教科文组织以及经济合作与发展组织的代表，同时兼管意大利、西班牙、葡萄牙等国。冰岛驻比利时大使馆同时负责与欧盟的联系，冰岛在布鲁塞尔另设有常驻北约总部的使团。2001 年冰岛在奥地利首都维也纳开设的大使馆除负责与奥地利、匈牙利等国的双边关系之外，还兼任欧洲安全与合作组织、联合国驻维也纳办事处等国际组织的常驻代表。2001 年冰岛在加拿大首都渥太华开设大使馆，该大使馆同时兼管秘鲁、哥伦比亚等南美洲国家。2001 年在莫桑比克首都马普托设立的大使馆是冰岛在非洲的第一个，也是迄今唯一的大使馆，2005 年该大使馆迁至南非行政首都比勒陀利亚。1995 年冰岛在北京设立大使馆，这是冰岛在亚洲开设的第一个大使馆，该大使馆同时兼管对蒙古、朝鲜、韩国、越南、澳大利亚、新西兰、老挝、柬埔寨以及泰国等国的外交事务，冰岛并在该 9 国设立领事馆。

冰岛积极参加北欧合作，发展同北欧邻国的政治、经济、文化关系；重视维护冰岛的海洋经济权益；注重发展同广大发展中国家的关系；主张在国际监督下，实行相互和全面裁军；禁止在冰岛部署核武器。冰岛十分重视对海洋资源的保护和防止大陆对海洋的污染，并积极倡导和参与环保工作，认为发达国家在环境保护方面应该发挥更大的作用，同时强调应允许对那些并不面临威胁的海洋哺乳动物进行开发和利用。

冰岛政府对冷战后世界和欧洲形势的基本看法是：当今世界并不太平，欧洲局势尚未稳定，直接军事威胁虽已消除，但是地区及民族间的冲突有所加剧，建立新的安全机制的努力并未取得进展，形势发展令人担忧。关于联合国作用及其改革，冰岛政府认为：在新形势下应加强联合国的作用，联合国本身也应做出符合形势变化的调整，应扩大其工作范围，提高工作效率；支持扩大安理会；主张所有成员国都应无条件按期全额缴纳会员费。

第二节　与北欧国家的关系

由于拥有共同的历史和文化传统，冰岛与其他北欧国家始终保持密切的合作关系，积极参加北欧地区两大官方合作组织，即北欧理事会和北欧部长理事会的各项工作和活动。冰岛主张北欧合作应依靠三个支柱——北欧内部合作、在欧洲事务上的合作以及同毗邻地区的合作，还认为在丹麦、瑞典和芬兰等多数北欧国家加入欧盟的情况下，北欧合作不应被削弱，而应在欧洲事务、同毗邻地区合作等领域更有活力。

1952 年 3 月，冰岛与丹麦、挪威和瑞典共同成立北欧理事会，第一届会议于 1953 年 2 月在丹麦首都哥本哈根举行。芬兰于 1955 年 10 月加入。该理事会是北欧各国议会间进行合作的论坛和咨询机构，其宗旨是讨论北欧国家的共同问题，研究合作的途径，向北欧各国政府提出建议并督促关键建议的实施。理事会由从成员国议员中选出的 87 名理事组成，冰岛 7 名，其他 4 国各 20 名，任期 1 年。理事会全体会议于每年春季在各国首都轮流举行。5 国政府首脑和部长可以出席并发言，但没有表决权，也不入选有关机构。理事会设立由各国代表团正副团长组成的主席团，作为全体会议休会期间的最高执行机构。主席团主席由举行全体会议时的东道国代表团团长担任。主席团秘书处设在瑞典首都斯德哥尔摩。理事会还设立法律、文化、社会和环境、交通、经济、预算和审计委员会、《北欧交流》编辑部等 7 个常设机构。除防务问题外，北欧理事会对促进地区政治、经济、文化、社会等领域的合作发挥了重要作用，冰岛从中受益匪浅。北欧理事会成立 60 多年来，北欧 5 国之间进行了卓有成效的合作，实现了互免签证，建立了统一的劳务市场，5 国侨民可相互享受侨居国的社会福利。

在北欧理事会的倡议下，北欧 5 国政府签署了被称为《北欧合作条约》的《赫尔辛基条约》，该条约经批准后于 1962 年生效。该条约确定了北欧理事会的性质、结构、工作程序和活动范围。根据条约规定，北欧国家应继续保持和发展在立法、文化、社会和经济政策领域内的合作，积极开展在交通、环保和通信等各领域的合作。

1971 年北欧理事会对《赫尔辛基条约》做出修订，成立政府间合作机构——北欧部长理事会。各国政府相互对口的部长组成各个专业的部长理事会，分别不定期开会讨论北欧理事会所提出的各项合作建议，并就合作的具体实施做出决定，其议决方式采取协商一致原则。5 国的总理（首相）对部长理事会的工作负有最高责任。为了发展冰岛经济，促进冰岛工业的发展，北欧理事会设立了冰岛基金，从 1970 年 3 月 1 日起，分 5 年为冰岛提供无息贷款，冰岛则从 1980 年 3 月 1 日起分 15 年偿还。

1993 年 3 月 18 日，北欧 5 国再次签署新的《北欧合作条约》，将北欧国家之间合作的主要责任从议会转移到政府，使 5 国总理或首相成为北欧之间全面合作的直接领导者。安全与外交也被正式列入合作的工作议程。在 5 国都成为欧洲经济区的成员国，且丹麦、瑞典及芬兰同时为欧盟成员的情况下，5 国政府联合起来共同维护它们在欧洲事务中的利益。

冰岛与其他北欧国家共同努力，在很多领域都达成了合作协议，包括：《消除北欧内部边界护照管制协议》（1954）、《共同劳动力市场协议》（1954）、《社会保障协议》（1955）、《北欧文化协议》（1971）、《北欧交通协议》（1972）、《环境保护公约》（1974）、《北欧国家间法律有效性协议》（1977）、《北欧语言公约》（1981）、《共同劳动力市场的个人健康保护协议》（1981/1994）、《共同劳动力市场的教师协议》（1986）、《避免双重征税协议》（1988）、《北欧环境标志协议》（1989）、《北欧高中入学协议》（1992）和《高等教育协议》（1994）等。1995 年《赫尔辛基条约》增加了一个特殊条款，要求在法律的制定、解释和执行中平等对待所有北欧国家的公民。

冰岛还参加了北欧国家所设立的各种合作机构，有北欧工业基金、北欧投资银行、北欧经济研究会、北欧文化基金、北欧项目出口基金、北欧开发基金、北欧环境金融公司、北欧电影与电视基金、北欧研究与培训基金、北欧学者奖学金、北欧住房基金、北欧基因库、北欧检测中心等。

北欧各国于 2002 年 10 月 29 日在芬兰首都赫尔辛基举行庆祝活动，纪念北欧理事会成立 50 周年。时任芬兰总统哈洛宁、冰岛总统格里姆松、瑞典国王卡尔十六世·古斯塔夫、挪威国王哈拉尔五世和丹麦女王玛格丽特二世共同出席了北欧理事会第 54 届会议的开幕式，在发言中一致强调北欧合作的意义。庆祝活动还颁发了北欧理事会文学奖、音乐奖、环保奖和影片奖。

在冷战结束之后，冰岛认为国际形势的变化增加了北欧在外交和安全领域加强合作的可能。1996 年 10 月，冰岛政府首次派观察员出席了在瑞典举行的北欧国家国防部长例会。11 月，冰岛总统奥拉维尔·格里姆松对丹麦进行国事访问。1997 年 8 月，冰岛驻芬兰大使馆开馆。至此，冰岛在所有北欧国家均设立了大使馆。1998 年 5 月，丹麦女王玛格丽特二世对冰岛进行国事访问。11 月，冰岛总统格里姆松对瑞典进行国事访问。1999 年 5 月，冰岛出任北欧理事会轮值主席国，在任期间，冰岛主持召开了北欧首脑会议、北欧外长会议及北欧卫生部长会议等一系列政府部门会议。8 月，时任挪威首相邦德维克访问冰岛。

冰岛与挪威在渔产捕捞问题上曾有争端。冰岛要求在巴伦支海增加鳕鱼捕捞配额，在挪威海增加鲱鱼捕捞配额，但都遭到挪威方面的拒绝。从 1993 年 8 月开始，冰岛渔民在巴伦支海捕鱼时与挪威海军发生冲突，挪威军人甚至开枪示警。冰岛渔民在公海即所谓“海上漏洞”区捕鱼，挪威称其为“偷鱼”，冰岛人则认为公海上的资源应当由各国共享。挪威曾经拒绝冰岛渔船进入挪威北部港口，冰岛也不允许挪威渔船进入冰岛设在格陵兰岛的港口。1994 年 6 月，挪威和冰岛两国发生了“鳕鱼战”，实力较强的挪威以冰岛渔民侵犯其 200 海里渔业保护区为由，不仅割断了一些冰岛拖网渔船的渔网，而且还派遣数艘战舰和作战飞机进行威胁。两国政府领导人为此发生了激烈的舌战。

1999 年 4 月，持续达 5 年之久的冰岛、挪威、俄罗斯三国关于巴伦支海捕鱼的争端最终获得解决，为冰挪关系以及冰俄关系的发展扫清了障碍。但是在其他海域仍经常发生捕鱼纠纷，例如 2001 年 8 月有 4 艘挪威渔船因涉嫌在冰岛水域捕捞毛鳞鱼而被冰方扣留，其中一艘船的船长与冰方就解决该问题达成协议，即上交所捕毛鳞鱼并缴纳约 10 倍的罚金，但另外 3 艘船则坚称这是在格陵兰水域进行的合法捕捞。冰岛与丹麦等国也不时因捕鱼问题发生纠纷，例如从 1996 年 8 月起，冰岛和丹麦之间就冰岛与格陵兰岛（丹麦的属地）之间海域的捕鱼问题就不时发生争端。

在防务方面，2007 年冰岛与挪威及丹麦签署了防务合作协议。冰挪防务协议增加了双边防务和安全事务的合作。冰丹协议更多是基于海岸警卫、搜救、渔业监督等领域的双边合作的公告。

2011 年，为进一步对两国的渔船行动进行管理、监视和检查，冰岛和挪威签订了以交换两国渔船向对象国的卸货情报、交换违反规则渔船的情报、IUU（违法、无报告、无管制）渔船行动情报的共有化等为主要内容的协定。

冰岛政府对于挪威全民公决不加入欧盟的结果表示欢迎。冰岛认为，入盟所能得到的好处已从欧洲经济区里享受到了。假使挪威随芬兰、瑞典两国一起入盟，欧洲经济区非欧盟成员就只剩下冰岛和瑞士，欧盟也就不会像以往那样对欧洲经济区给予足够的重视了。

2013 年 11 月冰岛总理贡劳格松举办了北欧理事会框架下的合作论坛，着力推进北欧地区生物资源的可持续利用，促进北欧音乐等创意产业的发展，并加强北欧各国在能源、环境、气候等领域的合作。理事会还将发布北欧地区可持续发展指标。此外，社会福利也是北欧地区合作的重点。2014 年，冰岛担任北欧理事会主席国，任期一年。

第三节　与欧洲联盟的关系

欧盟是冰岛最大的贸易伙伴，冰岛十分重视并不断加强同欧盟的关系。冰岛于 1970 年 3 月加入欧洲自由贸易联盟。1972 年冰岛和其他欧洲自由贸易联盟的成员国和准成员国一样，相继与欧洲经济共同体及欧洲煤钢共同体签署了自由贸易协定，冰岛与欧洲经济共同体的协议于 1973 年 4 月 1 日起生效，与欧洲煤钢共同体的协议于 1974 年 1 月 1 日起生效。自由贸易协定规定，自 1973 年起协定方相互之间的工业贸易关税每年递减 20%，到 1977 年 1 月免除绝大部分工业品关税和部分农产品关税。近几十年来冰岛经济的高速发展在很大程度上一方面得益于与欧洲自由贸易联盟的合作，另一方面得益于与欧共体/欧盟的合作。2008 年之前，冰岛虽与欧共体/欧盟联系密切，但由于与欧共体/欧盟在渔业政策上有分歧，冰岛担心其近海渔业资源受欧共体/欧盟的控制，并无意申请加入欧共体/欧盟。2008 年金融危机后冰岛与欧盟的关系取得重大突破，冰岛于 2009 年

7 月 16 日递交了入盟申请，2011 年 6 月 17 日双方开始正式谈判。2013 年 9 月冰岛政府决定暂停入盟谈判，国内主张进行公投的呼声也日益高涨。2015 年 3 月 12 日，冰岛政府宣布不再寻求加入欧盟。

1992 年 5 月 2 日欧洲自由贸易联盟（简称欧自联）和欧共体在葡萄牙的波尔图正式签署了建立欧洲经济区协定，1993 年 1 月 12 日冰岛议会批准了此协定。1992 年冰岛的民意测验结果表明，当时有 50.4% 的人认为冰岛在 2000 年以前会提出加入欧共体的申请，但是此后反对加入的呼声很快增强。

1994 年冰岛加入欧洲经济区，希望以此作为参与欧洲事务、扩大与欧盟国家经济往来的途径。在加入欧洲经济区的谈判中，冰岛经过积极努力，取得了对自己比较有利的结果：冰岛 73% 的渔产品可以免税进入欧盟国家，并逐年增加，到 1997 年可免税进入欧盟国家的渔产品达到 96.6%；欧盟承诺不在冰岛渔业部门投资，以保护冰岛的渔业；每年允许欧盟国家到冰岛渔区捕捞 3000 吨红鱼，允许冰岛到欧盟渔区捕捞 1 万吨毛鳞鱼。冰岛把该协议称为“伟大的历史性协议”，称该协议使冰岛获得了“进入 21 世纪的护照”。冰岛还采取一系列措施进一步加强与欧盟在经济、外交及安全等领域的磋商与合作，在重大国际问题上采取同欧盟一致的立场。

冰岛就是否加入欧盟的问题已经争论多年。在历次大选中，只有社会民主党在 1995 年大选中和社会民主联盟在 2003 年大选中提出过加入欧盟的主张，除此之外没有其他任何政党提出过这种主张。主张加入欧盟的提议在冰岛政界以及选民当中的支持率很低。加入欧洲经济区之后，冰岛已基本享有欧盟成员国的待遇，这也是它不积极申请入盟的原因之一。

从 1996 年 5 月 1 日起，包括冰岛在内的北欧 5 国成为《申根协定》的观察员国。同年 12 月，冰岛和挪威作为“联系成员国”加入《申根协定》。从 2001 年 3 月 25 日起，冰岛正式成为《申根协定》15 个成员国之一。持冰岛护照者去其他成员国旅行，原则上不须被检查护照。2003 年年初的一项民意测验显示，46% 的冰岛人反对加入欧盟，28% 的人还没有决定是否加入，只有 26% 的人表示愿意加入欧盟。按性别分类统计，结果如下：男性有 51% 反对加入，28% 愿意加入；女性有 35% 反对加入，25% 同意加入。冰岛要加入欧盟，国内的阻力还相当大。

2004 年 9 月的一项民意调查表明，53% 的冰岛人赞成加入欧盟，47% 的人反对。而政府对于加入欧盟的态度则不积极。2005 年 4 月，时任冰岛总理奥斯格里姆松表示，国内金融市场狭小使冰岛克朗产生较大波动，冰岛因此付出了代价，今后将不得不考虑采用欧元的可能。但是不久他又表示冰岛具有其特殊性，目前尚不具备加入欧盟的条件。时任冰岛外长奥德松也于 2005 年 8 月表示冰岛暂时不会考虑加入欧盟，冰岛虽是欧洲经济区成员国，但未被要求与欧盟成员国一样遵照并执行所有的决议和规定，冰岛在渔业等许多重要领域都保持自己的控制权。而且当时冰岛经济快速增长，各项经济指标均高于欧盟平均水平，冰岛对当时的状况感觉良好，另外欧盟宪法条约未获通过也使支持加入欧盟的冰岛民众热情下降。2007 年冰岛议会大选后，独立党和社会民主联盟再次组成联合政府，坚持不加入政策，但该政府设立了一个特别委员会监视欧盟内部的发展并向政府提出应对措施。

2008 年 2 月冰岛《新闻报》公布的民意调查显示，支持加入欧盟的冰岛人数量呈上升趋势：表示赞成冰岛加入欧盟的占 55.1%，比 2007 年增加了 19%；而反对入盟的占 44.9%，比 2007 年大幅减少。2010 年 6 月盖洛普公司的调查中，约有 26% 的冰岛人希望入盟，反对入盟的比例为 59%。2011 年 9 月 12 日，由冰岛《每日新闻》进行的调查则表明 63.4% 的民众支持继续谈判，36.6% 的民众反对。2014 年 4 月 10 日，盖洛普公司一项最新问卷调查则显示，有 72% 的冰岛人希望举行全民公投，以决定是否继续加入欧盟的谈判。在同一次调查中，有 47% 的受访者表示反对加入欧盟，另有 37% 的人支持入盟。

2008 年 9 月开始的金融危机对冰岛产生严重冲击。2008 年 10 月，冰岛与欧盟就收回冰岛部分投资到国外的养老金基金进行谈判时，欧盟要求冰岛加入欧盟作为补偿。2008 年 11 月 17 日，独立党宣布考虑冰岛加入欧盟。进步党在它的大会上决定支持冰岛申请加入欧盟，但是提出了非常严格的条件，包括要求对冰岛自己的渔业资源和其他国家资源拥有完全主权。最后议会决定仍旧反对加入欧盟，但同时也决定如果冰岛无法解决当前问题，则由全民公投决定是否加入欧盟。

在 2009 年大选中进步党转为支持加入欧盟，但是独立党呼吁在开始谈判前进行全民公投。社会民主联盟把加入欧盟作为其选举的关键议题。社会民主联盟在大选中获胜后，总理约翰娜·西于尔扎多蒂说冰岛将立刻申请加入欧盟，并在 4 年内引入欧元，以此作为解决国家债务的方法。

2009 年 5 月 25 日冰岛申请加入欧盟的法案在议会上被正式提出。7 月 16 日议会进行投票，首先独立党提出的全民公投被以 32 票对 30 票否决，一票弃权。社会民主联盟提议冰岛申请成为欧盟成员国，该提议以 33 票对 28 票被通过，两票弃权。2009 年 7 月 16 日冰岛议会投票同意开始与欧盟谈判。

但是，2013 年 9 月 16 日，冰岛外交部通知 10 个谈判小组和咨询委员会正式解散。该决定反映了冰岛政府暂停入盟谈判的政策，是否继续谈判将交由全民公决。2014 年 3 月 3 日，冰岛进步党－独立党执政联盟提出提案，不再冻结加入欧盟的谈判，而是完全终止入盟谈判。2015 年 3 月 12 日，冰岛政府宣布不再寻求加入欧盟。

第四节　与美国及北约的关系

一　与美国的关系

冰岛和美国的关系在其对外关系中占有突出的地位。美国从 1941 年开始派军队驻扎在冰岛并建立军事基地，同年在冰岛设立大使馆。在冰岛于 1944 年 6 月 17 日宣布完全独立之后，美国是第一个承认冰岛独立的国家，但同时也有美国参议员居然提出将冰岛以美国第 49 个州的名义并入美国的动议（当时美国有 48 个州）。二战结束之后，冰岛政府一度请求美军撤离冰岛，美国迟迟未予答复。1946 年夏，冰岛政府抗议美军非法滞留冰岛，但到同年9月美国驻冰岛大使才予以答复，称“为了美国的利益，于必要时可以利用该岛主要空军基地的条件下，将在双方同意的基础上召回驻冰岛的美国军队”。在美、英的共同压力之下，冰岛政府于1946年10月宣布接受美国的提案。从此美国享有北大西洋最大航空基地凯夫拉维克基地的控制权。

1950年6月朝鲜战争爆发后，冰岛出于对自身安全的考虑以及在美国的压力之下，于1951年5月5日和美国签订《冰美防务协定》。该协定规定美国军队有权使用冰岛的军事基地，并且由美国代表北约负责冰岛防务，6000名美军陆续进驻冰岛。1951年年底，驻冰岛的美军达到3.4万人，而当时冰岛的人口仅为14.4万人。美军还在冰岛建立了一系列雷达设施。

美军驻扎冰岛曾引起人民的反对。冰岛统一社会党率先发表声明，谴责美国军队占领冰岛，宣布冰岛人民不接受政府签署的协定，号召人民保卫国家的独立。1951年5月18日，雷克雅未克开展了规模空前的群众集会，抗议美军占领，同日举行了当时规模最大的罢工。从1954年起美国和苏联的关系有所缓和，同年9月，40位著名人士在全国发起了要求彻底独立的签名运动，签名人数占总人口的25%，之后冰岛又成立了“冰岛反对国土被占领委员会”，统一部署独立运动。码头工人曾经数度举行罢工，拒绝卸下美国军火。冰岛议会于1956年3月以31票对21票通过决议，要求美军撤离冰岛。但1956年10月发生了匈牙利事件，冰岛议会于12月又通过决议撤回3月份的决议。1971年，冰岛是否应终止《冰美防务协定》的争论再次响起。

冰美于1994年年初就美国驻冰岛军事基地问题达成协议，美国将保留基地但缩小规模。1996年4月，冰美两国正式签署防务合作条款执行协议，重申对1951年双边防务协定所承担的义务，确认美军继续驻留凯夫拉维克基地，强调双方继续保持双边及在北约内部的安全与防务合作。1994年10月和1997年7月，冰岛两任总统芬博阿多蒂尔和格里姆松先后访美，并与美国总统克林顿会面。

2004年，美国在冰岛的驻军人数为1750名，美国还有F-15战斗机驻扎在冰岛，美国表示准备把驻冰岛的空军作战部队撤出。2006 年 3 月，美国通知冰岛政府，将于同年 9 月之前撤除驻扎在凯夫拉维克基地的空军部队。8 月冰美两国关于美撤军及冰岛防务在华盛顿进行谈判。9 月 27 日冰美就冰岛防务问题达成新协议，新协议规定撤军后美国将继续承担冰岛防务责任。

冰岛与美国之间的特殊关系，除了在军事上的联防之外，主要表现在经济上。在冷战期间，冰岛从美国获得的经济利益有两方面：一是驻冰岛的美军直接把大量美元带到冰岛用于消费，并且为冰岛人提供可观的就业机会；二是在双边贸易方面，美国为冰岛提供多种优惠。具体来看，一方面，在 20 世纪 80 年代，有约 1700 名冰岛人直接或间接从事与美军基地有关的工作。另外，根据《冰美防务协定》的规定，美军基地所需的肉蛋禽等副食品必须在冰岛当地购买。仅这两项每年就为冰岛带来上亿美元的收入。另一方面，长期以来，美国在经济和贸易方面给冰岛特殊照顾，冰岛对美国的出口额在 80 年代中期占其出口总额的 28.4%，其中美军基地的消费便占冰岛出口收入的 8% 左右。随着美国在冰岛军事基地的缩小和驻军的减少，冰岛与此相关的经济收入减少，并有一批人员失业。同时，由于美国对冰岛在贸易方面的照顾逐步减少，两国之间的贸易额急剧下降，1991 年冰岛对美国的出口只占其出口总额的 12.6%，1996 年两国贸易额约占冰进出口总额的 11.2%。这也是冰岛经济在 20 世纪 90 年代陷入衰退的原因之一。进入 21 世纪以来冰美两国寻求加强双边经贸关系。冰岛的大部分产品出口到欧盟和欧洲自由贸易联盟（EFTA）的国家，其次是美国和日本。美国是冰岛最大的外国投资者之一，其投资主要集中在电解铝行业。2009 年冰美两国签署了《贸易和投资框架协议》。

在 2003 年 3 月美国对伊拉克动武时，冰岛政府表态予以支持，但没有提供其他具体帮助。大约 1500 名和平主义者于 2003 年 1 月 18 日在雷克雅未克市中心广场举行反战示威，示威群众高举“反对美国侵略伊拉克”和“别指望冰岛参与伊拉克战争”等标语向美国大使馆游行，并向美国大使馆递交抗议者的签名信。

占当时冰岛总人口大约1.4%的4000多名冰岛人捐资于2005年1月21日在美国《纽约时报》刊登整版广告，谴责本国政府支持美国主导的伊拉克战争，要求立即将冰岛从所谓支持入侵伊拉克的“自愿联盟”名单中除名，同时向伊拉克人民致歉。广告说：“冰岛部长们支持入侵伊拉克，我们就此向伊拉克人民表示歉意。”2005年的一项民意测验结果显示，4/5的冰岛人希望本国退出美国的“自愿联盟”。冰岛外交部则排除了改变政策的可能性，称继续“支持维护伊拉克的稳定与民主”。

2009年2月18日，美国明确反对冰岛关于提高大型商业捕鲸配额的决定。白宫于2014年4月发布一份备忘录，鼓励冰岛发展和扩大其对鲸鱼的非致命用途，并终止其商业捕鲸行为。

二　与北约的关系

加入北约是冰岛外交和安全政策的基础之一。冰岛在1918年从丹麦获得初步独立时，曾经宣布实行永久中立。但这种中立并不像瑞典等国那样是建立在自己军事力量的基础上的，因为冰岛没有任何自己的武装力量。二战之后，在北约各国当中，冰岛是唯一只有警察而没有自己军队的国家。作为一个没有自己的军队、没有任何防御能力的小国，冰岛只有采取“搭便车”的做法，即加入一个集体安全组织，才能解决自己的安全保障，而它认为北约作为防务同盟是战后唯一有能力制止战争的力量，对于维护欧洲的和平与稳定起着关键作用。

冰岛强调跨大西洋纽带对欧洲安全的重要性，赞同北约在冷战结束后根据新形势所做的调整，主张这一调整应是渐进的，避免削弱盟国间的防务合作，尤其是同美国的关系。冰岛主张北约应同俄罗斯加强合作，同时积极支持北约东扩，赞同北约新的战略概念。冰岛积极参与欧洲防务和安全合作，强调冰岛的战略地位和小国在北约中的重要性。冰岛没有参加北约的军事一体化机构，也不是北约核计划小组成员。在北约成员国当中，只有冰岛始终没有参加成立于1950年的“对共产党国家出口管制统筹委员会”（即“巴黎统筹委员会”，因总部设在美国驻巴黎大使馆而得名）。

2002 年 11 月 22 日，冰岛政府决定向北约提供 3 亿冰岛克朗（约合 360 万美元，人均 128 美元）的经费。这是应北约对各个成员国的要求而拨给的，对于冰岛这样的小国来说，这是一笔不小的开支。

在科索沃问题上，冰岛政府支持北约空袭南联盟，认为南联盟在科索沃地区的行为是对人权的践踏，北约除动武外别无选择。受北约领导的驻阿富汗国际安全部队的指派，作为北约成员国之一的冰岛从 2004 年春季起接管喀布尔国际机场。由于冰岛是一个没有军队的小国，无力单独承担喀布尔国际机场的管理工作，因而请求其他北欧国家提供帮助。为此，瑞典、丹麦、芬兰、挪威和冰岛 5 国决定向喀布尔国际机场派遣一支联合军事消防队。这支消防队由 34 名专业人员组成，在阿富汗驻扎期为 12 个月。2005 年立陶宛决定率领一支北约领导下的多国安全部队，参与阿富汗古尔省的重建工作，冰岛和丹麦都参与了重建工作。

第五节　与俄罗斯及波罗的海各国的关系

一　与苏联/俄罗斯的关系

在 1991 年苏联解体之前，冰岛与苏联的关系在冰岛的防务与外交政策中占有重要位置。1944 年 6 月冰岛共和国宣布成立后，苏联在同年即与冰岛建立外交关系，并缔结贸易协定，以促进相互之间的经济发展。1953 年 8 月，冰岛与苏联签订《贸易与支付协定》，双方贸易额迅速上升。冰岛约有 70% 的燃料和石油产品从苏联进口，冰岛的咸鱼、冻鱼和毛纺织品等大量销往苏联及当时的东欧国家，出品产品主要是鲱鱼和大西洋鳕鱼。冰岛政府长期奉行对苏联在军事上警惕、在政治上缓和、在经济上合作的政策。1985 年冰岛与苏联又签订了《五年贸易协定》。1986 年 12 月冰岛充当时任美国总统里根与苏联总统戈尔巴乔夫在雷克雅未克举行的历史性首脑会晤的东道主，冰岛政府和人民当时对这次会晤寄予很大希望，为之做了大量的准备和组织工作。

在苏联解体之后，冰岛对俄罗斯的发展前景十分关注，并且重视发展与俄罗斯的关系，支持俄罗斯的改革进程，希望俄罗斯能实现稳定。冰岛政府认为，俄罗斯在欧洲持久和平的问题上扮演着不可或缺的角色，加强北约与俄罗斯之间的相互信任关系十分重要，但认为俄罗斯在北约东扩问题上没有否决权。俄罗斯同冰岛的关系，首先是经济关系。然而从20世纪90年代开始两国之间的贸易额却出现下降：俄罗斯减少了石油的开采量和出口量；冰岛对俄罗斯渔产品的出口也明显减少，而更多转向加拿大和美国。

俄罗斯总统普京应冰岛总统格里姆松的邀请，于2004年9月访问冰岛。两国领导人讨论了在文化、商贸和渔业加工等方面的合作，冰岛计划在俄罗斯摩尔曼斯克、莫斯科和加里宁格勒建造3个渔业加工厂。普京访冰时还为东正教在雷克雅未克建新教堂的工程奠基。普京是冰岛历史上继时任中国国家主席江泽民之后第二位到冰岛进行正式国事访问的大国元首。此前，美苏两国首脑曾在1986年11月在冰岛举行会谈，签订了裁减核武器条约，但他们并未对冰岛进行正式访问。

2003年，俄罗斯和冰岛两国之间的双边贸易总额为8970万美元，其中冰岛对俄出口总额为380万美元，俄罗斯对冰岛出口总额为7590万美元。俄罗斯是冰岛第9大出口国。俄罗斯出口到冰岛的产品包括石油产品和铝，而冰岛出口到俄罗斯的产品则包括轮船、海产、纺织品和服装、化肥以及工业设备。

2008年，冰岛发生金融危机后，曾经向友好伙伴英国、瑞典等寻求帮助，由于英、法等欧洲大国也身陷危机之中，因此拒绝提供财政援助拯救该国面临崩溃的银行体系。不仅如此，2008年10月9日，英国还援引反恐法案冻结了冰岛第二大银行冰岛国民银行和最大银行考普兴银行在英国分支的资产，以此来保护英国在该行旗下冰岛储蓄银行的储蓄。因此冰岛政府于2008年10月7日宣布从俄罗斯寻求40亿欧元紧急贷款。10月14日冰岛政府代表团在莫斯科与俄罗斯政府正式举行了磋商，起初俄罗斯答应向冰岛提供500亿美元贷款，但最后拒绝。

国际社会普遍认为，作为北约组织成员向俄求助的做法“罕见”且“具地缘政治含义”。冰岛多次声明，这是冰岛向邻国求救连遭拒绝后，为避免“国家破产”采取的无奈之举。冰岛时任总理哈尔德表示，冰俄达成的经援方案并不会延伸到两国未来在军事方面的合作，并否认冰岛有意将美军在该国的一个空军基地转手俄罗斯。

随着全球变暖，北极冰盖正不断融化，曾经封闭的北极地区正进一步成为各国竞争的热点。而对俄罗斯而言，直接面对美国的“北线”成为新的安全威胁源。自从美国2006年放弃在冰岛的军事基地，俄罗斯逐步填补这一真空并利用冰岛与日俱增的战略重要性。普京政府任命其能力最强的北极事务专家安东·瓦西里耶夫任驻冰岛大使。在赴冰岛前，瓦西里耶夫一直是俄在北极理事会中的最高官员。

2015年7月，冰岛、挪威、阿尔巴尼亚、格鲁吉亚等7个非欧盟国家政府正式宣布支持欧盟对俄罗斯的经济制裁，制裁行为将一直延续到2016年1月31日。对此俄罗斯在早些时候已做出回应，宣布一项临时禁令，禁止进口6家冰岛渔业公司和3家肉类公司的产品，此举很大程度上影响了冰岛对俄的水产品出口。冰岛10个以渔业生产出口为主的市镇所受影响尤为严重，每年损失约780~1970万美元，但该临时禁令对雷克雅未克、阿库雷里等城市影响很小。

二 与波罗的海各国的关系

冰岛自1922年以来一直承认波罗的海3国的独立地位，认为苏联对3国的吞并是非法的。在3国争取独立的过程中，冰岛坚定地给予支持，强调要尊重民族自决权，其动因之一是为了提高冰岛在世界上的知名度，“让大国听到小国的声音”。冰岛于1991年8月率先承认3国，与之建立外交关系，随后签订了贸易协定。另外，冰岛积极参与北约国家与波罗的海3国的政治、经济合作，支持3国加入北约的努力。

波罗的海沿岸国家为加强合作，于1992年3月成立了波罗的海国家委员会，冰岛以及挪威作为与该地区关系密切的国家也加入了这个委员会。1995年5月，这个委员会11个成员国的政府首脑在瑞典维斯比市举行会议，制订了波罗的海地区21世纪的合作框架。同年7月，11国外长在瑞典卡尔马市举行会议，根据首脑会议的建议，制订了在经济、环境保护和安全等领域进行合作的具体行动纲领。从1998年开始，北欧理事会和波罗的海3国议会每年召开一次联席会议，以加强相互间合作。此外，北欧5国与波罗的海3国的外长及政府首脑也经常举行会晤，商讨诸如在打击有组织犯罪、保护儿童权益、能源、北约和欧盟扩大、环境保护等领域的合作。2003年10月，8国首脑决定波罗的海3国将正式加入北欧投资银行，这标志着北欧国家与波罗的海3国迈入具有重要实质内容的合作阶段，这必将带动其他领域的合作与发展。2005～2006年冰岛担任波罗的海国家委员会轮值主席国。

1996年9月，拉脱维亚总理对冰岛进行了正式访问。1998年6月，冰岛总统格里姆松访问波罗的海3国，提出北欧5国和波罗的海3国建立8国集团的设想。8月，爱沙尼亚议长对冰岛进行正式访问。1999年4月，拉脱维亚总统访问冰岛。9月，爱沙尼亚总统对冰岛进行正式访问。

自20世纪90年代以来，瑞典、丹麦等国与波罗的海3国政治经济交往十分频繁，希望将北欧合作扩大为环波罗的海合作，而冰岛等距波罗的海较远的国家则担心被边缘化，希望与波罗的海3国的合作步伐不要太快。在2000年11月1日于雷克雅未克召开的第52届北欧理事会上，一项建议波罗的海3国加入北欧理事会的提案便以34对11票被否决。

第六节　与国际组织的关系

冰岛于1946年11月加入联合国。如今冰岛已经是联合国大多数附属机构及专门机构的成员，在联合国纽约总部及日内瓦和维也纳办事处派有常任代表。冰岛驻巴黎大使兼任派驻联合国教科文组织和粮农组织的常任代表。冰岛是联合国安理会2009/2010年度非常任理事国的候选国之一，以此表明冰岛希望在国际事务中发挥积极作用，为解决国际问题履行自己的责任。但在2008年10月17日第63届联合国大会上，当时深受金融危机困扰的冰岛竞选失败。

联合国大学地热培训项目和渔业培训项目均设在冰岛大学。前者成立于1979年，为发展中国家培训地热技术人员；后者成立于1998年，为从事渔业的发展中国家培训专业技术人员，培训内容包括渔业政策和渔产品加工等各领域的培训。1998 年 7 月，联合国当时 120 个会员国在罗马通过《国际刑事法院罗马规约》，决定成立常设国际刑事法院，并规定这项条约于 2002 年 7 月生效，即在 60 个国家以批准或加入方式成为缔约国后的 60 天生效。冰岛是批准这项条约的第 10 个国家。

冰岛是 1945 年成立的国际复兴开发银行的 29 个创始国之一。冰岛于 1973 年 6 月参加了欧洲安全与合作会议（现称为“欧洲安全与合作组织”），1975 年 8 月 1 日签署了该组织的《赫尔辛基最后文件》，1990 年 11 月签署了《巴黎宪章》。冰岛参加了所有与其相关的海洋生物保护方面的组织，包括西北大西洋渔业组织、东北大西洋渔业组织、北大西洋鲑鱼保护组织、北大西洋海洋哺乳动物委员会和国际海洋开发理事会。1999 年 5 月起，冰岛担任欧洲委员会轮值主席国。2003 年 10 月，联合国渔业大会在雷克雅未克召开，联合国粮农组织渔业委员会主任出席并主持会议，有 85 个国家约 450 名代表与会，会议的主题是保护海洋渔业资源、加强海洋生态管理、改善海洋生态环境。

冰岛积极参加各种维和行动。1994 年以后，冰岛先后派出 50 人参加波黑和科索沃的维和行动，主要是警察、医生和护士。在斯里兰卡政府与猛虎组织于 2002 年 2 月签署了停火协议后，冰岛和其他北欧国家组成了斯里兰卡停火协议监督委员会。此外，冰岛也接纳一些战争难民。例如 2001 年 2 月冰岛政府照会国际红十字会，同意接收 20～25 名南斯拉夫塞尔维亚战争难民。

冰岛、挪威、列支敦士登和瑞士 4 国组成的欧洲自由贸易联盟继与新加坡签订自由贸易协定之后，于 2004 年年底同泰国签署自由贸易协定。

2012 年 5 月 16 日，挪威和列支敦士登就“冰储”破产案向欧洲自由贸易联盟法庭提交书面评论，对冰岛表示支持。挪威表示，冰岛的主张是正确的，即欧盟存款担保指令并未规定在经济崩溃的情况下国家财政有责任负担存款担保基金。2013 年 1 月 28 日，欧洲自由贸易联盟法庭做出终审裁决，驳回了欧洲自由贸易联盟监管机构对冰岛政府的两项指控，裁定冰岛在 2008 年金融危机时对“冰储”的破产清算没有违反欧洲经济区的有关法律。

冰岛在 2014 年代表北欧－波罗的海 8 国出任世界银行和国际货币基

金组织联合发展委员会代表，任期一年。

表 7 -1 列举了冰岛参加的主要国际组织。

表 7 -1 冰岛参加的主要国际组织

国际组织	加入日期
邮政总联盟(万国邮政联盟)	1874 年
国际海洋考察理事会	1938 年
世界卫生组织	1943 年 6 月
国际民用航空组织	1944 年
联合国粮食和农业组织	1945 年 10 月
国际复兴开发银行	1945 年 12 月
国际货币基金组织	1945 年 12 月
联合国	1946 年 11 月
国际民用航空组织	1947 年 4 月
国际劳工组织	1948 年 4 月
经济合作与发展组织	1948 年 4 月
北大西洋公约组织	1949 年 4 月
世界能源理事会	1949 年
国际电信联盟	1949 年
欧洲委员会	1950 年 3 月
世界气象组织	1950 年
世界海关组织	1950 年
北欧理事会	1952 年 12 月
常设仲裁法庭	1955 年
国际金融公司	1956 年 7 月
国际原子能组织	1957 年 7 月
国际海事组织	1960 年 11 月
国际开发协会	1961 年
联合国教科文组织	1964 年 6 月
国际解决投资纠纷中心	1966 年
关税及贸易总协定组织(世界贸易组织)	1968 年 4 月(1964 年成为联系国)
欧洲自由贸易联盟	1970 年 3 月
国际航道组织	1970 年
国际刑警组织	1971 年

续表

国际组织	加入日期
欧洲安全与合作组织	1973 年 6 月
国际保护自然与自然资源联合会	1973 年
国际通信卫星组织	1975 年
世界知识产权组织	1986 年
欧洲通信卫星组织	1987 年
国际海事卫星组织	1991 年
北大西洋海洋哺乳动物委员会	1992 年
西欧联盟	1993 年(联系国)
国际海底管理局	1994 年
欧洲经济区	1994 年
波罗的海国家委员会	1995 年
北极委员会	1996 年
国际海洋法法庭	1996 年
禁止化学武器组织	1997 年
多边投资担保机构	1998 年
国际展览局	1999 年
全面禁止核试验条约组织	2000 年
国际捕鲸委员会	2002 年

资料来源：据有关资料整理。

第七节 与中国的关系

冰岛重视中国在国际事务中日益增长的作用，在一些国际事务中支持中国的立场，愿意与中国发展友好关系，尤其是扩大两国之间的经济贸易。

一 双边政治关系

1954 年 8 月底，在雷克雅未克举行的冰岛、挪威、丹麦、瑞典 4 国外长会议发表的公报，主张应当在不远的将来恢复中国在联合国的合法席位。但是在美国的压力下，冰岛在同年9月联合国第九届大会上对美国提出的不讨论中国在联合国代表权问题的提案投了赞成票。冰岛在20世纪70年代之前与中国没有建立外交关系，经济和文化方面的往来也很少。

中国和冰岛于1971年12月8日建立大使级外交关系。次年5月中国在冰岛建立使馆并派出常驻大使。1983年，中国驻冰岛大使改由驻丹麦大使兼任。冰岛驻华大使则一直由巡回大使或驻第三国大使兼任。1995年1月，冰岛在北京设立大使馆并派出首任常驻大使肖尔玛·韩纳松。这是冰岛在亚洲设立的第一个大使馆，使馆有3名外交官和2名中国职员，负责冰中事务以及冰岛与亚洲一些国家的事务。同年12月，中国恢复向冰岛派出常驻大使。

建交后，两国关系不断发展。中国对冰岛扩大专属渔区曾给予支持，冰岛则支持恢复中国在联合国的合法席位。冰岛关于台湾问题的立场是明确的，冰岛只承认一个中国，中华人民共和国政府是代表全中国的唯一合法政府。与此同时，冰岛尊重包括中国台湾人民在内的全体中国人民要求和平统一的愿望。

中国与冰岛的双边往来逐步发展。20世纪七八十年代冰方访华的有：外交部秘书长彼德·索尔斯坦松（1975年）、议会外交政策委员会主席奥古斯特松（1979年）、外交部长欧·约翰内松（1982年）、外交部秘书长英格瓦松（1985年）及总理赫尔曼松（1986年）。中方访冰的有耿飚副总理（1979年，系我国领导人首次访冰）。1989年6月，冰岛参加了西方国家对中国的制裁，几年后两国关系恢复正常。

另外，中冰建交后，中国全国人大与冰岛议会间开始友好交往。1979年6月，冰岛议会外交政策委员会主席、前外长奥古斯特松应中国外交学会的邀请访华。1995年1月，冰岛议长索凯斯多蒂尔访华。1996年4月，全国人大常委会副委员长田纪云应冰岛议长埃纳尔松的邀请访冰，会见了冰岛总统芬博阿多蒂尔。2001年9月2日，中国全国人大常委会委员长李鹏开始对冰岛进行为期4天的正式友好访问，同冰岛总统、总理和代议长等就发展中冰各方面的关系进行了会谈。

20世纪90年代以来，两国互访增多。冰岛外长汉尼巴尔松（1994

年）、总理奥德松（1994 年）、议长索凯斯多蒂尔（1995 年）、总统芬博阿多蒂尔（1995 年，系冰岛总统首次访华，并出席北京世界妇女大会）、议会副议长阿纳德（1999 年）、外交部常务秘书贡雷格松（1999 年）、外长奥斯格里姆松（2001 年）、环境部长弗里德雷夫斯多蒂尔（2002 年）、财政部长哈尔德（2002 年）、卫生部长克里斯蒂安松（2002 年、2005 年）、审计署审计长索尔达尔松（2003 年）、工商部长斯韦里斯多蒂尔（2004 年）、司法部长比亚尔纳松（2004 年）、总统格里姆松（2005 年）、议长布伦达尔（2005 年）、卫生部长克里斯蒂扬松（2005 年）、环境部长索尔达多蒂尔（2005 年）、交通部长博兹瓦尔松（2005 年）、外交外贸部长斯卡费丁松（2010 年）等先后访华，总统格里姆松还出席了 2008 年北京奥运会闭幕式、2010 年上海世博会冰岛馆日活动，并参加了联合国贸发会议第二届世界投资论坛（厦门）和夏季达沃斯论坛（天津）。

应奥拉维尔·拉格纳·格里姆松总统的邀请，时任中国国家主席江泽民于 2002 年 6 月对冰岛进行国事访问。这是中国国家主席首次访冰，江泽民主席也是第一位到冰岛进行正式国事访问的大国元首。江泽民主席在访问冰岛期间分别同格里姆松总统、奥德松总理等冰岛领导人进行会谈和会见，并广泛接触各界人士，就双边关系和共同关心的国际问题广泛、深入地交换意见，共同探讨扩大两国合作的新途径。

2012 年 4 月 20～22 日，应时任冰岛共和国总理约翰娜·西于尔扎多蒂邀请，时任国务院总理温家宝对冰岛进行正式访问，这是中冰建交以来中国国家总理首次访冰。两国政府部门和企业分别签署六项双边合作协议：《中冰政府间北极合作框架协议》、中国国家海洋局与冰岛外交部的《海洋和极地研究合作谅解备忘录》、中国国土资源部与冰岛外交部的《关于地热与地学合作的谅解备忘录》、中国国家开发银行与冰岛促进局的《规划咨询合作备忘录》、中国石油化工集团公司和冰岛奥卡能源公司的《扩大地热资源开发规模、业务及合作的框架协议》、中化蓝星集团公司与冰岛工业部的《在冰新建太阳能多晶硅工厂和扩建高纯金属硅投资意向书》。2013 年 4 月 13～18 日，时任冰岛总理约翰娜·西于尔扎多蒂对中国进行正式访问。两国发表《中华人民共和国和冰岛政府关于全面深化双边合作的联合声明》，签署《中华人民共和国政府与冰岛政府自由贸易协定》。

1984 年中国保定市与冰岛哈布纳菲厄泽市结为友好城市。2007 年中国武汉市与冰岛科波沃市结为友好城市。同年，中国青岛港与冰岛联合港结为友好港。2014 年，中国陕西咸阳市与雷克雅内斯贝尔市结为友好城市。中国与冰岛于 2004 年 4 月 12 日正式签署《中国旅游团队赴冰岛旅游签证及相关事宜的谅解备忘录》，冰岛正式成为中国公民出境旅游的目的地国家之一。

二 经贸关系和经济技术合作

1955 年 7 月 5 日，中国馆首次在雷克雅未克博览会上亮相。中国馆开幕仪式由冰中文化协会主席雅各布·本尼狄克松主持，冰岛共和国商务部长也出席了开幕仪式。这是中国国际贸易促进委员会在冰岛举办的第一次展览，展出的展品有 300 多种，包括陶器、玉雕、石雕、象牙雕刻、漆器、刺绣、丝织品、棉纺织品、毛皮和皮革、水果、烟叶、谷物等，展览受到冰岛观众的欢迎。

中国和冰岛自 1971 年建交以来，双方都重视发展双边经贸关系，双边经贸总体发展良好，一直呈增长势头，但是贸易额不大，这主要是由于两国经贸关系中存在一些实际问题：冰岛出口商品比较单一，主要是海产品和工业制成品，中国进口选择余地有限，这制约了中冰贸易的发展；冰岛是高工资、高消费的国家，出口商品价格远高于中国消费水平；两国相距遥远，没有直达船舶往来，进出口商品须经欧洲大陆转船，转口运输交货期长，费用高；中国的出口商品对冰岛人有较大吸引力，但是冰岛人口少，市场容量小，商品起订数量小，花色品种要求多。这些因素客观上限制了两国贸易的发展。

中国货轮“汉川”号于 1975 年 7 月 21 日抵达冰岛斯特勒伊姆维克港，这是中国货轮首航冰岛。20 世纪 80 年代以来，两国经贸合作有所发展。1982 年冰岛从中国进口的商品额为 172 万美元，向中国出口的商品额为 66 万美元，1983 年单方面从中国购买 183.5 万美元商品。随着中国进口冰岛的渔产品增加，双边贸易额有较大幅度的增长。据中国海关统计，1999 年两国贸易额为 1459 万美元，增幅为 15.3%。1991～2000 年的 10 年间，中国从冰岛进口的商品共计 31 个品种，其中 17 种是海产品，约占总品种数的 55%。这 10 年间中国从冰岛进口商品总额为 3749.58 万美元，其中海产品为 3035.12 万美元，占 80.95%。中国从冰岛进口的渔产品，2004 年达到 1.8338 万吨，是 1999 年的 3.4 倍。

中冰贸易额只占冰岛外贸总额的 1% 强。冰岛将对华经贸合作的重点放在旅游、渔业、地热开发和利用等方面。自 2005 年 1 月 1 日起，中国将由冰岛进口的"格陵兰鳙鲽鱼"的关税从 10% 降至 5%。冰岛力思（LYSI）集团公司生产的深海鱼油于 1998 年进入中国市场。该公司已有 60 年鱼油生产历史，产品出口 100 多个国家和地区。此次该产品进入中国是中冰两国政府在卫生领域的首次合作。

据中国海关统计，2012 年双边贸易额约为 1.8 亿美元，比上年增长 21.1%，其中中国向冰岛出口 9539 万美元，从冰岛进口 8896 万美元，分别增长 24.6% 和 17.7%。2013 年中国大陆与冰岛进出口贸易额约为 2.22 亿美元，同比增长 23.3%，其中中国出口 1.46 亿美元，进口 7580 万美元。中国向冰岛主要出口焦炭、半焦炭、耐火材料、轻纺制品、服装、纺织纱线、织物及制品、鞋类、食品罐头、五金工具、渔具、集装箱、船舶等，从冰岛主要进口渔产品、机电产品和船用机械等。

中冰两国签署的主要经贸文件有：《中冰政府贸易协定》（1987 年）、《中冰投资保护协定》（1994 年）、《关于设立中冰贸易与经济合作联委会的协议》（1995 年）、《中冰避免双重征税协定》（1996 年）、《中冰民用航空运输协定》（2003 年）、《中国旅游团队赴冰岛旅游签证及相关事宜的谅解备忘录》（2004 年）。1995 年中冰两国政府成立贸易和经济合作混委会，截至 2005 年年底已举行 5 次会议。1996 年冰岛成立冰中贸易促进委员会，旨在推动中冰贸易的发展。2000 年 1 月，两国签署了关于中国加入世贸组织问题的双边协议。

中国和冰岛于 2005 年 5 月签署了《中华人民共和国商务部与冰岛外交和外贸部关于加强经济与贸易合作的谅解备忘录》，冰岛承认中国的市场经济地位，决定在2005年启动中冰自由贸易区的可行性研究，这对两国经贸的长远发展有益。冰岛是北欧地区第一个承认中国完全市场经济地位的国家，也是欧洲第一个同中国启动关于自由贸易谈判的国家。2005年11月，中冰签署《中国贸易促进委员会与冰岛贸易委员会和冰中贸易促进会合作谅解备忘录》。2006年7月，可行性研究磋商圆满结束。2006年12月，双方签署《中国商务部与冰岛外交部关于启动中冰自由贸易协定谈判的议定书》。2007年双方正式启动自贸协定谈判，但在谈判举行4轮后因2009年7月冰岛正式申请加入欧盟，中冰双方商定暂停自贸协定谈判。2007年6月中国国家工商总局与冰岛商务部签署《关于消费者权益保护领域信息交流谅解备忘录》。2007年9月6日，中国－冰岛政府间贸易与经济合作联合委员会第6次会议在冰岛首都雷克雅未克举行，双方签署了《中国－冰岛政府间贸易与经济合作联合委员会第6次会议纪要》、《中国商务部外贸发展事务局与冰岛贸易委员会合作协议》、《华为公司与冰岛沃达丰核心网谅解备忘录》。2010年6月，中国人民银行与冰岛央行正式签署总额约35亿人民币的《双边货币互换协议》。2013年4月15日，在中国总理李克强和时任冰岛总理西于尔扎多蒂的共同见证下，中国商务部长高虎城与时任冰岛外交外贸部长奥叙尔·斯卡费丁松代表各自政府在北京签署了《中华人民共和国政府和冰岛政府自由贸易协定》，这是中国同欧洲国家签署的首个自贸协定，涵盖货物贸易、服务贸易、投资等诸多领域，该协定已于2014年7月1日正式生效。

根据自贸协定，冰岛自协定生效之日起，对从中国进口的所有工业品和水产品实施零关税，这些产品占中国向冰岛出口总额的99.77%；与此同时，中国对从冰岛进口的7830个税号产品实施零关税，这些产品占中方自冰进口总额的81.56%，其中包括冰岛盛产的水产品。中冰自贸区建成后，双方最终实现零关税的产品，按税目数衡量均接近96%，按贸易量衡量均接近100%。此外，双方还就服务贸易做出了高于世贸组织的承诺，并对投资、自然人移动、卫生与植物卫生措施、技术性贸易壁垒、原产地规则、海关程序、竞争政策、知识产权等问题做出了具体规定。

2006年6月18日，冰岛在华企业成立了冰岛商务论坛，积极组织冰岛在华企业进行各项活动。有近 20 家冰岛公司在中国开展稳定的业务。经过了 2008 年年末经济危机的洗礼，特别是得益于中国经济的稳健发展，这些企业逐渐在中国立足，并建立了较为稳定的业务关系，拓展了一批稳定的合作伙伴。不仅如此，一些公司，比如在食品加工、旅游、地热及医疗器械等领域的企业，还扩大了企业规模。7 家冰岛企业积极响应冰岛驻华使馆，联合组团参加了 2011 年 10 月底在四川成都举行的中国西部国际博览会。

截至 2011 年年底，中国共批准冰企业在华投资项目 26 个，实际利用外资 1180 万美元。2011 年中国共批准冰企业在华投资项目 1 个，实际利用外资金额 4 万美元。

冰在华拥有投资及合作项目。2006 年 12 月，中国石油化工集团新星石油有限责任公司与冰岛恩莱克斯中国公司（冰岛盖锡尔绿源公司控股）在咸阳合资成立陕西绿源地热能源开发有限公司，合作开发中国地热资源。注册资本为 1449 万美元，中冰双方分别占股 51% 和 49%。截至 2012 年 3 月底，中国石化新星石油公司已实现地热供暖面积 600 万平方米，占全国常规地热资源供暖面积的近 1/5，可年节约标煤 36 万吨，减排二氧化碳 96 万吨，相当于年植树 200 多万棵。2010 年 6 月盖锡尔绿源与中石化新星签署《关于组建中冰合资绿源地热能源开发总公司的框架协议》。双方力争 2020 年把在中国的地热供暖面积发展到 1 亿平方米以上，并合作投资中国高温地热发电项目，将合资公司建设成集技术、研发、应用为一体的世界一流技术供应商。

2007 年 7 月青岛港（集团）有限公司与冰岛怡之航集团签订了中国最大的单体冷库合作项目，合作经营一座总贮存量为 5.5 万吨的新建冷库，中方将冷库租赁后转让给冰方经营，合作期限 30 年，租金为 1.95 亿元人民币。

此外，冰岛阿特维斯（Actavis）集团公司设有阿特维斯（佛山）制药有限公司和杭州手心医药化学品有限公司，并在北京和广州设有办事处；冰岛马瑞奥（Marel）公司设有马瑞奥施托克食品加工设备（北京）有限公司及青岛分公司；冰岛奥索（Ossur）假肢公司设有奥索假肢矫形康复器材（上海）有限公司；冰岛 CCP 游戏软件公司在上海设有代表处。2011 年 4 月 14 日，中国化工集团公司下属中国蓝星（集团）股份有限公司斥资 20 亿美元完成了对挪威埃肯公司 100% 股权收购，其中包括埃肯冰岛硅铁厂。2015 年 1 月药明康德基因组学中心宣布以 6500 万美元现金收购 NextCODE 公司。NextCODE，即原来的“基因解码”公司，是业界领先的基因分析和生物信息公司，在美国和冰岛有运营实体。药明康德计划将 NextCODE 与药明康德基因中心合并，成立一家新公司 WuXi NextCODE Genomics。新公司总部位于中国上海，运营地区涵盖美国马萨诸塞州坎布里奇市以及冰岛的雷克雅未克市。

中国和冰岛在地热领域进行了富有成效的交流合作。1986 年 6 月，冰岛能源局地热专家组赴西藏考察，双方就冰岛转让地热技术、合作开发西藏地热资源签订了意向书。1994 年冰岛维克地热工程咨询公司与天津市塘沽区就引进外资开发地热资源达成协议。2000 年和 2001 年，中冰就共同经营北京市延庆、立水桥等地区地热供暖系统先后签署合作意向书。20 世纪 80 年代以来，在联合国大学冰岛国际地热培训班毕业的 300 多位学员中，有 65 位地热技术人员来自中国，在冰岛培养的地热技术人员中数量最多。2005 年 5 月，中冰签署《中华人民共和国国家环境保护总局与冰岛共和国环境部环境合作谅解备忘录》、《中国地震局和冰岛环境部地震研究合作谅解备忘录》和《关于合作开发利用咸阳地热资源协议书》。

2011 年 10 月，由中科院发起的“第三极环境计划”在冰岛召开第三届国际资深专家研讨会，冰岛总统格里姆松出席并致辞。冰岛支持中国申请成为北极理事会观察员国，并希望扩大与中国在北极科考、冰川研究等领域的合作。2012 年 8 月“雪龙号”科考船访冰，两国举行了第二届中冰北极研讨会，中国极地研究中心分别与冰岛研究中心和冰岛大学签署了《关于在上海建立中国－北欧北极合作研究中心和在冰岛建立联合极光观测台的合作谅解备忘录》。

虽然冰岛船舶市场规模不大，2000 年船舶进口额仅为 7500 万美元，但自 1998 年以来，辽宁省机械进出口公司和中国船舶工业贸易公司先后与冰岛公司达成为冰方建造20艘渔船的商业合同，价值约5200万美元。冰岛亚特兰大航空公司与北京飞机维修公司于2000年开始接触，到2005年年中，北京飞机维修公司已经为亚特兰大航空公司23架次的波音飞机提供了维修服务。双方于2005年签署了价值1500万美元的飞机维修协议。2005年4月，沈阳冶金机械有限公司与冰岛签订了出口4台铝电解厂通用天车的合同，经过5个月的顽强攻坚，于同年11月制造成功并通过CE标准认证，标志着中国制铝设备迈出拓展欧洲市场的重要一步。

1989年以来，冰岛在华先后开办了3家合资企业，有吉林吉福纸模制品有限公司等，但因经营不善已先后倒闭。冰岛最大的渔业公司冰岛集团公司（Icelandic Group PLC）、冰岛能源公司埃尼克斯公司（ENEX）、船运公司怡之航（EIMSKIP）、假肢公司奥索均在华设有分公司。冰岛第三大银行冰岛银行、大型连锁超市公司BYKO、制药公司阿特维斯、食品公司巴卡沃等20余家企业在华设有产品采购办事处。目前，中资企业华为、武汉凌云公司在冰岛设有办事处。2006年5月，中信国际合作公司与冰岛ARCTUS公司和日本三菱公司签署合作意向书，承建冰岛年产27万吨电解铝项目。2006年年底，华为公司与冰岛NOVATOR投资公司正式签署3G移动通信设备供货合同，首期供货额为300万美元。2007年7月，冰岛怡之航集团与青岛港集团签订我国最大的单体冷库合作项目，合同金额为1.95亿美元。

2006年以来中国已连续7年成为冰岛在亚洲的最大贸易伙伴。两国双边贸易近三年来年均增长率都在20%以上。2012年，在全球贸易普遍低迷萎缩的背景下，中冰贸易风景独好，逆势上扬，取得了同比增长21.1%的可喜成绩。双方贸易具有较强互补性。中方对冰岛出口的主要产品是纺织、轻工和家电类产品；而自冰岛进口的主要产品是海产品和与之相关的加工制品。2014年，中冰贸易额同比下降8.5%，其中中国出口、进口分别下降2%和21.2%。

应中国国土资源部邀请，冰岛能源署署长一行4人于2001年8月28日~9月2日对中国北京、西安、西藏等地进行了访问。该代表团团员分别来自冰岛能源局、雷市能源公司和新成立的主营地热开发咨询的埃尼克斯公司（Enex）。代表团考察了在北京、西藏的地热项目。雷市能源公司是世界上最大的地热能源公司。

澳门特区运输工务司司长欧文龙于2004年7月11日率团前往冰岛首都雷克雅未克，代表澳门特别行政区签署澳门特别行政区政府与冰岛共和国政府的航班协定。这有利于促进两地在旅游业方面的联系，也有利于澳门进一步拓展航空客货运的网络。

中冰两国均为渔业资源较为丰富的国家，中冰两国在渔业方面的交流频繁，合作不断加深。冰岛利用其在渔产品加工技术、设备方面的优势及其在欧美市场的销售网络，在中国开展渔产品加工，共同开拓欧美市场。与此同时，两国间政府官员和专家学者的交流活动也日益增多。继2000年冰岛渔业部长参加在北京举行的“第三届世界渔业大会”后，2001年冰岛又组团参加了9月在山东荣成举行的“海洋渔业及水产品加工技术国际研讨会暨博览会”和11月在山东青岛举行的“第六届中国国际渔业展览会”。2001年4月中国工程院代表团访问了冰岛，分别拜访了冰岛渔业部、海洋研究所和渔业实验室。同年10月1~4日，由联合国粮农组织主办，冰岛和挪威两国承办的“海洋生态系统中负责任的渔业”国际会议在冰岛首都雷克雅未克召开，中国农业部渔业局组团参加了会议。会议的目的是进一步促进联合国粮农组织关于负责任渔业行为准则的贯彻实施，强调使用生态保护的方法，进行海洋生物资源的开发与管理。

北冰洋变暖也是促使中国与冰岛发展友好关系的动力之一。北极冰雪融化有望为中国工厂提供到欧洲港口的最短海洋航线。2013年9月，“永盛”号货轮成为中国首艘途经北极东北航道的船只。2013年5月15日，在瑞典北部城市基律纳，瑞典外长比尔特宣布北极理事会欢迎中国、印度、韩国、日本、新加坡和意大利6国成为北极理事会正式观察员国。冰岛是这个8国组织的成员之一。

三　科技文教合作

早在1952年，冰岛最大的文化团体“语言与文化”派遣一个5人组成的文化代表团访问中国，回国后不久便酝酿成立冰中文化协会。该协会于 1953 年 10 月 20 日在雷克雅未克成立，其宗旨是促进两国之间的文化交流。

1952 年 9 月底，以著名诗人凯德隆为团长的冰岛访华代表团一行 6 人应中国人民外交学会邀请来华访问 5 周，参加了中华人民共和国成立三周年国庆节庆祝典礼和在北京召开的亚洲及太平洋区域和平会议开幕式，随后访问了中国若干省市地区。凯德隆在访华期间写了充满激情的“向中国致敬”的长诗，诗的开头是：“伊米尔（冰岛神话中的巨人）向盘古致敬，/萨迦岛向中华致敬，/最小国最渺小的诗人向最大国最伟大的诗人——将新生命注入东方伟大的/心脏的毛泽东致敬！”

中国青年代表团应冰岛中国委员会邀请，于 1955 年 8 月下旬访问冰岛，代表团在首都雷克雅未克和北部阿库雷里市访问期间与各界人士，尤其是青年会见，并举行了 3 次联欢演出，得到冰岛人民的好评。这是有史以来第一个访问冰岛的中国代表团。代表团团长鲁钊在回国后写下《冰岛行》一书记述这次访问。1955 年 9 月下旬，冰岛青年代表团一行 5 人应中华全国民主青年联合会邀请，在团长博德瓦·彼得松的率领下到中国进行访问，并在 10 月 21 日受到陈毅副总理的接见。

以楚图南为团长的中国古典歌舞剧团在北欧其他 4 国访问演出之后，于 1955 年 11 月下旬抵达冰岛进行访问演出。时任冰岛共和国总统奥斯吉尔松、冰岛议会主席布林尤夫松、外交部长格德门松等观看了首场演出。演出受到冰岛各界的热烈欢迎和一致好评。冰岛总统奥斯吉尔松在接见团长楚图南时希望剧团把冰岛人民对中国人民的问候，把希望中国和平繁荣的愿望带给中国人民。中国人民对外友好协会代表团曾多次访问冰岛，冰岛 - 中国文化协会也多次组团访问中国并且定期召开年会。1979 年以来，中国向冰岛先后派出体操、排球、羽毛球和乒乓球教练共 40 余人次。

中国还多次派团赴冰岛举办艺术展或进行文艺演出，包括中国版画展览（1975 年 4 ~ 5 月）、天津杂技团（1975 年 10 月）、西藏歌舞团（1978 年 10 月）、中国民族乐团（1980 年 9 月）、北京电影乐团（1985 年 3 月），此外还有邮票展等。冰岛第一个访华的艺术团体是雷克雅未克男声合唱团，该团成立于 1926 年，由 40 余人组成，于 1979 年 11 月首次访华，在北京、上海、广州进行为期两周的访问演出。

中国和冰岛于1994年11月在时任冰岛总理奥德松访华期间签署了文化合作协定。1997年2月为庆祝冰岛和中国建交25周年，冰岛举办了“中国日”活动，包括冰中关系座谈会以及中国商品和艺术品展览会，冰岛总统格里姆松和夫人、时任外交部长哈尔多尔·奥斯格里姆松等出席了开幕式。

2005年10月《人民日报》记者组访冰，冰岛总统格里姆松接受采访。2005年12月20日至2006年1月下旬，中国江西省景德镇市恒丰展销公司在冰岛首都雷克雅未克市附近的科坡沃格市举办了“中国景德镇陶瓷展销会”。2006年1月19日，冰岛总统格里姆松应邀出席展销会并参观了做工精美的各类展品。2006年9月，中冰签署《2007~2010年度中冰两国政府文化交流计划》。2007年9月29日，中国武汉市在冰岛科坡沃市举办“中国文化节”，这是中冰文化交流史上规模最大，也是武汉市在国外举办的规格最高、内容最为丰富的文化交流活动。2013年7月20日，“中华文化北欧之旅”活动在冰岛首都雷克雅未克市举行。

近年来，冰岛先后在华举办邮票展、画展，派出文艺团体举办访华演出。2004年4月，冰岛三人爵士乐队来华演出并推介冰岛旅游。同年6月，冰岛驻华使馆、人民日报社和中国人民对外友好协会在北京联合举办“冰岛如画”摄影展。2005年5月，上海大学同冰岛比弗罗斯特商学院签订合作协议。2005年12月，阿库雷里大学正式启动“中国语言和文化”课程，中国派汉语言文学教授赴冰岛授课并向该校赠送1000册中文图书，冰岛总统格里姆松等出席了中文课程启动仪式。2007年11月28日，中央电视台CCTV9频道正式在冰岛落地，24小时全天播放的丰富多彩的英语节目为冰岛人民了解中国的历史、文化，学习汉语，增添了一个新的渠道。2008年3月，北京外国语大学开设冰岛语言文化课程。2008年5月，冰岛大学北极光孔子学院成立。2013年10月28日，由中国首批冰岛语专业学生翻译的冰岛著作《首个冰岛代表团访问新中国纪实——约翰纳斯的日记与诗歌》的首发仪式在北京外国语大学举行。

为纪念中国与冰岛建交30周年，2001年7月由广电总局电影局和冰岛电影基金会联合在冰岛举办了中国电影周。电影周期间放映了《紧急迫降》、《月圆今宵》、《女帅男兵》、《赛龙夺锦》、《我的父亲母亲》、《那山、那人、那狗》和《宝莲灯》等7部影片，这些影片深受冰岛观众的喜爱。由国家广播电影电视总局主办、中国电影资料馆承办的冰岛电影周于2001年10月28~31日在北京电影资料馆艺术影院举办。随后在11月有7部冰岛电影上映，让中国观众领略了北欧风情。多家影城分别上映各具特色的冰岛电影，包括《爱情的追忆》（Children Of Nature，1991年）、《女仆的命运》（Agnes，冰岛飞马照片、德国、丹麦联合摄制，1995年）、《我要爸爸》（Count Me Out，冰岛电影公司，1997年）、《不留痕迹》（No Trace，冰岛电影公司，1998年）、《家族的荣誉》（Honor Of The House，阿姆比和毕加索电影公司与瑞典、挪威、丹麦联合摄制，1999年，影片根据冰岛诺贝尔奖获得者哈尔多尔·拉克斯内斯的小说改编而成，并由作家的女儿嘎德妮·哈德斯多蒂尔搬上银幕，1999年奥斯卡入围影片，并荣获最佳女演员奖）、《一位精神分裂症患者的生活》（Angels Of The Univerce，冰岛电影公司与挪威、法国、瑞典、丹麦合作拍摄，1999年）和《冰雪友情》（Ikingut，冰岛电影公司与挪威、丹麦联合摄制，2000年）。影片全部是原文对白，并配有中英文字幕。其中《爱情的追忆》曾获得1992年奥斯卡最佳外语片提名。

冰岛人民十分喜爱古老的中国文化，早在1958年冰岛就翻译出版了郭沫若的历史剧《屈原》。截至20世纪90年代，老子的《道德经》已经先后有两种冰岛文译本问世。冰岛文版《毛泽东选集》已经出版了两卷。中国的古代诗词、现代诗词以及毛泽东诗词都有多种冰岛文译本。由汉学家、外交官拉格纳·巴尔迪松（Ragnar Baldursson）翻译的冰岛文版《论语译注》于1989年首次出版，2006年2月经修订后再次出版发行，成为冰岛的畅销书之一，两次出版总印数达5000册。2003年1月来华任职的冰岛驻华大使埃德尔·古纳松先生则是一位“郑和迷”，大航海家郑和的和平使者形象给他留下了深刻印象。

大事纪年

800～930 年	爱尔兰僧侣、挪威人等相继发现冰岛，带来奴隶并在此定居。
930 年	冰岛议会“阿耳庭”建立，它是世界上第一个国家议会。
1117 年	开始编纂《灰雁法典》，这是北欧国家最早的法典。
1122～1133 年	神甫阿里·托尔吉尔松撰写首部记录从移民时期到 1120 年的冰岛简史——《冰岛人记》。
1262 年	冰岛被纳入挪威的统治。
1380 年	丹麦和挪威组成联合王国，挪威依附于丹麦，冰岛沦为丹麦王国的附属国。
1550 年	基督新教路德宗成为冰岛国教。
1584 年	《圣经》首次被翻译成冰岛文出版，译者为宗教改革派学者古德布兰德·托尔拉克松。
1752～1771 年	冰岛官员斯库里·马格努松在雷克雅未克先后兴建毛纺织工场、畜牧贸易公司、冰岛农业公司，标志着民族工商业的出现。
1851 年 8 月 9 日	丹麦国王派总督到冰岛强行宣布解散国民会议。
1904 年	丹麦承认冰岛实行内部自治。

1911年6月17日	冰岛大学在雷克雅未克建立，是冰岛唯一的综合性大学。
1916年	进步党成立，主要代表农民利益，现为执政党之一。
1916年	全国性工会组织冰岛工会联合会成立，同时也成立了构成其核心的冰岛工人党。
1917年	女性获得在全国大选中的投票权。
1918年11月30日	冰岛和丹麦批准联盟条约，条约次日生效，规定冰岛为主权国家，但外交事务仍由丹麦控制。12月1日为冰岛独立日。
1922年	冰岛议会首次出现女议员。
1929年	独立党成立，现为执政党之一。
1940年	丹麦被德国占领，冰丹关系中断。
1941年7月8日	冰岛与美国签订《战时防务条约》，冰岛结束永久中立政策。
1944年6月16日	冰岛议会正式宣布解散冰丹联盟，通过新宪法。
1944年6月17日	冰岛共和国正式成立，6月17日成为冰岛国庆日，斯文·比约恩松为首任总统。
1945年	冰岛成为国际货币基金组织成员国。
1946年11月9日	冰岛加入联合国。
1949年	冰岛加入北大西洋公约组织。
1950年3月	冰岛加入欧洲委员会。
1951年5月5日	冰岛与美国签署双边防务协定，美国承担冰岛的防务责任。
1952年3月	冰岛与丹麦、挪威和瑞典共同成立北欧理事会。
1953年10月	非政府组织“冰岛－中国文化协会”成立。

1958～1976年	冰岛与英国之间发生数次渔业冲突，史称“鳕鱼战”。
1968年	冰岛加入关贸总协定。
1970年3月	冰岛加入欧洲自由贸易联盟。
1971年12月8日	冰岛与中国建交。
1973年6月	冰岛加入欧洲安全与合作会议（现称为“欧洲安全与合作组织”）。
1975年7月15日	《冰岛近海渔业限制规则》颁布，该规则规定从同年10月15日起实施200海里捕鱼限制区。
1976年	冰岛与梵蒂冈建交。
1979年6月1日	冰岛《领海、大陆架和经济区法》生效，其中包含对200海里捕鱼区享有专有权的内容。
1980年8月	维格迪丝·芬博阿多蒂尔出任冰岛共和国第4任总统，她是世界上第一位全民直选产生的女总统，也是世界上任期最长的女总统。
1984年	首届冰岛国际渔业博览会举办，此后，该博览会每三年举行一次，是北欧最大的渔业水产展览会。
1985年5月	冰岛议会一致通过决议，宣布冰岛为“无核区”。
1991年8月	冰岛率先承认波罗的海3国并与之建立外交关系，签订贸易协定。
1994年	冰岛加入欧洲经济区。
1994年	冰岛与俄罗斯签署两国关系基本准则声明。
1994年6月	挪威和冰岛两国发生“鳕鱼战”。

1995 年 1 月	冰岛在中国北京设立其在亚洲地区的首个使馆。
1995 年初	冰岛成为世界贸易组织创始成员国。
1995 年 11 月 16 日	冰岛政府将冰岛著名诗人约纳斯·哈尔格里姆松的诞辰日 11 月 16 日设立为“冰岛语日”，以促进对冰岛语的保护及该语言的发展。
1996 年 4 月	冰岛和美国正式签署防务合作协定执行计划书。
1996 年	奥拉维尔·拉格纳·格里姆松出任冰岛共和国第 5 任总统，他是冰岛历史上首位连任 5 届的总统。
1996 年 6 月 12 日	冰岛通过《伴侣登记法》，认可同性伴侣的结合并允许其登记。
1999 年	左翼绿色运动党成立，简称绿党。
1999 年 5 月	冰岛担任欧洲委员会轮值主席国。
2000 年	社会民主联盟成立。
2001 年	冰岛成为申根协定国。
2003 年	冰岛加入联合国框架内的“北欧国家联合维和部队”。
2003 年 5 月 10 日	达维兹·奥德松领导的独立党与哈尔多尔·奥斯格里姆松领导的进步党在议会选举中获胜。
2003 年	冰岛在莫桑比克开设其在非洲地区的首个使馆。
2003 年 11 月	冰岛与其他 14 个国家及欧盟委员会建立“氢能经济国际伙伴关系”。
2004 年 9 月 15 日	奥斯格里姆松接任冰岛总理，曾任外长达 9 年时间。

2006 年 6 月	总理奥斯格里姆松辞职，原财政部长吉尔·希尔马·哈尔德出任总理，并组成新内阁。
2006 年 9 月 30 日	美撤销驻冰军事基地，美终止在冰的永久性军事存在。
2006 年	冰岛结束长达 21 年的商业捕鲸禁令。
2007 年 4 月	冰岛与挪威及丹麦签署防务合作协议。
2008 年 9 月	金融危机之下，冰岛政府先后将格里特纳银行、冰岛国家银行及冰岛最大的商业银行考普兴银行国有化。
2009 年 4 月 25 日	金融危机导致提前 2 年大选，社会民主联盟和左翼绿色运动组成联合政府。内阁成员增至 12 人，约翰娜·西古尔达多蒂尔任总理。
2009 年 7 月 16 日	冰岛递交加入欧盟的申请。
2012 年	海盗党、光明未来党相继成立，两党均为在野党。
2012 年 4 月 20～22 日	温家宝总理访问冰岛，系中冰建交以来中国总理首次访冰。
2013 年 4 月	进步党与独立党组成的中右联盟在议会选举中获胜，进步党主席西格蒙杜尔·戴维·贡劳格松出任总理。本届政府所有成员均为首次入阁。
2013 年 4 月	中冰签署自贸协定，这是中国同欧洲国家签署的首个自贸协定，该协定于 2014 年 7 月 1 日正式生效。
2015 年 3 月 12 日	冰岛政府宣布不再寻求加入欧盟。

参考文献

一　中文文献

〔挪〕阿克塞尔·索姆编《北欧地理》，上海外国语学院柯英群小组译，上海译文出版社，1986。

〔冰〕埃·奥格尔逊：《冰岛人民史话》，何清新译，生活·读书·新知三联书店，1973。

《埃达》，石琴娥、斯文译，译林出版社，2000。

〔丹麦〕福尔默·威斯蒂主编：《北欧式民主》，赵振强等译，中国社会科学出版社，1990。

高关中、郑丽群编著《北欧五国·丹、瑞、挪、冰、芬——福利社会的典范》，社会科学文献出版社，2004。

胡焕庸等编著《欧洲自然地理》，商务印书馆，1982。

黄牛编著《五国风光看不休——北欧》，中国经济出版社，2003。

姜士林、陈玮主编《世界宪法大全》上卷，中国广播电视出版社，1989。

敬东：《北欧五国简史》，商务印书馆，1987。

李树藩、王科铸主编《世界通览》中卷《冰岛》，吉林人民出版社，1991。

李占五、吴强：《北欧市场经济》，时事出版社，1995。

鲁悦凡：《冰岛行》，中国青年出版社，1957。

〔美〕马克·科尔兰斯基：《鳕鱼》，韩卉译，机械工业出版社，2005。

《尼雅尔萨迦》，侯焕闳译，上海译文出版社，1983。

《欧洲发展报告》历年各卷，社会科学文献出版社。

石琴娥：《北欧文学史》，译林出版社，2005。

石琴娥主编《萨迦选集——中世纪北欧文学的瑰宝》，石琴娥、周景兴、金冰译，商务印书馆，2000。

“世界各国和地区渔业概况研究”课题组编著《世界各国和地区渔业概况·下册》，海洋出版社，2004。

《世界经济年鉴》（2009~2010年卷），经济科学出版社，2010。

世界知识年鉴编辑委员会编《世界知识年鉴》历年各卷，世界知识出版社。

孙晓华等编《北欧各国》，北京语言文化大学出版社，1998。

王鹤：《欧洲自由贸易联盟》，经济日报出版社，1994。

王晓民主编《世界各国议会全书》，世界知识出版社，2001。

王知津、于良知主编《世界通览：冰岛、丹麦、芬兰、挪威、瑞典卷》，哈尔滨工程大学出版社，2004。

〔德〕维尔纳·舒茨巴赫：《冰岛——极圈火岛》，邹福兴译，商务印书馆，1982。

魏同超编著《北欧之旅》，广东旅游出版社，2004。

吴季松：《白雪皑皑的北欧》，北京出版社，2003。

吴锡山主编《世界首脑大全》，当代世界出版社，2003。

于洪军主编《万国博览·欧洲卷》，新华出版社，1998。

章念生、边红：《北欧亲历》，当代世界出版社，2002。

钟清清主编《世界政党大全》，贵州教育出版社，1994。

宗教研究中心编《世界宗教总览》，东方出版社，1993。

二 外文文献

Baldur Thorhallsson eds. , *Iceland and European Integration: On the Edge*,

London: Routledge, 2004.

Bjoern G. Oladsson, *Small States in the Global System: Analysis and Illustrations from the Case of Iceland*, England: Ashgate Publishing Limited, 1998.

Gunnar Karlsson, *Iceland's 1100 Years: The History of Marginal Society*, London: Hurst & Company, 2000.

三 主要网站

北欧理事会网站：http：//www. norden. org。

北欧之窗：http：//www. firsttravel. com. cn/。

冰岛文化网站：http：//culture. is/。

冰岛议会网站：http：//www. althingi. is。

冰岛政府网站：http：//www. government. is。

冰中新闻网：http：//www. chinese. is。

火山世界：http：//volcano. und. edu/。

中国驻冰岛大使馆主页：http：//www. china - embassy. is。

中国驻冰岛使馆经济商务参赞处主页：http：//is. mofcom. gov. cn/。

索　　引

J

K

L

M

R

S

W

X

后　记

第一版《列国志·冰岛》于2007年出版，其资料截止年份是2004年，距今已有10多年。在这10多年中，世界发生了不少变化，冰岛也发生了一系列特殊事件和变化，有些甚至富有戏剧性，例如冰岛政府于2009年一度申请加入欧盟，但2014年又撤回此申请。第二版增加了10多年来冰岛发生的变化和相应的数据，对以往情况的介绍则稍有删减。

我于2008年7月调至北京外国语大学德语系任教，除了在德语系讲授“德国外交”和“国际政治”等课程，还先后开设“欧洲政治”、“中西哲学比较”和“哲学与国际问题研究”等全校通选课。在2014年秋季学期有4位2013级冰岛语专业的学生选修了“哲学与国际问题研究”通选课，稍后我还认识了北外欧语学院唯一的冰岛语教师王书慧女士，他们都说此书是他们的必读书。这给予我继续修订本书极大的鼓舞。

在编写此书的过程中，我得到北京外国语大学德语系外交经济方向2014级6位研究生（陈扬、丁思齐、窦明月、孙浩林、詹佩玲和赵飘）的大力帮助，同时也参考了欧语学院冰岛语专业4位2013级本科生（张欣彧、史一叶、王灼、周奕名）写的学期论文。在此谨向他们一并表示衷心感谢！

最后对社会科学文献出版社的大力支持和帮助表示衷心感谢！

刘立群

2015年5月27日

新版《列国志》总书目

亚洲

阿富汗
阿拉伯联合酋长国
阿曼
阿塞拜疆
巴基斯坦
巴勒斯坦
巴林
不丹
朝鲜
东帝汶
菲律宾
格鲁吉亚
哈萨克斯坦
韩国
吉尔吉斯斯坦
柬埔寨
卡塔尔
科威特
老挝
黎巴嫩
马尔代夫
马来西亚
蒙古国
孟加拉国
缅甸
尼泊尔
日本
沙特阿拉伯
斯里兰卡
塔吉克斯坦
泰国
土耳其
土库曼斯坦
文莱
乌兹别克斯坦
新加坡
叙利亚
亚美尼亚
也门
伊拉克
伊朗
以色列
印度
印度尼西亚
约旦
越南

非洲

阿尔及利亚
埃及
埃塞俄比亚
安哥拉
贝宁
博茨瓦纳
布基纳法索
布隆迪
赤道几内亚
多哥
厄立特里亚
佛得角
冈比亚
刚果共和国
刚果民主共和国
吉布提
几内亚
几内亚比绍
加纳
加蓬
津巴布韦
喀麦隆
科摩罗
科特迪瓦
肯尼亚
莱索托
利比里亚
利比亚
卢旺达
马达加斯加
马拉维
马里
毛里求斯
毛里塔尼亚
摩洛哥
莫桑比克
纳米比亚
南非
南苏丹
尼日尔
尼日利亚
塞拉利昂
塞内加尔
塞舌尔
圣多美和普林西比
斯威士兰
苏丹
索马里
坦桑尼亚
突尼斯
乌干达
赞比亚
乍得
中非

欧洲

阿尔巴尼亚
爱尔兰
爱沙尼亚
安道尔

奥地利
白俄罗斯
保加利亚
北马其顿
比利时
冰岛
波黑
波兰
丹麦
德国
俄罗斯
法国
梵蒂冈
芬兰
荷兰
黑山
捷克
克罗地亚
拉脱维亚
立陶宛
列支敦士登
卢森堡
罗马尼亚
马耳他
摩尔多瓦
摩纳哥
挪威
葡萄牙
瑞典
瑞士
塞尔维亚
塞浦路斯
圣马力诺
斯洛伐克
斯洛文尼亚
乌克兰
西班牙
希腊
匈牙利
意大利
英国

美洲

阿根廷
安提瓜和巴布达
巴巴多斯
巴哈马
巴拉圭
巴拿马
巴西
玻利维亚
伯利兹
多米尼加
多米尼克
厄瓜多尔
哥伦比亚
哥斯达黎加
格林纳达
古巴
圭亚那
海地
洪都拉斯
加拿大
美国
秘鲁
墨西哥

尼加拉瓜
萨尔瓦多
圣基茨和尼维斯
圣卢西亚
圣文森特和格林纳丁斯
苏里南
特立尼达和多巴哥
危地马拉
委内瑞拉
乌拉圭
牙买加
智利

大洋洲

澳大利亚
巴布亚新几内亚
斐济
基里巴斯
库克群岛
马绍尔群岛
密克罗尼西亚
瑙鲁
纽埃
帕劳
萨摩亚
所罗门群岛
汤加
图瓦卢
瓦努阿图
新西兰

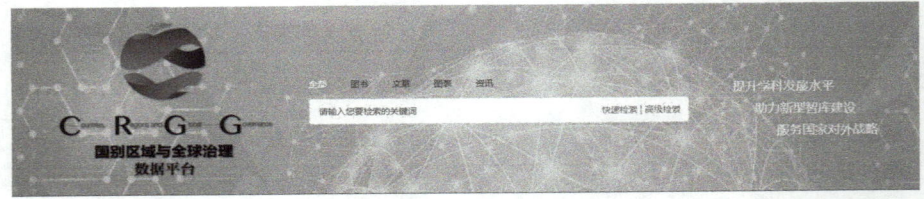

图书在版编目（CIP）数据

冰岛/刘立群编著. －2版. —北京：社会科学文献出版社，2016.5（2020.5重印）
（列国志：新版）
ISBN 978－7－5097－8704－5

Ⅰ.①冰… Ⅱ.①刘… Ⅲ.①冰岛－概况 Ⅳ.①K953.5

中国版本图书馆CIP数据核字（2016）第018097号

·列国志（新版）·
冰岛（Iceland）

编　　著／刘立群

出 版 人／谢寿光
项目统筹／张晓莉
责任编辑／孙以年　王浩娉

出　　版／社会科学文献出版社·国别区域分社（010）59367078
地址：北京市北三环中路甲29号院华龙大厦　邮编：100029
网址：www.ssap.com.cn
发　　行／市场营销中心（010）59367081　59367083
印　　装／北京盛通印刷股份有限公司

规　　格／开　本：787mm×1092mm　1/16
印　张：20.75　插　页：1　字　数：309千字
版　　次／2016年5月第2版　2020年5月第3次印刷
书　　号／ISBN 978－7－5097－8704－5
定　　价／69.00元

本书如有印装质量问题，请与读者服务中心（010－59367028）联系